21世纪经济管理新形态教材
航空物流系列

航空物流管理

荆 浩 马 佳
闫 萍 汤 蕾 ◎编著

清华大学出版社
北京

内 容 简 介

本书先从航空物流基础知识、航空物流管理实务和航空物流管理三个方面进行编写。重点介绍航空物流的基本知识、物资基础、航空货运基本知识和航空物流的计划、组织及管理。本书内容充实，力求理论联系实际，充分结合我国航空物流业在实际工作中的特定要求，具有较强的实用性，编写体例完整，结构新颖，深入浅出，通俗易懂，体现了航空物流发展的实务与特色。

本书特别适合作为相关专业本科、高职高专学生的基础教材，也可作为航空公司及航空货运从业人员的岗位培训教科书。

本书封面贴有清华大学出版社防伪标签，无标签者不得销售。
版权所有，侵权必究。举报：010-62782989，beiqinquan@tup.tsinghua.edu.cn

图书在版编目（CIP）数据

航空物流管理/荆浩等编著. —北京：清华大学出版社，2023.8
21世纪经济管理新形态教材. 航空物流系列
ISBN 978-7-302-64353-1

Ⅰ．①航… Ⅱ．①荆… Ⅲ．①航空运输-货物运输-物流管理-高等学校-教材 Ⅳ．①F560.84

中国国家版本馆CIP数据核字(2023)第144640号

责任编辑：陆浥晨
封面设计：汉风唐韵
责任校对：王荣静
责任印制：丛怀宇

出版发行：清华大学出版社
网　　址：http://www.tup.com.cn，http://www.wqbook.com
地　　址：北京清华大学学研大厦A座　　邮　　编：100084
社 总 机：010-83470000　　邮　　购：010-62786544
投稿与读者服务：010-62776969，c-service@tup.tsinghua.edu.cn
质 量 反 馈：010-62772015，zhiliang@tup.tsinghua.edu.cn
课 件 下 载：http://www.tup.com.cn，010-83470332

印 装 者：三河市少明印务有限公司
经　　销：全国新华书店
开　　本：185mm×260mm　　印　张：15.5　　字　数：354千字
版　　次：2023年8月第1版　　印　次：2023年8月第1次印刷
定　　价：48.00元

产品编号：097047-01

前言

2022年2月，中国民用航空局印发了《"十四五"航空物流发展专项规划》，这是中国民航首次编制航空物流发展专项规划，标志着我国航空物流将迎来体系化的大发展。航空物流是现代物流的重要组成部分，得益于其快捷、安全、方便等特征，已经成为经济社会发展的重要支撑。

本书的内容包括四个部分：第一部分是航空物流基础，包括航空物流的基本概念、内涵、特点、分类，以及航空物流基础设施；第二部分是对航空货物运输和航空快递两种典型的航空物流行业进行分析；第三部分重点介绍航空物流管理的主要职能，分别是航空物流计划、航空物流组织、航空物流控制和航空物流信息管理；第四部分介绍了航空物流业的整体发展状况和通用航空物流的基本内容。

本书由沈阳航空航天大学荆浩教授、马佳副教授担任主编，由闫萍副教授、汤蕾讲师担任副主编，马佳副教授负责统稿，荆浩教授负责定稿。各章节具体分工如下：第1、第9、第10章由荆浩编写；第2、第4章由汤蕾编写；第3、第5章由闫萍编写；第6、第7、第8章由马佳编写。

本书的出版工作得到了清华大学出版社的大力支持，我们对编校团队的辛勤工作表示衷心的感谢。本书在编写过程中，参考了国内外有关航空物流管理的相关论著、教材、案例、研究报告等，主要参考文献已经列在书后，在此对有关作者一并表示衷心感谢。

由于编者水平有限，书中难免有不足和错误之处，敬请读者、专家、学者给予批评指正。

编者
2022年8月26日

"航空物流管理"教学大纲

一、课程基本信息

课程编号	
课程中文名称	航空物流管理
课程英文名称	
课程类别	专业与专业方向课
适用专业	物流管理
开课学期	
总学时	32学时
总学分	2
开课模式	
先修课程	管理学、现代物流学、货物学
课程简介	本课程是物流管理专业的专业课，教学目的在于使学生掌握现代航空物流的基本概念、原理和发展历程，要求学生全面了解航空物流活动的计划、组织和管理等相关工作，掌握航空物流运行基础、航空货运管理、航空物流信息管理和通用航空等相关知识。通过本课程的学习，学生能够全面了解并掌握航空物流管理的基本知识和方法，提高分析问题和解决问题的能力，为后续课程的学习打下基础。

二、课程教学目标

1. 熟悉航空物流管理的各个环节，能够对航空物流活动中涉及的问题、流程具有一定的处理能力。
2. 熟悉航空货运管理的相关知识，具有分析问题和解决问题的能力，能够针对航空运输市场的特点提出应对措施。
3. 使学生了解我国航空物流业发展水平及趋势，培养学生的民族自豪感和责任使命感。
4. 具有较强的自学能力和实践能力，能够在航空运营实践中不断学习，把事业理想和道德追求融入国家建设中。

三、理论教学内容与要求

知识模块	知识点	教学要求	计划学时	支撑教学目标
1. 航空物流概述（2学时）	（1）物流概述	学习物流的定义；了解物流的概念及分类	0.5	教学目标 1、2
	（2）航空物流的概念及特点	学习航空物流的概念及发展；了解航空物流的特点	1	
	（3）航空物流产品及其价值实现	学习航空物流产品的定义；了解航空物流产品的价值实现	0.5	

续表

知识模块	知识点	教学要求	计划学时	支撑教学目标
2. 航空物流主要物质基础（4学时）	（1）航空器	了解航空器器； 学习飞机的基本结构； 认识民航运输机的分类；	1	教学目标 1、3
	（2）机场	学习机场的概念及分类； 了解机场的主要组成及结构； 了解国内外主要机场	1	
	（3）航线	了解航线、航班与机票； 学习国际航线中的航权	1	
	（4）航空集装器	认识航空集装器； 了解航空集装器的种类和型号； 了解其他航空物流处理设备设施	1	
3. 航空货物运输（4学时）	（1）航空货物运输概述	了解航空运输的运营方式； 学习航空运输的运价及费用	1	教学目标 1、2
	（2）普通货物航空运输	了解普通货物运输的要求及条件； 学习普通货物运输的费用及责任要求	1	
	（3）特殊货物航空运输	学习特殊货物运输的要求； 了解生鲜、贵重物品及活体货物运输的要求	1	
	（4）航空货物运输保险	了解航空货物运输保险种类； 学习货损检验及赔偿处理	1	
4. 航空快递（4学时）	（1）航空快递的业务类型及特点	了解航空快递的概念及分类； 学习航空快递的主要业务类型； 学习航空快递的特点	1	教学目标 1、2、3
	（2）我国航空快递	了解我国航空快递业发展现状； 学习我国快递业发展趋势及对策	1	
	（3）航空邮政	了解邮政承运； 学习航空邮政运输规定与运费	2	
5. 航空物流计划（4学时）	（1）航空物流计划概述	了解航空物流计划的概念及特点； 学习航空物流计划体系； 学习航空物流计划制订的步骤	1	教学目标 1、2
	（2）航班计划与决策	了解航班的作用； 学习航班的编制； 学习航班计划中的有关决策	1	
	（3）航线运输生产计划与决策	学习航空运输生产计划； 学习航线运输生产计划中的有关决策	1	
	（4）航站计划与决策	了解航站吞吐量计划的主要指标； 学习航站吞吐量计划的编制	1	
6. 航空物流组织（2学时）	（1）我国航空物流管理机构	了解我国航空物流管理机构； 了解国际航空物流管理机构	1	教学目标 2、4
	（2）航空物流法规	学习我国航空物流基本法规； 了解国际相关法律法规	1	

续表

知识模块	知识点	教学要求	计划学时	支撑教学目标
7. 航空物流信息管理（2学时）	（1）航空物流信息化概述	学习物流信息化的概念及特点； 了解我国航空物流信息化的现状及发展趋势	1	教学目标1、4
	（2）航空物流信息系统	学习航空物流信息相关技术； 学习航空物流信息系统类型	1	
8. 航空物流收益管理（2学时）	（1）航空物流收益管理概述	学习收益管理的基本定义和内涵； 了解航空物流收益管理的思想	1	教学目标1、2、4
	（2）航空物流收益管理系统	学习航空物流收益管理的方法及依据； 了解航空物流收益管理的作用	1	
9. 航空物流业发展（4学时）	（1）中国航空物流业的发展	学习我国航空物流业的发展现状； 认识我国航空物流业存在的问题；	2	教学目标3、4
	（2）中国航空物流业的发展新趋势	了解我国航空物流业发展新模式； 了解航空物流战略联盟	1	
	（3）国外航空物流业的发展	了解国外典型国家航空物流业发展现状	1	
10. 通用航空（4学时）	（1）通用航空概述	认识通用航空； 了解通用航空常见机型； 认识直升机	2	教学目标3、4
	（2）通用航空的重要性	理解通用航空的重要性	1	
	（3）中国通用航空的发展前景	了解我国通用航空的发展前景	1	

四、考核要求及考核方式

1. 考核要求

（1）课程考核内容应能够切实考核是否达成各项课程目标。

（2）考核内容至少覆盖本课程知识点的60%。

2. 考核方式

考核环节	权重（%）	备注
期末考试	60	试卷或者课程报告等
平时考核	40	作业、出勤、课堂测验等

目 录

第 1 章 航空物流概述 1
1.1 物流概述 2
1.2 航空物流的概念及特点 4
1.3 航空物流产业链 7
1.4 航空物流企业与航空物流产业 9

第 2 章 航空物流基础设施 15
2.1 航空器 16
2.2 机场 25
2.3 航线 31
2.4 航空集装器 35
2.5 其他航空物流设施设备 43

第 3 章 航空货物运输 46
3.1 航空货物运输概述 47
3.2 普通货物航空运输 52
3.3 特种货物航空运输 59
3.4 危险品航空运输 69

第 4 章 航空快递 77
4.1 航空快递概述 78
4.2 国外主要航空快递公司 83
4.3 国内主要航空快递公司 85
4.4 航空快递运输规定及运费 88

第 5 章 航空物流计划 98
5.1 航空物流计划概述 99
5.2 航班计划 102
5.3 航线运输生产计划 111
5.4 航站计划 118

第 6 章 航空物流组织与管理 ········ 125

- 6.1 国际航空物流管理机构 ········ 126
- 6.2 中国航空物流管理机构 ········ 132
- 6.3 中国航空物流企业 ········ 138
- 6.4 航空物流法规 ········ 144

第 7 章 航空物流控制 ········ 152

- 7.1 航空物流成本管理 ········ 153
- 7.2 航空物流质量管理 ········ 158
- 7.3 航空物流安全管理 ········ 165

第 8 章 航空物流信息管理 ········ 173

- 8.1 航空物流信息化概述 ········ 175
- 8.2 航空物流信息技术 ········ 180
- 8.3 航空物流信息系统 ········ 186

第 9 章 航空物流业的发展 ········ 196

- 9.1 全球航空物流业的发展 ········ 197
- 9.2 中国航空物流业的发展 ········ 201
- 9.3 美国航空物流业的发展 ········ 207

第 10 章 通用航空物流 ········ 213

- 10.1 通用航空概述 ········ 214
- 10.2 通用航空发展现状 ········ 216
- 10.3 通用航空物流 ········ 219
- 10.4 无人机物流 ········ 224

参考文献 ········ 234

第 1 章

航空物流概述

【本章概要】

航空物流与公路物流、铁路物流、水路物流、管道物流共同构成现代物流系统。航空物流是以航空运输为主要形式,完成物品从供应地到需求地的流动过程。航空物流系统包括作业系统、网络系统和管理系统。航空物流价值链较长,中间环节多,管理复杂。航空物流企业是航空物流活动的主体,航空物流产业包括航空货运业、航空快递业、航空邮政业和航空货运代理业。

本章主要介绍物流的概念与功能要素、航空物流的概念与系统构成、航空物流的特点、航空物流产业链与价值链和航空物流企业与航空物流产业。读者通过学习这些内容,能够对航空物流有一个基本了解,能够理解航空物流的内涵及发展的重要意义,从而为后续知识点的学习打好基础。

【学习目标】

- 掌握物流的概念与活动;
- 掌握航空物流的概念与特点;
- 了解航空物流的价值链与产业链;
- 掌握航空物流企业与产业的含义。

上海吉祥航空物流与华夏航空典藏开启战略合作

2021 年 9 月 3 日,中国重庆吉祥航空旗下全资子公司上海吉祥航空物流,与华夏航空旗下华夏典藏电商在重庆签署战略合作协议。根据协议,双方将利用各自优势打造国内首批航空物流线上直营店。此外,合作双方还将立足支线市场构建货运航线网络,推进"智慧航空物流"在中西部地区落地,在为干线枢纽机场集散货源、加快货物周转和分拨效率的基础上,实现"小机场"助力"大枢纽"规模效应。

此次上海吉祥航空物流与华夏典藏电商的战略合作,将秉承"资源互补、共建共享、合作共赢"的原则,以吉祥航空物流"喜鹊到"一站式航空货运商城为基础平台,上线华夏航空物流直营店。该航空店不仅是国内首批航空物流线上直营店,也是"喜鹊到"平台改版后首个以航空为独立经营者身份开设的直营店。通过这一"双赢"实践,华夏航空可将其航空货运资源通过"喜鹊到"平台进行交易;同时"喜鹊到"平台也将为华夏航空典藏提供更便捷、高效的全链条物流服务。

此外，上海吉祥航空物流与华夏典藏电商之间将在目前已开展的物流运输合作基础上，基于各自航线网络优势，实现双方物流运单互认，以此进一步深挖干线、支线航班间的联运合作潜力。双方拟共同在重庆江北国际机场范围内实施运单互认试点，并将视合作情况推广至更多共飞航线机场，以达成双方"干支联运、运单互认"的合作目标。

（资料来源：http://www.chinawuliu.com.cn/zixun/202109/07/558977.shtml.）

案例思考题：

（1）双方开展的合作内容是什么？

（2）航空物流如何助力电商发展？

1.1 物流概述

1.1.1 物流的基本概念

物流可以从不同角度进行定义，在国际上，最普遍采用的是美国物流管理协会的定义：物流是为满足消费者需求而进行的对货物、服务及相关信息从起始地到消费地有效的流动与存储的计划、实施与控制的过程。对物流的认识是一个不断深化的过程，对物流的定义也同样如此。上面物流的定义是1992年给出的，1998年物流的定义中使用了供应链的概念，2001年美国物流管理协会对物流的定义又进行了完善：物流是供应链运作中，以满足客户需求为目的，对货物、服务和相关信息在产出地和销售地之间实现高效率和低成本的正向和反向的流动和存储所进行的计划、执行和控制的过程。

物流过程综合了运输、存货、管理、仓储、物料搬运及包装和其他相关活动，包括在整个供应链（从供应商开始，一直到客户）中的流动成本与服务水平的权衡取舍。物流包含效率和效益两方面，物流管理的最终目的是满足客户的需求和实现企业的目标。

从物流的定义可知，物流管理包含一系列的活动，它可以包括运输、仓储、包装、物料搬运、存货控制、订单处理、需求预测、采购、仓库选址和物流回收等。企业也可以不把上述所有活动包括在物流部门之下，如强调产成品物流的企业，可以不把采购包括在物流部门之内。

1.1.2 物流的功能要素

1. 运输

运输是物流系统中非常重要的一部分，物流中最重要的是货物的实体移动及移动货物的网络。网络是由提供运输服务的运输公司及代理公司组成的。物流经理负责选择运输方式来运输原材料及产成品，或建立企业自有的运输能力。

2. 存储

存储与运输具有权衡关系，存储包括两个既独立又有联系的活动——存货管理与仓储。运输与存货水平及所需仓库数之间有着直接的关系。许多重要的决策与存储活动有关,包括仓库数目、存货量大小、仓库的选址、仓库的大小等。

3. 包装

与物流相关的第三个领域是工业包装,也称之为外包装。运输方式的选择将影响包装要求。一般来说,铁路与水运因其货损的可能性较大,而需支付额外的包装费用。在权衡运输选择时,物流管理人员需要考虑运输方式的改变而引起的包装费用的变化。

4. 物料搬运

在制造企业,除物流部门外,其他部门如生产部,也存在物料搬运活动。物料搬运对仓库作业效率的提高具有重要的作用。物料搬运一般是货物通过机械设备做短距离移动,所用机械设备包括叉车、传送机、货物容器等。物料搬运需要提前沟通好生产与物流两个部门,以保证各种设备协调一致。

5. 流通加工

在流通过程中,辅助性的加工活动称为流通加工。辅助性的加工活动是指施加包装、分割、计量、分拣、组装、商品检验等简单作业。流通加工能够弥补生产过程中加工的不足,更有效满足用户或单位的需要,使产需双方更好地衔接。

6. 配送

配送是指在经济合理区域范围内,根据客户的订货要求,在配送中心进行分货、拣选、加工、包装、配货工作,并将配好的货物按时交给收货人的物流活动。配送是物流中一种特殊的、综合的活动形式,使商流与物流紧密结合。

7. 物流信息服务功能

现代物流需要依靠信息技术来保证物流系统正常运作。物流系统的信息服务功能包括进行与上述各项功能有关的计划、预测,记录物流动态信息(运量、收、发、存数)及有关的费用、生产,对市场信息的收集、加工、整理、提炼等活动。对物流信息活动的管理,要求建立信息系统和信息渠道,正确地选定信息点及其内容,以及信息的收集、汇总、统计、使用方式,以确保其可靠性和及时性。

1.1.3 物流的增值作用

1. 形态效用

形态效用是指以制造、生产和组装过程来增加产品的价值。某些物流活动也能产生产品的形态效用。当原材料通过一定的方式组合成为一种产品时就产生了形态效用,如瓶装饮料公司把果汁、水和碳酸盐加在一起,制成软饮料。把原材料加在一起生产软饮料的简单过程,表明改变产品形态可以使产品增值。

在当今的经济环境中,一定的物流活动也能提供形态效用。例如:在物流中心通过改变包装形态与发送批量等,可产生形态效用;把托盘上的米粉分装至每个顾客的容器中,就产生了形态效用。

2. 地点效用

物流活动通过把货物从生产地运送到消费地，提供了产品的地点效用。物流扩展了市场的边界，因而增加了产品的经济价值，这就是地点效用。地点效用的产生主要是通过运输。例如，把农产品从农场通过铁路或公路运输到消费者需要该产品的市场，便产生了地点效用。同样，当把钢材运送到需要的工厂时，也产生了地点效用。

3. 时间效用

货物不仅要送至消费者需要的地点，而且要在消费者所要求的时间内送达，这就是时间效用。物流产生时间效用是通过保持库存和货物的战略位置来实现的。例如，公司通过广告，事先把产品信息发布出去，在信息发布规定的时间内，把产品送达零售店以产生时间效用。运输也能在某种程度上产生时间效用。例如，为了快速把货物送到消费地，采用航空运输来代替公路运输，增加了时间效用。由于时间效用强调减少备货时间，因此在当今的商业环境下，它变得尤为重要。

1.2 航空物流的概念及特点

1.2.1 航空物流的概念

1. 航空物流

航空物流是现代物流的五个子物流系统之一，与水路物流、公路物流、铁路物流和管道物流共同构成整个现代物流系统。广义的航空物流就是"门到门"的物流服务，即以航空运输为主要运输形式，借助现代信息技术，连接供给主体和需求主体，使物品从起点至终点及相关信息有效流动的全过程。广义的航空物流是包括货代、地面承运人、航空物流中心、机场和航空公司在内的完整服务流程。狭义的航空物流只是从机场到机场的物流服务，以航空公司负责的空中运输为主，还涉及机场和货运代理，但是服务的内容较为单一，以运输为主。也可以认为航空货运就是狭义的航空物流。

2. 航空物流服务

航空物流的发展不可能只依靠空中运输，还要具有全面、高效的地面运输、仓储、包装等服务设施，包括货代、地面承运人、仓储服务部门和航空公司整个流程的服务。基本航空物流服务主要包括运输、仓储、包装、装卸搬运、配送及与之相关的信息流服务，其中运输服务是物流的核心。

航空物流服务的主要参与主体包括：货主、物流外包商、货代、机场/货站、航空公司和收货人。物流外包商、货代所承担的职能主要在于集中零散的货源，运输单证处理，预付航空运费并向货主收款，地面收货，货物暂时存储，报关商检（进出口货物）及寻找合适的航空公司承运。目的地机场的代理公司主要负责从机场提货，预付提货费用，最后完成从机场到收货人的地面配送工作。机场在航空物流服务中会出现两次，但两次承担的职能大不相同。第一次（在航空公司前），机场/货站同时具备货代职能，即单证审核、安全检验、货物暂时储存、货舱配载、货舱装卸等职能。第二次，机场/货站主要承担货舱装卸，货物入港检验，单证审核，货物暂时储存，及通知收货人或者代理公司提货等职能。航空公司则主要负责货物在机场之间的空中运输，以及单证审核的工作。

1.2.2 航空物流系统

1. 航空物流系统构成

航空物流系统是一个涉及多个不同类型企业组织之间协同工作的结构体系，是由不同构成要素组成的具有特定功能的有机整体，航空物流服务功能的实现建立在各服务主体科学运作的基础之上。从不同的角度分析，航空物流系统的构成要素也不同。从航空物流的作业内容分析，航空物流系统是由集货、地面运输、订舱、包装、空中运输和配送等作业环节共同构成，为客户提供"门到门"物流服务的综合体；航空物流系统的服务职能是建立在服务网络系统上，包括航线网络、航班计划、市场管理、配送服务等多方面的职能。从管理层次认识航空物流系统，主要包括对航空物流系统的规划、组织、控制等内容。因此可以认为航空物流系统是由作业系统、网络系统和管理系统三个部分组成。

（1）作业系统

作业系统即航空物流生产服务系统，由具体的航空物流业务构成，主要包括运输、仓储、配送和包装等作业项目。它是航空物流业发展的核心。在作业系统中，空中运输由航空公司实现，地面运输、配送和包装等项目一般由货运代理公司完成，仓储服务和货物装载服务主要由机场完成。

（2）网络系统

网络系统是航空物流系统的基础，以枢纽机场为核心，由区域内运输网络及众多物流节点构成，承担区域内物流服务的物流辐射系统网络，包括三方面：一是中枢辐射式的航线网络；二是航空物流通道设施、地面运输设施、信息系统设施等的基础设施网络；三是航空货运企业为了完善自身的服务而设立的遍布其服务范围的业务经营机构。

航空物流网络系统也可以分为航线网络和地面运输网络。航线网络是航空公司生产经营的基础条件，地面运输网络则是通过建立强大的运输车辆实现服务职能。航线网络能够实现货物在更大范围内的快速移动，地面网络主要是实现货物在小范围内的准时送达。两个部分都对航空物流服务的成本和效率产生重要的影响，如何将两个网络进行有效衔接、实现一体化运作，是发展航空物流网络的关键。

（3）管理系统

管理系统即航空物流组织管理和协调系统，主要职能是对航空物流系统的规划、指导、控制和协调，是航空物流业发展的关键。

2. 航空物流系统特点

航空物流系统隶属于社会物流系统，其又可分为不同的子系统，具有复杂性、动态性、开放性的特点。

（1）航空物流系统是一个复杂巨系统

航空物流系统的构成元素颇多，并且它们之间的关系复杂，属于复杂巨系统。从使用设施看，航空物流系统包括飞机、卡车、机场货站、装卸设备、包装设备等多种资源；从服务流程看，包括取货、装机、运输、配送等多个环节；从参与主体看，包括航空公司、货运代理、机场等多个主体。并且不同要素之间关系复杂，在物流活动中包含了资金流、信息流等，设施、资源和服务主体相互交叉，相互影响，而且很多环节之间存在背离的关系。因此需要从整体优化的角度分析航空物流系统。

（2）航空物流系统是一个动态系统

航空物流系统所处的外部环境不断变化，如国际航空货物运输就受到国际经济形势、国际政治关系等诸多因素的影响，因此要求航空物流系统具有足够的灵活性与稳定性，是一个能够满足社会需要、适应环境能力的动态系统。

（3）航空物流系统是一个可分系统

根据作业对象的不同，航空物流系统首先可以分为信息系统和作业系统。信息系统可以分为订舱系统、结算系统、仓储管理系统等；作业系统可分为地面运输系统、货物装卸系统、空中运输系统和配送系统等。每个子系统在时间、空间和资源利用方面相互联系，协调发展，以保证整个物流系统的有效运作。

（4）航空物流系统是一个开放系统

航空物流系统是一个开放系统，它与隶属的社会经济系统，同层次的其他物流系统，以及各子系统之间有物质、信息和能量的交换，并且存在共同的服务目标。航空物流系统还具有高度的适应性，能够应对系统环境中许多无法预料和控制的突发事件和情况。

1.2.3 航空物流的特点

1. 复杂性

航空物流价值链中的利益关系者众多，且相关利益者之间既存在着纵向的竞争与服务关系，也存在着横向的竞争与服务关系，甚至构建了战略联盟或合作伙伴关系，众多利益主体间形成了错综复杂的关系网络。这种网状关系的分支或链接越多，整个航空物流价值链内的运营主体间的交易关系就越复杂，彼此间的竞争与合作及议价能力都会随之而改变，对交易信用体系和信息管理的开放性要求也就越高。

2. 放大性

在航空物流服务链中，由于中间环节的作用，处于航空物流价值链末梢节点的细微变化，可能被数倍放大后迅速传递给处于价值链中间的核心企业，从而带来难以预计的风险。如果从航空货物运输的角度看，居于航空物流价值链中间的承运人，无疑是承受放大影响的必然主体之一。源于货主的供给变化，或源于客户的需求变化，在被数个中间服务商放大后传递到短链服务的航空货运承运人（多指仅从事点对点货物运输服务的航空公司），就有可能带来运力计划、航线安排与设施建设的失误，保障能力不足或超前建设都是常见的结果。

3. 时效性

区别于其他运输方式，航空货物运输的显著特征就是速度快。航空物流服务的链条不管有多复杂，都不能影响客户对时效性的追求，这是航空物流需求的核心。在航空物流体系中，客户追求的不是某一过程的时效性，而是服务链全程的时效性，即从上门揽货开始，到最终配送入库的过程，都需要强调时间的价值。但在具体的实践中，航空物流体系的时效性并不完全取决于市场经营主体，更大的影响来自于政府职能服务与监管规制。例如，口岸机场的服务并不仅仅受货站与地勤处理速度的影响，还受到海关的程序与服务效率的影响，而且后者往往对时效性的影响更大。因此，航空物流的时效性得到了普遍的关注，在双边或多边的贸易协定中，海关程序与服务效率及货物处理速度，始终是其中的重要内容之一。

4. 灵活性

一方面，航空物流能够实现点对点精准运输的服务，可以通过与地面卡车运输的连接，突破某些气候与政策规制的突发性破坏；另一方面，大量的客运运力在应急状态下可以快速地实现"客改货"的切换，大幅增加运力的投放，如类似公共卫生事件等的重大危机事件中的应急物流等。当然，航空物流的灵活性还表现在运力选择方面，可以规模化，也可以散件与少量包裹，只要在航班时刻许可的范围内，航空物流不会像公路物流零担运输那样需要等待一个合理的装载率。

5. 规模性

规模性也称为规模经济，在航空物流体系中至少包含3个层面的内容。一是规模效应，既可以表现为以货运航班为单位的市场经济性，由于单位运行成本（即每个航班的运行成本）相对较高，在标准费率前提下需要达到"量"的规模才可能实现盈亏平衡，也可以表现为各种中间商的议价能力高低问题，规模越小，议价能力就越低。二是网络效应，这是由航空物流服务属性决定的，没有一定的通达性，就不可能形成物流枢纽价值，无法实现货物集拼作业的经济性。事实上，航空物流的"转运中心"或"空港枢纽"概念，都来源于其网络效应。三是密度效应，航空物流服务的通达性，不但需要网络覆盖的空间效应，还需要各个通达点连接线路运行的频率，即通常航空运输中的航班密度。

6. 高成本性

航空物流属于资金和技术密集型物流，投资大。从航空运输来看，与铁路、水路等相比，航空货运的固定成本较低，但燃料消耗、维修保养及飞行人员和地勤人员等的可变成本高。因此，航空物流并不适合大众化的产品，一般适用于高价值产品或时间要求比成本更为重要的产品。

1.3 航空物流产业链

1.3.1 航空物流价值链

航空物流价值链较长（图1-1），中间环节多，管理复杂。总体来看，航空公司仅靠空中运输获利存在弊端。首先，货代掌握着货源，拥有较强的话语权，大约40%的货运利益集中在寄收两头的货代手中；其次，地面运输、仓储的费用，航空公司的利益空间基本在50%以下。因此，对于航空公司来说，必须延长自身发展价值链，为客户提供更加全面的物流服务，方能不断提升利益空间。

	货主	物流外包商	货代	机场货站	航空公司	机场货站	代理公司	收件人
内容	·生产型企业或消费者 ·付款	·选择运输方式 ·订单处理 ·仓储管理	·集中零散货源 ·预付航空运费 ·寻找合适的承运航空公司 ·地面收货 ·暂时存储	·具备货代职能 ·单证审核、检验 ·货舱配载 ·货舱装卸	·经营航线 ·负责空中运输	·货舱装卸 ·货物检验 ·单证审核	·从机场提货 ·负责机场到收货人的地面派送	·支付费用 ·货物验收
需求	·运输时效、货物安全	·低运输成本 ·满足客户需求 ·掌握货物状态	·利差最大化 ·航线运力充足	·地面处置费最大化	·货舱充分利用 ·高运价 ·稳定货源	·地面处置费最大化	·派送费用最大化 ·派送需求集中	·运输费用低 ·配送速度快、配送安全

图 1-1　航空物流价值链分析

1.3.2　航空物流产业链

航空物流产业链分为三个环节（图 1-2），产业链上游的参与主体为飞机与航材制造、航油供应及机场；产业链中游的参与主体为传统航空公司与物流公司；产业链下游的参与主体包括货运代理、生产型企业、跨境电商，最终面向消费者。

图 1-2　航空物流产业链

1. 产业链上游

航空物流产业链上游参与的行业较多，航油和航材价格波动会直接导致航空公司利润水平的波动。

（1）飞机与航材

航空公司的需求包括购买新机或租赁飞机，购买维修飞机所需的航空器零部件（发动机、航空电子等）。根据统计，截至 2020 年年底，中国内地全货机总数达到 186 架。

（2）航油

航油价格波动对航空公司利润水平的影响最大，航油成本在运输成本中的占比大约在25%～40%之间。

2. 产业链中游

产业链中游的参与主体为传统航空公司与物流公司（图1-2）。按照物流服务范围，可将行业参与主体中的企业类型细分为基础物流服务商和综合物流服务商（图1-3）。总体来看，中国航空物流行业以基础物流服务商为主，货运单价较低，普遍盈利能力较差，导致市场竞争激烈，而具备综合物流能力的企业数量较少。

图1-3　航空物流服务商

3. 产业链下游

航空物流下游的行业包括货运代理、生产型企业及跨境电商行业等。航空物流直接对接市场和消费者，因此中国宏观经济发展态势、居民人均收入、社会消费品零售总额及特殊事件的发生都会对航空物流行业产生直接影响。目前航空物流业60%以上业务为航空速运，20%以上为地面综合服务，其他为综合物流解决方案。

1.4　航空物流企业与航空物流产业

1.4.1　航空物流企业

1. 航空物流企业的含义

航空物流企业是航空物流活动的主体，是航空物流服务的提供商。狭义的航空物流企业是指参与航空物流运作、提供货物空中运输服务的航空公司，既包括利用腹舱载货的客运航空公司，又包括专业的航空货运公司；而广义的航空物流企业则是指参与航空物流运作，提供空中运输、货运代理、地面运输、货站服务等业务的所有企业。

不论是狭义的还是广义的航空物流企业，均在航空物流服务过程中发挥着重要的作用。航空物流服务以满足客户（物品所有者）需求为目的，从货源的组织开始，经过货物出港、空中运输、货物进港、货物储存及货物配送等作业环节，最终将货物送到客户（收货人）手中。因此，航空物流服务是由航空货运代理企业、地面运输企业、机场货站服务企业、航空运输企业共同合作完成的，它实现了货物的流动、货物保管主体责任的转移及主体相互之间信息的交流。

2. 航空物流企业的特点

航空物流企业除了具有一般企业的营利性、自负盈亏等特征外，还具有航空物流特色的经济特征，主要包括规模经济性、网络经济性和范围经济性三个方面。

(1) 航空物流企业的规模经济性

假设某航空公司只在一个城市（即公司所在地）设立基地，只有一架飞机执行从该城市到另一城市的往返航班飞行，每一航班都可达到满意的载运率（实际载重/最大载重）。在一天内，随着往返航班的次数增多，该公司的固定成本（主要包括建立飞行基地投入的固定资产、购置飞机及维修设备、除飞行人员外的工资支出等）将逐渐摊薄，平均成本曲线将逐渐下降。

(2) 航空物流企业的网络经济性

航空物流产业的网络经济性是指随着航空公司航线网络的扩大，其所提供的每一航线上的航班密度增大，载运率提高，旅客通过网络中心转换航班的时间缩短等而出现的收益递增、平均成本下降的情况。如果一个航空公司所建立的航线网络覆盖面越广，连接的城市越多，这种网络经济性就越明显。当航线网络从空间上超越单个航空公司的有效经营范围时，在更大的市场范围内，或者说在多个区域性市场之间，每一航空公司网络中心之间的相互联系将形成更加庞大的网络，网络节点之间的互联互通，进一步提高了航空运输的便捷性，从需求和供给两个方面促进了市场容量的迅速扩大，使整个产业的总成本得到节约，这就是航空物流产业的网络经济性。产业所具有的网络经济性能够对单个航空公司的网络经济性产生协同和放大作用，进一步扩大单一企业的网络覆盖面。在此意义上，航空公司的网络经济性之间存在相互依存关系。

(3) 航空物流企业的范围经济性

如果我们把航空运输企业在不同航线上提供的运输服务看作不同的产品，那么一个公司一般都是多产品的供给者。当一个企业在多个航线上提供运输服务时，将表现出明显的范围经济性，即随着航线的增加，会使每一航线上的运输量相应增加，使总运输量以递增的速度增长，从而使每一航线上单位产品的成本下降。

1.4.2 航空物流产业

产业是国民经济中以社会分工为基础，在产品和劳务的生产和经营上具有某些相同特征的企业或单位及其活动的集合，产业是社会分工的产物，是社会生产力发展的必然结果，是企业与国民经济之间的一种集合概念。产业口径的宽窄是相对的。例如：将国民经济划分为农业、制造业、建筑业、物流业等的产业口径较宽；而将物流业划分为公路物流业、铁路物流业、水路物流业、管道物流业、航空物流业等产业口径较窄。

1. 航空物流业的含义

航空物流业是指国民经济中从事航空物流经济活动的社会生产部门，是从事航空物流经济活动的所有企业或单位的集合。航空物流业不同于航空客运业，航空物流业主要从事行李、货物和邮件的运输，航空客运业从事旅客的运输。航空物流业也不同于通用航空业，通用航空业是指利用航空器从事为工业、农业、林业、牧业、渔业生产和国家建设服务的作业飞行，以及从事医疗卫生、抢险救灾、海洋及环境监测、科学研究、教育训练、文化体育和游览等飞行活动的行业，通用航空业虽然也涉及物品，但主要是消耗品，没有产生物流服务的增值。航空物流业、航空客运业、通用航空业共同构成民用航空业，区别于军用航空业。因此，航空物流业既是物流业的子行业，也是民用航空业的子行业。

2. 航空物流业的性质

（1）航空物流业是生产性服务业

航空物流业是第三产业和物流业的重要组成部分，不仅是服务业，而且是生产性服务业，生产性服务业是指为第一、二、三产业的实物生产和服务生产提供服务的产业。生产分为农业生产、工业生产和服务业生产，农业生产产出农产品，工业生产产出工业品，服务业生产产出服务产品。无论是农业生产、工业生产还是服务业生产，都需要外购服务作为生产要素投入企业的生产过程，这些外购服务就构成服务性生产资料。一些服务产品既服务于生产，也服务于消费。国际一般把50%以上产品用于生产的服务部门称为生产性服务业，50%以上产品用于消费的服务部门称为消费性服务业。在发达国家，生产性服务业在整个服务业的比重超过60%，其发展速度也明显快于消费性服务业。现代航空物流业是一个主要为生产者服务的产业，属于生产性服务业。

（2）航空物流业具有自然垄断性

从现阶段乃至一个较长时期内我国国情和航空物流的发展来看，航空物流业是一种自然垄断性产业。航空物流的高技术密集性及进入初期的高风险高投入无疑抬高了行业的进入门槛，给一般的投资者设置了进入壁垒，即航空物流的资本技术密集性特征直接导致了行业的自然垄断。在航空物流业的发展早期，由于成本及安全问题，市场需求较低，在一定的市场容量内，使得一家或极少数几家的经营成为可能，形成了垄断经营，使该产业呈现出自然垄断产业的特征。受自然和技术条件的限制，机场和航线资源有限，进一步制约了市场容量的扩大，加剧了产业的自然垄断性质，使得在一定的空间范围内，有限的市场需要由一家或少数几家企业经营才最有效率，所以航空物流业呈现自然垄断性。

3. 航空物流业的构成

航空物流业是以航空运输业为主干，加上其他相关行业所形成的集合体。航空物流业主要由以下行业构成。

（1）航空货运业

航空货运业是以飞机为主要运载工具，以货物（含行李、特种货物）为运输对象的空中运输活动行业。航空货运业主要有国际航空货运、国内航空货运、快运、包机运输等业务。当前，伴随着世界经济的快速发展，航空货运业也度过了发育期，步入了成长期。一方面，航空货运业作为世界经济全球化的"催化剂"，促进和加快了世界经济一体化进程；另一方面，航空货运业自身也出现了全球化发展的趋势。航空货运业全球化的基本表现是：管理自由化、市场区域化、企业跨国联盟化。

（2）航空快递业

航空快递业主要是以飞机为工具，快速收寄、运输、投递单独封装的、有名址的包裹或其他不需储存的物品，按承诺时限递送到收件人或指定地点，并获得签收的寄递服务业。按收件人所处的地区不同，将航空快递服务分为国内航空快递和国际航空快递。随着经济的快速发展，以便捷著称的航空快递成为人们工作和生活中越来越不可或缺的服务。

（3）航空货运代理业

航空货运代理业是以大规模、成批量航空货物承运代理，报关，运输为主体的行业。航空托运业是代办各种小量、零担航空运输，代办航空包装的行业。航空货代业与航空托运业本身既不掌握航空货源也不掌握航空运输工具，而是以中间人身份一面向货主揽货，一面向航空运输企业托运，以此收取手续费用和佣金。有的航空托运业主专门从事向货主揽取零星航空货载的业务，加以归纳、集中成为包机运输货物，然后以托运人的名义向航空运输企业托运，赚取零担或包机运输货物运费之间的差额。

（4）航空邮政业

航空邮政业是主要以飞机为工具，以收寄、运输、投递航空包裹和航空信函为主要业务的服务业。它在促进国民经济和社会发展，保障公民的通信权利等方面发挥着重要作用。当前，传统邮政业积极参与航空快递等业务，正向信息流、资金流和物流三流合一的现代航空邮运业转变。

大韩航空公司货运发展

大韩航空公司（Korean Air）成立于1969年（以下简称"大韩航空"），是韩国最大的航空公司，也是亚洲规模最大的航空公司之一。韩国的航空货运业务始于1971年的汉城（现首尔）—洛杉矶航线，这是韩国第一个跨太平洋航线网络。从那时起，大韩航空就开始通过引进B747-400F货运飞机和海外专用货运站（如纽约和东京机场）来不断地扩大自身的货运业务。

大韩航空的货运业务已飞往26个国家的45个目的地，在仁川枢纽码头拥有103 070平方米的仓库面积，并拥有4个海外专用货运站（泰奥、奥萨、洛杉矶、纽约）。大韩航空是世界上最大的越洋货物运载企业之一，拥有庞大的货运机队，并在全球八大机场中拥有货运站。货运业一直是大韩航空的核心业务之一，而且发展态势良好。

1. 发展历程

大韩航空自1993年以来一直排名全球货运商前三位，并自1991年以来，一直在货运吨公里方面位于全球五大商业航空货运之列。从2004年到2009年，大韩航空的货运在国际航空运输协会公布的国际货物运输类别中排名第一。

2005年，大韩航空的货运量为79.82亿吨千米，在大韩航空的收入中，货运收入占31%。由于货运业务的持续增长，大韩航空货运被国际航空运输协会（International Air Transport Association，IATA）以下简称国际航协，列为全球最大的商业航空货运运营商。大韩航空投资10万亿韩元，用于购买长距离货机、世界首个全互联网货物跟踪系统，并投资5300万美元用于货物运输设备升级等投资计划。2006年上半年，其货运收入达到了11.7亿美元，同比增长5.5%。而更明智的策略是大韩航空公司对一些增长迅速的市场，如中国等地区加大了投资和业务开发力度。凭借邻近我国的交通枢纽——仁川国际机场，大韩航空加大对我国战略市场的投入，新增了许多航线。大韩航空十分重视对我国沿海经济开发区的投资，并始终保持与我国西部大开发战略步调一致。

2008年，面对竞争对手的不断增加，原油价格居高不下的大环境，大韩航空却始终保持着货运业务的增长态势。原因在于大韩航空在持续强化自身优势业务的同时，还在战略重点上有所侧重和选择，针对关键市场，积极拓展运输业务能力。大韩航空发现，由于地面交通运输费用和多式联运成本的不断上涨，原本航空货运基础相对落后的亚洲，尤其是中国，已成为了世界航空货运市场发展速度的推动力。对此，大韩航空及时做出反应，将战略眼光投向以中国、印度为首的亚洲市场，深入拓展了业务范围。短短几年，大韩航空就在潜力巨大的亚洲市场站稳了脚跟，为将来的发展拓宽了空间。

截至2019年年底，大韩航空公司共拥有169架飞机，定期在韩国13个城市和全球43个国家的114个城市之间运营，载客2735万人次，载货146万吨。其中共经营23架货机，包括B747-8F和B744F。尽管国际形势的不稳定和2019年全球经济增长放缓，但由于大韩航空与达美航空合资经营并寻求发展，客运线路收入依旧增长了0.4%盈利路线。

2. 特色服务

大韩航空公司目前的特色货运服务包括以下两个方面。

（1）量身打造航空货运

通过托运人、货运代理和韩国航空货运之间的沟通和定制，提供最高质量的物流解决方案，以满足客户的需求。

每个代理公司的客户都不相同，运输的货物、目的地也都不相同。有的货物时间要求特别严格；有的货物对时间要求不严格，但是对价格有要求；有的货物需要代理和货主签订常年的价格合同。

对于固定货物，同代理人签订协议产品合同。产品合同中，规定了合同生效的时间、目的地、代理店名称、价格等级、重量等级等内容。对于代理在某些航线的固定货物，签订协议价格，保证服务，这样可以避免固定货物的丢失。

（2）特殊货物的专门解决方案

大韩航空根据客户对特殊货物运输的需求，基于多年来运送各种物品和形式的特殊货物的经验，提供专业服务以满足运输需求。其中药物运输是其中的特色服务。大韩航空对于医药品有着非常成熟的运输经验和先进的运输设备，对于有温度要求的药品类货物来说，客户更关注的是全程的服务，运费相对于货值来说是比较低的。

（资料来源：http://www.chinawuliu.com.cn/xsyj/202203/14/572749.shtml.）

案例思考题：

（1）大韩航空的特色服务是什么？

（2）大韩航空开发中国市场的原因是什么？

（3）结合案例谈谈航空货运发展趋势。

本章小结

航空物流以航空运输为主要运输方式，借助现代信息技术，在物品从供应地向接收地的实体流动过程中，根据实际需要，将运输、储存、装卸、搬运、包装、流通加工、配送、信息处理等基本功能实施有机结合。航空物流系统是一个涉及多个不同类型企业组织之间协同工作的结构体系，是由不同构成要素组成的具有特定功能的有机整体。

我国航空物流在发展初期增长缓慢，在中国加入 WTO 之后，对外贸易往来频繁，带动了民航货邮运输量的持续增长。2022 年 2 月，我国《"十四五"航空物流发展专项规划》正式印发，首次将航空物流纳入行业发展规划，标志着我国航空物流业将进入新的发展阶段。

复习思考题

1. 简述航空物流的概念与特点。
2. 分析航空物流业的构成。
3. 简述航空物流企业的含义与特点。

即测即练

自学自测　扫描此码

第 2 章

航空物流基础设施

【本章概要】

航空物流基础设施是在机场范围内,为实现货物从货主移动到空中设施这一物流活动所需的各类基础要素。航空物流是现代物流中的重要组成部分,其提供的是安全、快捷、方便和优质的服务。拥有高效率和能提供综合性服务的航空物流基础设施在降低商品生产和经营成本、提高产品质量、保护生态环境、加速商品周转等方面将发挥重要作用。

本章主要介绍航空器、机场、航线、航空集装器等概念,分析航空器、机场航线、航空集装器等的相关管理规定,使读者能够了解航空物流基础设施的构成及相应的管理制度等。

【学习目标】

- 掌握航空器、机场、航线和航空集装器等概念;
- 掌握航空器、机场、航线和航空集装器的分类;
- 掌握航线的相关管理规定;
- 掌握航空集装器的相关限制和集装货物的基本原则;
- 了解航空器等的发展现状和趋势。

国产大型无人运输机首飞成功

中国航空工业集团下属中航工业第一飞机设计研究院研制的 TP500 无人运输机,在 2022 年 6 月 18 日完成首飞。TP500 无人运输机是一款通用型的大载重无人运输平台,同时也是首个完全按照中国民航适航要求研制的大型无人运输机,能够满足 500 千克级标准载重,且能实现 500 千米半径范围的无人驾驶航空货运覆盖,最大的航程为 1800 千米。TP500 无人运输机主要满足我国内陆与海岛,以及东南亚与中东、北非等国家和地区的货运无人运输市场需求,定位于支线物流运输场景,是为多种极况场景下的特种应急和救援研发的特种无人机,可以广泛地应用于快递物流和各类短途航空运输。

(资料来源:https://baijiahao.baidu.com/s?id=1737209351909979672&wfr=spider&for=pc.)

案例思考题:

(1) 航空物流基础设施都包括哪些内容?

（2）时代的发展和科技的革新给航空物流带来了哪些影响？
（3）你认为无人运输机会在未来的航空物流中发挥越来越重要的作用吗？

2.1 航 空 器

2.1.1 航空器的定义

对于航空器的定义最初是出于国家安全考虑，从法律层面对其进行了定义。1919年《关于管理空中航行的公约》（简称《巴黎公约》）规定所谓航空器，是指"大气层中依靠空气反作用力支撑的任何机器"。1944年在芝加哥召开的国际航空会议上订立的《国际民用航空公约》（简称《芝加哥公约》）再次重申民用航空活动国家安全的重要性，随之成立了国际民用航空组织（International Civil Aviation Organization，ICAO）。1967年国际民用航空组织对航空器进行重新定义，"凡能依靠空气的反作用力，而不是依靠空气对地（水）面反作用力作支撑的任何机器为航空器"。依据这一定义，凡利用空气对地（水）面反作用取得支撑力的器械，如气垫车、气垫船之类，不属于航空器；凡不依靠空气反作用取得支撑力飞行的器械，如火箭、导弹之类，亦不属于航空器。

在大气层中飞行的称为航空器，如飞机、气球、飞艇、直升机、滑翔机等。在大气层以外飞行的称为航天器，如人造卫星、宇宙飞船、航天飞机、空间站等。

2.1.2 航空器的分类

航空器按照不同的分类标准，可以划分为不同的种类。

1. 从法律角度划分

从法律角度分析，航空器可以分成两个大类，即国家航空器类及民用航空器类。《芝加哥公约》对国家航空器做了规定："用于军事、海关及警察部门的航空器，应认为是国家航空器。"按照《芝加哥公约》的规定，任何一个航空器，只要它是供上述3个部门使用的，它就肯定不是民用航空器，而是国家航空器。其他类航空器就属于民用航空器。

2. 从技术角度划分

从技术角度分析，航空器分为轻于空气的航空器和重于空气的航空器。前者包括气球、飞艇等，后者包括飞机、直升机、滑翔机等。前者是依靠空气的静浮力完成飞行的，而后者则是依靠空气的动浮力完成飞行的。

（1）轻于空气的航空器

轻于空气的航空器包括气球和飞艇，靠空气的浮力飞行。

气球属于非动力驱动的轻于空气的航空器，是充满空气或某种别的气体的一种密封袋。气球不但可作为玩具、装饰品，还可以作为运输工具。如果气球足够大，里面的气体又轻于同体积的空气，产生的浮力超过气囊和附带物体的重量时，气球就可上升。因此它可用来运载观测仪器和乘客。只装载设备的无人气球经常用于对高空大气环境的科学研究，有时也用于测定宇宙射线。

飞艇属于动力驱动的轻于空气的航空器，它由巨大的流线型艇体、位于艇体下面的吊舱、起稳定控制作用的尾面和推进装置组成。它与热气球最大的区别在于具有推进和控制飞行状态的装置，所以又名"可操纵的气球"。飞艇既可在垂直方向做升降操作，又可在水平方向操纵。操纵的方法是靠发动机和螺旋桨推动前进，并靠方向舵来控制方向，同时由水平安定面来保持纵向稳定。

二者的主要区别是前者没有动力装置，升空后只能随风飘动，或者被系留在某一固定位置上，不能进行控制；后者装有发动机、安定面和操纵面，可以控制飞行方向和路线。

（2）重于空气的航空器

重于空气的航空器包括固定翼航空器、旋翼航空器、扑翼机。它们能升空是因为气流通过机翼时产生的升力克服了其自身的重力。

固定翼航空器，是指由动力装置产生前进的推力或拉力，由机身的固定机翼产生升力，在大气层内飞行的重于空气的航空器。固定翼航空器分为飞机和滑翔机。

飞机是最主要的、应用范围最广的固定翼航空器。它的特点是装有提供拉力或推力的动力装置，产生升力的固定，控制飞行姿态的操纵面。

滑翔机大多没有动力装置，可由飞机拖曳起飞，也可用绞盘车或汽车牵引起飞，还可从高坡下滑到空中起飞。在无风情况下，滑翔机在下滑飞行中依靠自身重力的分量获得前进动力，这种损失高度的无动力下滑飞行称滑翔。滑翔机与飞机的根本区别是，它升高以后不用动力而靠自身重力在飞行方向的分力向前滑行。虽然有些滑翔机装有小型发动机（称为动力滑翔机），但主要是在滑翔飞行前用来获得初始高度。现代滑翔机主要用于体育运动。

旋翼航空器是一种重于空气，用一个或多个高速转动的、无动力驱动的旋翼与空气进行相对流体运动获得升力后克服自重以达到空中飞行的航空器，与固定翼飞机相对。

现代旋翼航空器主要包括直升机、自转旋翼机和旋翼式螺旋桨飞机（固定旋翼机）、倾转旋翼机四种类型，其中直升机是最常见的旋翼航空器，固定旋翼机则仍然处于研发中，尚未投入使用，更未被量产化。

直升机是一种重于空气而且有动力驱动的航空器，由一个或多个在基本垂直的轴上自由转动的旋翼上的空气反作用力支持其在空中飞行。直升机具有独特的飞行方式，能垂直起落，在空中悬停和定点转弯，还能在空中前进、左右横行甚至倒退。直升机是典型的军民两用产品，可以广泛地应用在运输、巡逻、旅游、救护等多个领域。

扑翼机是指机翼能像鸟和昆虫翅膀那样上下扑动的重于空气的航空器，又称振翼机。扑动的机翼不仅产生升力，还产生向前的推动力。现代扑翼虽然已经能够实现较好的飞行与控制，但距实用仍有一定差距，仍无法被广泛应用，只能用在一些有特殊要求的任务中，如城市反恐中的狭小空间侦查。

下面我们重点介绍一下飞机的知识。

2.1.3 飞机的构造和分类

1. 飞机的构造

到目前为止，除少数几种特殊型号的飞机外，大多数飞机由五个主要部分组成：机翼、机身、尾翼、起落架和动力装置。如图 2-1 所示。

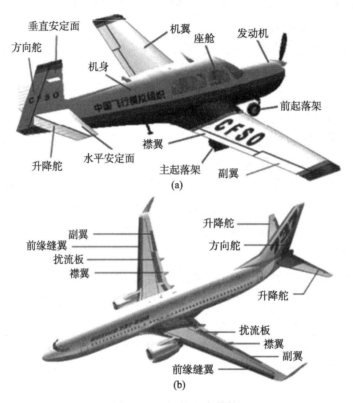

图 2-1 飞机的基本结构

（1）机翼

机翼的主要作用是为飞机提供升力，支持飞机在空中飞行，与尾翼共同起到一定的稳定和操纵作用。机翼通常安装有副翼和襟翼。如果操作副翼，飞机放下滚动的副翼，机翼的升力系数就会变大。为了改善机翼的空气动力效应，在机翼的前、后越来越多地装有各种形式的襟翼、缝翼等增升装置，以提高飞机的起飞、着陆或机动性能。

机翼上安装有起落架、发动机等其他部件。近代歼击机和歼击轰炸机往往在机翼下布置多种外挂，如副油箱和导弹、炸弹等军械设备。机翼的内部空间常用来收藏起落架、放置一些小型设备、附件和储存燃油。特别是客机，为了保证旅客安全，很多飞机不在机身内储存燃油，而把燃油全部储存在机翼内。

（2）机身

机身的主要功用是装载乘员、旅客、武器、货物和各种设备，将飞机的其他部件，如机翼、尾翼及发动机等连接成一个整体。在轻型飞机和战斗机上，发动机经常被安装在机身上。现代飞机的机身结构是由纵向元件（沿机身纵轴方向）——长桁、桁梁和垂直于机身纵轴的横向元件——隔框及蒙皮组合而成，其结构形式有构架式、硬壳式和半硬壳式。

在使用方面，应要求它具有尽可能大的空间，使它的单位体积利用率最高，以便能装载更多的人和物资，同时连接必须安全可靠；应有良好的通风加温和隔音设备；视野必须广阔，以利于飞机的起落。在气动方面，飞行中，机身的阻力要占整个飞机阻力的较大部分，因此，要求机身具有良好的流线型、光滑的表面、合理的截面形状及尽可能小的横截面积。最后，在保证有足够的强度、刚度和抗疲劳的能力下，应使它的重量最轻。对于具有气密座舱的机身，抗疲劳的能力尤为重要。

（3）尾翼

尾翼是一种安装在飞机尾部以提高飞行稳定性的装置，可用来控制飞机的俯仰、偏航和倾斜以改变飞行姿态，是飞行控制系统的重要组成部分。大多数尾翼包括水平尾翼和垂直尾翼，少数采用 V 形尾翼。水平尾翼由固定的水平安定面和可动的升降舵组成，有的高速飞机将水平安定面和升降舵合体成为全动平尾。垂直尾翼包括固定的垂直安定面和可动的方向舵。

（4）起落装置

飞机的起落装置，用以使飞机在地面或水面起飞、着陆、滑跑、滑行和停放。既支撑飞机重量，又可吸收飞机着陆时和滑跑中的冲击能量。主要由承力支柱、缓冲器、机轮（或浮筒、滑橇）、收放机构等构成。起落架的主要作用有以下 4 个：承受飞机在地面停放、滑行、起飞着陆滑跑时的重力；承受、消耗和吸收飞机在着陆与地面运动时的撞击和颠簸能量；滑跑与滑行时的制动；滑跑与滑行时操纵飞机。

起落架可分为主起落架和前起落架。位于飞机重心附近承受飞机大部分重量的是主起落架，在飞机前半部分的是前起落架。前起落架是由飞机的前轮和转动机构组成，通过控制前轮左右转动就可以让飞机在地面滑行转弯。

（5）动力装置

飞机动力装置是指飞机发动机和确保飞机发动机正常运转所必需的系统和附件。其组成主要取决于所用飞机发动机的类型，主要有以下系统或装置：飞机发动机及其起动和控制系统；飞机燃油系统；飞机润滑油系统（也称为"外部润滑油系统"、活塞式航空发动机和涡轮螺旋桨发动机装置）；防火灭火系统；飞机发动机散热装置；飞机发动机固定装置；进排气装置。

航空发动机分为活塞式发动机和喷气式发动机两大类。现在飞机上应用较广泛的有活塞式发动机、涡轮喷气发动机、涡轮螺旋桨发动机和涡轮风扇发动机。现代高速飞机都使用了喷气式发动机，只有在小型、低速飞机上，由于经济性好、易于维护，活塞式发动机还在被大量使用。在飞机上使用的发动机分类，如图 2-2 所示。

其中火箭发动机用于航天，冲压式只用于三倍音速以上的飞机，脉动式的燃油效率很低，目前没有在民航飞机上应用。

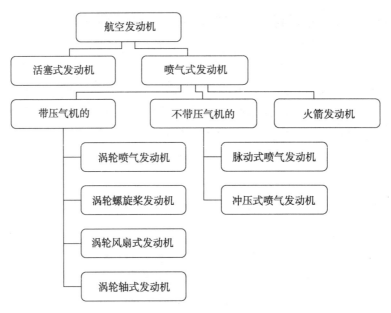

图 2-2　航空发动机分类

飞机除了以上 5 个部分外,还根据飞机操作和执行任务的需要,装有各种仪表、通信设备、领航设备、安全设备、服务设施等其他设备设施。

2. 飞机的分类

民航运输机按照不同的分类方法可分为许多不同的类型。

(1) 按飞机用途划分

按飞机用途划分,飞机可分为国家航空飞机和民用航空飞机。国家航空飞机是指军队、警察和海关等使用的飞机。民用航空飞机主要是指民用飞机和直升机。民用飞机指民用的客机、货机和客货两用机。

(2) 按飞机发动机划分

划分的标准有发动机的类型、发动机的数量、发动机安装的位置等。

按发动机的类型划分,可以分成螺旋桨飞机和喷气式飞机。按飞机的发动机数量划分有单发、双发、三发、四发飞机之分。按发动机安装的位置可分为机身内式、翼内式、翼上式、翼下式、翼吊式和尾吊式发动机飞机。

(3) 按飞行速度划分

按飞行速度划分,有亚音速飞机和超音速飞机之分,亚音速飞机又分低速飞机(飞行速度低于 400 千米/小时)和高亚音速飞机(马赫数为 0.8～0.9)。超音速飞机是指飞机速度超过音速的飞机,它的马赫数大于 1。

现代的民用机除个别机型外都是亚音速飞机,小型飞机和螺旋桨飞机多为低亚声速飞机,多数大型客机、运输机,部分的轰炸机都是喷气式高亚音飞机。

民用超音速飞机的代表是法国研制的"协和"超音速飞机。它可爬升到距地面 15 000～18 000 米的高空,以约 2180 千米/小时的速度巡航,不间断飞行距离为 6230 千米。

（4）按飞机的大小划分

按飞机的大小划分有两种分类标准：旅客座位数和机身直径。

按飞机旅客座位数分为大型飞机（旅客座位数＞200座）、中型飞机（旅客座位数100座～200座）和小型飞机（旅客座位数＜100座）。按机身直径分：机身直径大于3.75米的称为宽体客机，其直径为5～6米，有两条走道，通常一排能够容纳7～10个座位，又被称为双通道飞机，如图2-3所示。机身直径小于3.75米称为窄体客机，有一条走道，通常一排能够容纳2～6个座位，又被称为单通道飞机，如图2-4所示。

图2-3　宽体飞机的机舱

图2-4　窄体飞机的机舱

在我们常见的飞机中，波音747、波音787、空客380等属于大型宽体亚音速飞机；波音737、波音757、空客319、空客320等属于中型窄体亚音速飞机；国产新舟60等属于小型窄体飞机。

（5）按飞机的航程划分

按飞机的航程划分可分为远程、中程、近程飞机。

远程飞机的航程为11 000千米左右，可以完成中途不着陆的洲际跨洋飞行。中程飞机的航程为3000千米左右，近程飞机的航程一般小于1000千米。近程飞机一般用于支线，因此又称支线飞机。中、远程飞机一般用于国内干线和国际航线，又称干线飞机。

2.1.4 主要飞机制造商和机型

1. 世界主要飞机制造商与机型

从世界范围来看，主要的民用飞机制造商有四家，分别是欧洲的空中客车公司（Airbus）、美国波音公司（Boeing）、加拿大庞巴迪公司（Bombardier）和巴西航空工业公司（Embraer）。

（1）波音公司

波音公司是美国一家开发及生产飞机的公司，总部设于伊利诺伊州芝加哥市，是全球航空航天业的领袖公司，也是世界上最大的民用和军用飞机制造商。波音公司成立于1916年7月1日，由威廉·爱德华·波音创建，并于1917年改名波音公司。建立初期以生产军用飞机为主，并涉足民用运输机。1997年7月25日，美国波音公司和麦道公司合并，并成为世界上航空航天领域规模最大的公司。波音公司由四个主要的业务集团组成：波音民用飞机集团（主要生产民用运输机）、波音综合国防系统集团（主要生产军用飞机、导弹及运载火箭等产品）、波音金融公司（提供资产融资和租赁服务）、波音联接公司（为飞机提供空中双向互联网及电视服务）。主要机型有：波音737、波音747、波音777、波音787等。

①波音737。波音737系列飞机是波音公司生产的双发中短程运输机，自研发以来50年销路长久不衰，成为民航历史上最成功的窄体民航客机系列之一，至今已发展出14个型号。波音737是短程双涡轮飞机。波音737飞机于1964年5月开始研制，采用波音707及波音727的机头和机身横截面，1967年4月原型机试飞，12月取得适航证，1968年2月投入航线运营。波音737主要针对中短程航线的需要，具有简捷且极具运营和维护成本经济性的特点，但它并不适合进行长途飞行，主要竞争对手是空中客车A320。

波音737的部分机型被改装成货机，波音公司称B737-800BCF是区域货运的完美机型，美国航空公司是737BCF的最大客户。

②波音777。波音777是美国波音公司目前研制生产的最大的双发宽体客机，具有座舱布局灵活、航程范围大和不同型号能满足不断变化的市场需求的特点。波音777的直接竞争对手是A330-300、A340和已开发的A350XWB。

波音777F是波音777的全货运型号，具有较好的经济性，有很大的货物容积和非常高的推重比。

③波音787。波音787梦想飞机是波音民用飞机集团研制生产的中型双发（动机）宽体中远程运输机，波音787系列属于200座至300座级飞机，航程随具体型号不同可覆盖6500～16000千米。波音787的特点是大量采用复合材料、低燃料消耗、高巡航速度、高效益及舒适的客舱环境，可实现更多的点对点不经停直飞航线。主要竞争对手为空客A350及A330neo。

（2）空客公司

空中客车公司，是欧洲一家民航飞机制造公司，于1970年由德国、法国、西班牙与英国共同创立，总部设于法国图卢兹。空中客车公司是欧洲最大的军火供应制造商空中客车集团旗下企业。空中客车的生产线是从 A300 型号开始的，它是世界上第一个双通道、双引擎的飞机，比 A300 更短的变型被称为 A310。空中客车在 A320 型号上应用了创新的电控飞行操作控制系统，获得了巨大的商业成功。1997 年 8 月 13 日，空客 A330-200 客机首次试飞成功。空客公司的主要机型如下。

①A320 系列。空中客车 A320 系列飞机是欧洲空中客车工业公司研制生产的单通道双发中短程 150 座级客机，是第一款使用数字电传操纵飞行控制系统的商用飞机，也是第一款放宽静稳定度设计的民航客机。A320 系列飞机在设计上提高了客舱的适应性和舒适性。

得益于客改货（P2F）项目，A320 系列飞机也可用于货机。A320P2F 客改货机项目为已经完成客运使命的 A320 和 A321 飞机提供了客机转换成货机的机会。A320/A321P2F 能在 1900 海里的航程内最多搭载 27 吨货物，主货舱能够容纳 14 个大型集装箱/货板，腹舱可容纳 10 个 LD3 型集装箱，是国内和区域快递业务的最佳选择。

②A330 系列。空中客车 A330 是由欧洲空中客车集团于 1987 年 6 月生产的高载客量电传操纵喷气式中长程双通道宽体客机，用于取代空中客车 A300、空中客车 A310。最终 A330 在与波音 767 的竞争中占据了中级双发客机市场主导地位。

空客公司于 2007 年停产了 A300 和 A310 货机，并因此推出了 A330-200F 货机，以填补空客公司客机机队的缺失。

③A350 系列。A350 是一种双发远程宽体客机，是空中客车的新世代中大型中至超长程用广体客机系列，以取代较早期推出的空中客车 A330 及 A340 系列机种。A350 是在空客 A330 的基础上进行改进的，主要是为了增加航程和降低运营成本，同时也是为了与全新设计的波音 787 进行竞争。

作为 A350 家族的新成员，A350F 货运机拥有最先进的技术，空气动力学和无可比拟的操作灵活性和可靠性。A350 有一个大的主货舱门，机身长度和机身重量也为货运业务进行了优化，再加上优化的现代货物装载系统和 109 吨的有效载荷能力，可以满足所有类型货物的需求。

（3）庞巴迪公司

庞巴迪宇航创立于 1986 年，是加拿大运输设备业者庞巴迪的子公司。以员工人数计该公司是世界上第三大的飞机制造商（仅次于波音及空中客车），以年度付运量计该公司是全球第四大商业飞机制造商（仅次于波音、空中客车及巴西航空工业）。旗下业务也不仅仅只集中在飞机方面，还覆盖了铁路列车和轨道设计制造，还有专门的金融部门。

主要机型有 CRJ200：50 座级支线喷气飞机、CRJ700：70 座级支线喷气飞机、CRJ900：90 座级支线喷气飞机。庞巴迪也是唯一能够提供 40~90 座支线喷气飞机系列的公司。

（4）巴西航空工业公司

巴西航空工业公司，是巴西的一家航空工业集团，成立于 1969 年，总部位于巴西圣保罗州的圣若泽多斯坎波斯，业务范围主要包括商用飞机、公务飞机和军用飞机的设计制造，以及航空服务。现为全球最大的 120 座级以下商用喷气飞机制造商，占世界支线飞机市场约45%市场份额。该公司现已跻身于世界四大民用飞机制造商之列,成为世界支线喷气客机的最大生产商,也是世界唯一一家提供从超轻型到超大型全系列产品的公务机制造商。此外,巴西航空工业公司还提供全方位的飞机售后服务一揽子方案,包括航材备件、飞机维护、技术支持及培训服务等。

公司研制生产的商用喷气飞机分为两大系列:ERJ145喷气系列和E-喷气飞机系列。公务喷气飞机共六款:飞鸿100、飞鸿300、莱格赛600、世袭1000,和2008年4月宣布启动的莱格赛450及莱格赛500新型公务机,以及多种用途的军用飞机。

2. 中国主要飞机制造商与机型

(1)中国航空工业集团有限公司

中国航空工业集团有限公司,是由中央管理的国有特大型企业,是中国国家授权的投资机构,于2008年11月6日由原中国航空工业第一集团公司和第二集团公司重组整合而成立。航空工业集团公司设有航空武器装备、军用运输类飞机、直升机、机载系统、通用航空、航空研究、飞行试验、航空供应链与军贸、专用装备、汽车零部件、资产管理、金融、工程建设等产业,下辖100余家成员单位、24家上市公司,员工逾45万人。

从1950年起,中国航空工业集团有限公司的军用飞机和航空武器装备科研、生产取得了长足进步,研制出了一批具有自主知识产权、与世界发达国家在役飞机性能相当的航空装备,使中国跻身于能够研制先进战斗机、战斗轰炸机、直升机、教练机、特种飞机等多种航空装备的少数几个国家之列。主要机型有:歼击机、歼轰机、轰炸机、强击机、预警机、运输机、教练机、直升机等。下面介绍两种机型。

①运–7。运–7(Y–7)飞机是中国西安飞机工业公司参照苏联安-24型飞机研制、生产的双发涡轮螺旋桨中/短程运输机,如图2-5所示。运–7于1970年12月25日首飞,运–7原型机于1984年完成试飞,由中国民用航空总局正式颁发运–7飞机适航证,1986年投入服务。民用型运–7属于50座级支线运输机。运–7的出现结束了中国民航全部使用外国飞机的历史。

图2-5 运–7

②EC-120B。EC-120B直升机是单发、1.5吨级、满足JAR/FAR适航条例要求的轻型直升机,由法国、中国和新加坡三国合作研制,2004年在哈飞航空工业股份有限公

司建立总装生产线,并开始在中国组装,中国国内称 HC120,如图 2-6 所示。

图 2-6　EC–120

（2）中国商用飞机有限责任公司

中国商用飞机有限责任公司于 2008 年 5 月 11 日在中国上海成立,是我国实施国家大型飞机重大专项中大型客机项目的主体,也是统筹干线飞机和支线飞机发展、实现我国民用飞机产业化的主要载体。中国商用飞机有限责任公司主要从事民用飞机及相关产品的设计、研制、生产、改装、试飞、销售、维修、服务、技术开发和技术咨询业务,与民用飞机生产、销售相关的租赁和金融服务。公司的最终目的是挑战波音与空中客车在全球大型客机市场的垄断地位。

该公司的主要机型有:ARJ21 飞机、C919 大型客机、CR929 宽体客机。下面重点介绍前两种机型。

①ARJ21 飞机。ARJ21 是 70～90 座级的中、短航程新支线涡扇飞机,是中国首架拥有自主知识产权的涡扇支线飞机,适应以中国西部高温高原机场起降和复杂航路越障为目标的营运要求。ARJ21 是世界上第一架完全按照中国自己的自然环境来建立设计标准的飞机,在西部航线和西部机场具有很强的适应性。ARJ21 飞机拥有支线客机中最宽敞的客舱,为乘客提供更多的行李空间和舒适的乘坐环境。

②C919 大型客机。C919 为国产中短程干线客机,基本型布局为 168 座,最大载客量为 190 座,标准航程为 4075 千米,增大航程为 5555 千米,经济寿命达 9 万飞行小时,与空客 A320、波音 737 属同级别飞机。C919 客机的发展目标是为 8～10 年后的民用航空市场提供安全、舒适、节能、环保、具有竞争力的中短程单通道商用运输机。在市场定位上,以中国国内为切入点,同时兼顾国外市场,提供多等级、多种航程的产品。

2.2　机　　场

2.2.1　机场的定义与分类

1. 机场的定义

机场又被称为飞机场、空港或航站,是专供飞机起飞、降落、维修保障、旅客及货物装卸等活动的场所。我国一般把大型民用机场称为空港，小型机场称为航站。机场通常包括跑道、塔台、停机坪、旅客候机楼、地面交通系统、维修机库等设施，并提供机场管理、空中交通管制等其他服务。国际机场还有海关、边检移民局等口岸设施。

《中华人民共和国民用航空法》对机场的定义：机场是指专供民用航空器起飞、降落、滑行、停放及进行其他活动使用的划定区域（包括附属的建筑物、装置和设施）。国际民用航空组织对机场的定义：供航空器起飞降落和地面活动而划定的一块地域或水域，包括域内的各种建筑物和设备装置。

有的学者将机场构成划分为：飞行区、航站区（客货服务区）和延伸区。

（1）飞行区

机场内供飞机起飞、着陆、滑行和停放的区域及其上空对应所需净空区域。包括跑道、升降带、跑道端安全区、停止道、净空道、滑行道、机坪及机场净空，还包括一些为维修服务和空中交通管制服务的设施和场地，如机库、塔台、救援中心等。

（2）航站区

航站区是指机场内办理航空客货运输业务和供旅客、货物地面运转服务的区域。主要指航站楼及其配套的交通设施设备。

（3）延伸区

延伸区是与机场航空服务相关产生的区域，包括飞机维修区、油库区、航空食品加工区、航空公司和机场单位办公区、生活区，有的城市经济很发达，还衍生出空港经济开发区、空港物流区等。

2. 机场的分类

（1）按服务对象分类

机场按服务对象一般可分为军用机场和民用机场。

（2）按用途分类

民用机场按用途可分为民航运输机场和通用航空机场，民航运输机场是指为从事旅客、货物运输等公共航空运输活动的民用航空器提供起飞、降落等服务的机场。通用机场是指为从事工业、农业、林业、渔业和建筑业的作业飞行，以及医疗卫生、抢险救灾、气象探测、海洋监测、科学实验、教育训练、文化体育等飞行活动的民用航空器提供起飞、降落等服务的机场。

（3）按照航线业务划分

按照航线业务划分，民用机场可分为国际机场、境内机场和地区机场。

①国际机场。供国际航线定期航班飞行使用，有出入境和过境设施，并设有固定的联检机构（海关、边防检查、卫生检疫、动植物检疫、商品检验等）的机场。

②境内机场。供飞境内航线的飞机使用的机场。

③地区机场。香港、澳门、台湾地区的机场。

（4）按机场在民航运输系统中所起的作用划分

按机场在民航运输系统中所起的作用划分，民用机场可分为枢纽机场、干线机场和支线机场。

①枢纽机场。国际、国内航线密集的机场。旅客在此可以很方便地中转到其他机场。枢纽机场又分为门户机场、大型枢纽机场、中型枢纽机场和小型枢纽机场。

②干线机场。以国内航线为主，航线连接枢纽机场、直辖市和各省会城市或自治区首府，客运量较为集中，年旅客吞吐量不低于10万人次的机场。

③支线机场。省、自治区内经济比较发达的中小城市和旅游城市，或经济欠发达但地面交通不便的城市地方机场。客运量较少，年旅客吞吐量一般低于10万人次。这些机场的航线多为本省份航线或近省份支线。

（5）按机场所在城市的地位、性质划分

按机场所在城市的地位、性质划分，民用机场可分为Ⅰ、Ⅱ、Ⅲ、Ⅳ四类。

①Ⅰ类机场。全国政治、经济、文化中心城市的机场，是全国航空运输网络和国际航线的枢纽，运输业务量特别大，除承担直达客货运输外，还具有中转功能。

②Ⅱ类机场。Ⅱ类机场也可以称为国内干线机场。省会、自治区首府、直辖市和重要经济特区，开放城市和旅游城市或经济发达、人口密集城市的机场，可以全方位建立跨省、跨地区的国内航线，是区域或省区内航空运输的枢纽，有的可开辟少量国际航线。

③Ⅲ类机场。Ⅲ类机场也可以称为次干线机场。国内经济比较发达的中小城市，或一般的对外开放和旅游城市的机场，能与有关省区中心城市建立航线。

④Ⅳ类机场。Ⅳ类机场即支线机场及直升机机场。

（6）按旅客乘机目的划分

按旅客乘机目的划分，民用机场可分为始发/目的地机场、经停（过境）机场、中转（转机）机场。

①始发/目的地机场。始发和目的地旅客占旅客总数比例较高。目前国内机场大多属于这类机场。

②经停机场。位于航线的经停点上，没有或很少有始发航班飞机，这里的经停一般为技术经停，如给飞机加油等。飞机一般停驻时间较短。

③中转（转机）机场。有相当大比例的旅客乘飞机到达后，立即转乘其他航线的航班飞机飞往目的地。

除以上几种类别的划分标准外，从安全飞行角度还应考虑为预定着陆机场安排备降机场。备降机场是指在飞行计划中事先规定的，当预定着陆机场不宜着陆时，飞机可前往着陆的机场。

北京大兴国际机场

北京大兴国际机场位于中国北京市大兴区榆垡镇、礼贤镇和河北省廊坊市广阳区之间，北距天安门46千米、北距北京首都国际机场67千米、南距雄安新区55千米、西距北京南郊机场约640米（围场距离），为4F级国际机场、世界级航空枢纽、国家发展新动力源。

2014年12月26日，北京新机场项目开工建设；2018年9月14日，北京新机场项目定名"北京大兴国际机场";2019年9月25日,北京大兴国际机场正式通航,北京南苑机场正式关闭;2019年10月27日,北京大兴国际机场航空口岸正式对外开放,实行外国人144小时过境免签、24小时过境免办边检手续政策。

截至2021年2月,北京大兴国际机场航站楼面积为78万平方米;民航站坪设223个机位,其中76个近机位、147个远机位;有4条运行跑道,东一、北一和西一跑道宽60米,分别长3400米、3800米和3800米,西二跑道长3800米,宽45米,另有3800米长的第五跑道为军用跑道;可满足2025年旅客吞吐量7200万人次、货邮吞吐量200万吨、飞机起降量62万架次的使用需求。

截至2020年6月,北京大兴国际机场航空货站面积为33.5万平方米,有3个国际货站、3个国内货站,年处理能力200万吨。2019年5月28日,北京大兴国际机场南方航空基地国际货运站工程竣工,是机场首个竣工的货运站建设项目;作为南方航空在新机场的五大功能区之一,该货运站总建筑面积25 127平方米。2021年,北京大兴国际机场共完成旅客吞吐量2505.1012万人次,同比增长55.7%,全国排名第11位;货邮吞吐量185 942.7吨,同比增长140.7%,全国排名第18位;飞机起降211 238架次,同比增长58.7%,全国排名第12位。

(资料来源:https://baike.baidu.com/item/%E5%8C%97%E4%BA%AC%E5%A4%A7%E5%85%B4%E5%9B%BD%E9%99%85%E6%9C%BA%E5%9C%BA/12801770?fr=aladdin.)

2.2.2 民航机场功能区域介绍

机场作为商业运输的基地可以划分为飞行区、候机楼和地面运输区三大部分。

1. 飞行区

飞行区供飞机起飞、着陆和滑行用,它分为空中部分和地面部分。空中部分是指机场空域,包括飞机进场和离场的航路;地面部分包括跑道、滑行道、停机坪和登机门及为飞机维修和空中交通管制服务的设施及场地。

(1)跑道

跑道直接供飞机起飞滑跑和着陆滑跑用。运输机在起飞时,必须先在跑道上进行起飞滑跑,边滑跑边加速,一直加速到机翼上的升力大于飞机的重量,运输机才能逐渐离开地面。运输机着陆时速度很大,必须在跑道上边滑跑边减速才能逐渐停下来。所以,运输机对跑道的依赖性很大,如果没有跑道,地面上的运输机就上不了天,天上的运输机也到不了地面。因此,跑道是机场上最重要的建筑物。

我国民航运输机场的跑道通常用水泥混凝土筑成,少数用沥青混凝土筑成。

民航运输机场通常只设一条跑道,有的运输量大的机场设两条甚至更多的跑道。跑道按其作用可分为主要跑道、辅助跑道、起飞跑道三种。

主要跑道是指在条件许可时比其他跑道优先使用的跑道,按使用该机场最大机型的要求修建,长度较长,承载力也较高。

辅助跑道也称次要跑道,是指因受侧风影响,飞机不能在主跑道上起飞着陆时,供辅助起降用的跑道。由于飞机在辅助跑道上起降都有逆风影响，所以其长度比主跑道短些。

起飞跑道是指只供起飞用的跑道。

跑道根据其配置的无线电导航设施情况可分为非仪表跑道及仪表跑道两种。

非仪表跑道是指只能供飞机用目视进近程序飞行的跑道。

仪表跑道是指可供飞机用仪表进近程序飞行的跑道，又分为非精密进近跑道和精密进近跑道。

①非精密进近跑道。非精密进近跑道是指装有目视助航设备和一种至少足以提供直线进入的方向性引导的非目视助航设备的仪表跑道。

②精密进近跑道。

a. Ⅰ类精密进近跑道，是指装有仪表着陆系统／微波着陆系统及目视助航设备，供决断高度不低于60米和能见度不小于800米或跑道视程不小于550米时飞行的仪表跑道。

b. Ⅱ类精密进近跑道，是指装有仪表着陆系统／微波着陆系统及目视助航设备，供决断高度低于60米但不低于30米和跑道视程不小于350米时飞行的仪表跑道。

c. Ⅲ类精密进近跑道，是指装有仪表着陆系统／微波着陆系统，能把飞机引导至跑道上着陆和滑行的仪表跑道，可进一步分为三种。

ⅢA，用于决断高度小于30米或不规定决断高度和跑道视程不小于200米时运行。

ⅢB，用于决断高度小于15米或不规定决断高度和跑道视程小于200米但不小于50米时运行。

ⅢC，用于不规定决断高度和跑道视程限制时运行。

（2）滑行道

滑行道的作用是连接飞行区各个部分的飞机运行通路，它从机坪开始连接跑道两端。在交通繁忙的跑道中段设有一个或几个跑道出口与滑行道相连，以便降落的飞机迅速离开跑道。滑行道主要有下列五种。

①进口滑行道。设在跑道端部，供飞机进入跑道起飞用。设在双向起飞着陆用的跑道端的进口滑行道，亦作为出口滑行道。

②旁通滑行道。设在跑道端附近，供起飞的飞机临时决定不起飞时，从进口滑行道迅速滑回用。也供跑道端进口滑行道堵塞时飞机进入跑道起飞用。

③出口滑行道。供着陆飞机脱离跑道用。交通量较大的机场，除了设在跑道两端的出口滑行道外，还应在跑道中部设置。设在跑道中部有直角出口滑行道和锐角出口滑行道两种。锐角出口滑行道亦称为快速出口滑行道。

④平行滑行道。供飞机通往跑道两端用。在交通量很大的机场，通常设置两条平行滑行道，分别供飞机来往单向滑行使用，这两条平行滑行道合称为双平行滑行道。

⑤联络滑行道。交通量小的机场，通常只设一条从站坪直通跑道的短滑行道，这条滑行道称为联络滑行道。交通量大的机场，双平行滑行道之间设置垂直连接的短滑行道，也称为联络滑行道，供飞机从一条平行滑行道通往另一条平行滑行道使用。

（3）机坪

飞行区的机坪主要有等待坪和掉头坪两种。等待坪供飞机等待起飞或让路而临时停放用,通常设在跑道端附近的平行滑行道旁边。掉头坪供飞机掉头用,当飞行区不设平行滑行道时应在跑道端设掉头坪。

(4)净空区

净空区是指飞机起飞着陆涉及的范围,为了确保飞行安全,对范围内的地形地物高度必须严格限制,不许有危及飞行安全的障碍物。

(5)地面灯光系统

地面灯光系统主要用于飞机在夜间飞行时的助航。

(6)机场导航设施

机场导航设施也称为终端导航设施,其作用是引导到达机场附近的每架飞机安全、准确地进近和着陆。

2. 候机楼区

候机楼区包括候机楼建筑本身,以及候机楼外的登机机坪和旅客出入车道,它是地面交通与空中交通的接合部,是机场对旅客服务的中心地区。

(1)候机楼

候机楼供旅客完成从地面到空中或从空中到地面转换交通方式用,是机场的主要建筑物,通常由下列5项设施组成。

①连接地面交通的设施。有上、下汽车的车道边(航站楼前供车辆减速滑入、短暂停靠、启动滑出和驶离车道的地段及适当的路缘)及公共汽车站等。

②办理各种手续的设施。有旅客办票、安排座位、托运行李的柜台及安全检查和行李提取等设施。通航国际/港、澳、台航线的航站楼还有海关、动植物检疫、卫生检疫、边防(移民)检查的柜台。

③连接飞行的设施。有靠近飞机机位的候机室或其他场所,视旅客登机方式而异的各种运送、登机设施,中转旅客办理手续、候机及活动场所等。

④航空公司营运和机场管理部门必要的办公室、设备等。

⑤服务设施。有餐厅、商店等。

(2)登机机坪

登机机坪是指旅客从候机楼上机时飞机停放的机坪,该机坪要求能使旅客尽量减少步行上机的距离。

3. 机场地面运输区

机场地面运输区包括机场进入通道、机场停车场和内部通道。

(1)机场进入通道

机场是城市的交通中心之一,而且有严格的时间要求,因此从城市进出机场的通道是城市规划的一个重要部分,大型城市为了保证机场交通的顺畅都修建了市区到机场的专用公路、高速公路或城市铁路。为了解决旅客来往于机场和市区的问题,机场要建立足够的交通系统,有的机场开通了到市区的地铁或高架铁路,大部分机场都有足够的公交汽车路线来方便旅客出行。在考虑航空货运时,要把机场到火车站和港口的路线同时考虑在内。

（2）机场停车场和内部道路

机场停车场除考虑乘机的旅客外，还要考虑接送旅客的车辆、机场工作人员的车辆及观光者的车辆和出租车的需求，因此机场的停车场必须有足够大的面积，并且把停车场分成不同的区域，离候机楼最近的是出租车辆和接送旅客车辆的停车区，以减少旅客的步行距离。机场职工或航空公司车辆则安排在较远位置或安排专用停车场。

要很好地安排和管理候机楼外的道路区，这里各种车辆和行人混行，而且要装卸行李，容易出现混乱和事故。机场内道路的另外一个主要部分是安排货运的通路，使货物能通畅地进出货运中心。

智慧机场建设

智慧机场是指运用无线通信、数据存储、云计算、信息安全等新一代信息技术，收集机场生产和管理数据并进行分析，进而实现对运输航班、客货、专用车辆的精细化、协同化、智能化、可视化的运行及管理。作为机场新型发展模式，智慧机场具有智慧、高效、精准等优势，是我国实现由航空运输大国向航空运输强国转变的关键。

2020年1月，民航局发布了《中国民航四型机场建设行动纲要（2020—2035年）》，更加明确了建设智慧机场、加快推动机场转型升级的任务。更高效、更安全、更经济的无人驾驶物流成为未来航空物流业的全新业态。

伴随着无人驾驶技术的迭代演进，各类应用场景的探索也如火如荼地进行着。率先提出"全场景、真无人、全天候"技术战略的驭势科技，先后携手广州白云国际机场、香港国际机场、乌鲁木齐国际机场等国内知名机场打造了多个机场无人驾驶新业态标杆项目，助力智慧机场建设。

（资料来源：https://baijiahao.baidu.com/s?id=1736394155997629372388&wfr=spider&for=pc。）

案例思考题：

（1）智慧机场会给航空物流系统带来哪些变革？

（2）你认为智慧机场的建设核心是什么？

2.3 航　　线

2.3.1 航线的定义与分类

1. 航线的定义

民航从事运输飞行，必须按照规定的线路进行，这种路线叫作航空交通线，简称航线。航线不仅确定了航行的具体方向、经停地点，还根据空中管理的需要，规定了航路的宽度和飞行的高度层，以维护空中交通秩序，保证飞行安全。

也有学者认为，航线是指连接两个或多个地点，进行定期或不定期飞行，并且对外经营运输业务的航空交通线。航线不仅确定了飞机飞行的具体方向、起止点和经停点，而且还根据空中交通管制的需要，规定了航线的宽度和飞行高度，以维护空中交通秩序，保证飞行安全。飞机航线的确定除了考虑安全因素外，还取决于经济效益和社会效益的大小。一般情况下，航线安排以大城市为中心，在大城市之间建立干线航线，同时辅以支线航线，由大城市辐射至周围小城市。

2. 航线的分类

从各种不同角度可以进行航线分类。

（1）根据起讫地点的归属来区分

按照飞机飞行的起讫点和经停点地理位置的不同，航线可分为国际航线、国内航线和地区航线三大类。

①国际航线是指飞行路线连接两个或两个以上国家的航线，如上海—洛杉矶。

②国内航线是指在一个国家内部的航线，它又可分为干线、支线和地方航线三大类。

a. 国内干线：航线的起止点都是重要的交通中心城市；航线航班数量大、密度高、客流量大，如北京—上海航线、北京—广州航线、青岛—深圳航线等。

b. 国内支线：把各中小城市和干线上的交通中心连接起来的航线，如乌鲁木齐—喀什航线。支线的客流密度远小于干线；支线上的起止点中有一方是较小的机场。

c. 地方航线：把中小城市连接起来的航线。客流量很小，和支线界限很明确，也可称为省内航线。

③地区航线是指在一国之内，连接普通地区和特殊地区的航线，如中国内地与港、澳、台地区之间的航线。

（2）根据航线经停点及来回程的形式分类

①没有经停点的直接对流航线，简称直达航线。

②含有经停点的间接对流航线。

③环形航线。

（3）根据航线的发展来区分

①城市对式对流航线，这是任何航空公司开辟航线所必须采取的形式，如图 2-7 所示。

图 2-7　城市对式对流航线

②葡萄串式航线，这是城市对式航线的纵向延伸，如图 2-8 所示。

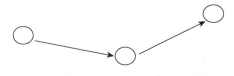

图 2-8　葡萄串式航线

③树枝状航线，这是葡萄串式航线向横侧发展延伸，如图 2-9 所示。

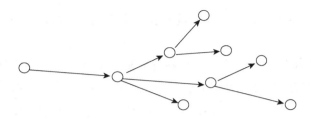

图 2-9 树枝状航线

④航线网络,如图 2-10 所示。

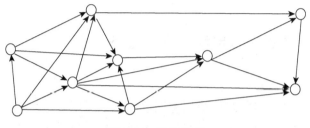

图 2-10 航线网络

(4)根据经营特色来区分

①旅游热线。这是以运载旅游游客为主去旅游地的航线。

②精品航线。这是以服务品牌取胜的航线。

③代码共享航线。这是两国航空公司互相共享对方代码的航线,以达到双方航线延伸的目的。代码共享是指两个航空公司互相利用对方经营航线来延伸和增加本公司的航线,以减低经营成本,拓展市场网络和增强市场竞争力。代码共享是迅速扩展航空客运市场的一项有效的策略。

④乡音航线。这是以乡音吸引旅客的特色航线。

⑤地方航线。这是完全由地方集资组建的航空公司所经营的航线。

3. 航班与航路

(1)航班

航班是指飞机由始发站按规定的航线起飞,经过经停站至终点站或不经经停站直达终点站的运输飞行。航班一般均有航班号。

(2)航路

空中航路是指根据地面导航设施建立的供飞机作航线飞行之用的具有一定宽度的空域。该空域以连接各导航设施的直线为中心线,规定有上限和下限的高度和宽度。

民航航路是由民航主管当局批准建立的一条由导航系统划定的空域构成的空中通道,在这个通路上空中,交通管理机构要提供必要的空中交通管制和航行情报服务。

航路的宽度决定于飞机能保持按指定航迹飞行的准确度、飞机飞越导航设施的准确度、飞机在不同高度和速度飞行的转弯半径,必须增加必要的缓冲区,因此空中航路的宽度不是固定不变的。按国际民用航空公约规定:当两个全向信标台之间的航段距离在50 海里(92.6 千米)以内时,航路的基本宽度为航路中心线两侧各 4 海里(7.4 千米);

如果距离在 50 海里以上时,根据导航设施提供飞机航迹引导的准确度进行计算,可以扩大航路宽度。

对在空中航路内飞行的飞机必须实施空中交通管制。为便于驾驶员和空中交通管制部门工作,空中航路具有明确的名称代号。国际民航组织规定航路的基本代号,由一个拉丁字母和 1～999 的数字组成,A、B、G、R 用于表示国际民航组织划分的地区航路网的航路,H、J、V、W 为不属于地区航路网的航路。对于规定高度范围的航路或供特定的飞机飞行的航路,则在基本代号之前增加一个拉丁字母,如用 K 表示直升机使用的低空航路,U 表示高空航路,S 表示超音速飞机用于加速减速和超音速飞行的航路。

2.3.2 国内航线经营许可申请与许可管理规定

1. 基本原则

实施国内航线经营许可管理,应当遵循以下基本原则。
①有利于建立和完善全国统一、开放、竞争、有序的航空运输市场体系。
②坚持公平、公正、公开。
③有利于保障航空运输安全,提高航班正常率和服务质量。
④鼓励诚实守信,惩戒弄虚作假等扰乱市场秩序行为。
⑤兼顾地方经济发展与空运企业利益。
⑥有利于优化航线资源配置,完善航空运输网络。

中国民用航空总局(以下简称"民航总局")和民航地区管理局根据空运企业经营国内客、货航线的申请,分别采取核准和登记方式进行管理。

2. 申请国内航线经营许可的条件

①根据中华人民共和国法律设立的公共航空运输企业。
②符合民航总局安全管理的有关规定。
③符合航班正常、服务质量管理的有关规定。
④符合国家航空运输发展的宏观调控政策。
⑤符合法律、行政法规和民航总局规章规定的其他条件。

空运企业从事国内航线经营,还应当按照相关规定经过补充安全运行合格审定;补充安全运行合格审定结论为不合格的,其相应的国内航线经营权丧失。

3. 国内航线经营许可核准管理

《中国民用航空国内航线经营许可规定》对国内航线经营许可核准管理进行规定如下。
①涉及民航总局核定的受综合保障能力及高峰小时飞机起降架次流量限制的机场的航线经营许可。
②涉及繁忙机场的航线和飞行流量大的航线经营许可。
③涉及在飞行安全方面有特殊要求的机场的航线经营许可。

空运企业申请航线经营许可，应在计划开航前 45 日提出。申请人应当填写核准机关统一印制的《国内航线经营许可核准申请书》，并可采用信函、电报、电传、传真、电子数据交换和电子邮件等方式，由空运企业法定代表人或授权人签署，按所申请的航线经营许可的管辖范围报送民航总局或相关民航地区管理局。

民航总局或民航地区管理局受理空运企业航线许可申请后，应在 20 日内提出意见，并通过政府网站或其他方式予以公告。申请人、利害关系人自公告之日起 7 日内未提出异议的，自受理申请之日 30 日内做出核准决定。准予许可的，向申请人颁发《国内航线经营许可核准书》，不予核准的，应当书面说明理由。

民航地区管理局核准的航线经营许可，应在核准后 10 日内报民航总局备案。空运企业应当确保核准经营许可航线的正常运营。凡核准经营许可后，60 日内未安排航班或因空运企业自身原因航班执行率不足 50%的，核准机关可以撤销其经营许可，且 2 年之内不再受理该空运企业就该航线或相关航线提出的经营许可申请。民航总局或民航地区管理局对撤销的航线许可予以公告。

4. 国内航线经营许可登记管理

《中国民用航空国内航线经营许可规定》对国内航线经营许可登记管理进行规定如下。

空运企业申请航线经营许可的登记应在计划开航 30 日前提出。申请人应当填写登记机关统一印制的《国内航线经营许可登记表》，并可采取信函、电报、电传、传真、电子数据交换和电子邮件等方式，由空运企业法定代表人或授权人签署，按所申请的航线经营许可的管辖范围，报送民航总局或相关民航地区管理局。

民航总局或民航地区管理局受理空运企业航线经营许可登记的申请，属于经营许可登记管理范围的，颁发《国内航线经营许可登记证》；对不符合经营许可登记管理范围的，不予登记，并书面说明理由。民航地区管理局登记的航线经营许可，应在登记后 10 日内报民航总局备案。

空运企业应当确保办理经营许可登记航线的正常运营。凡航线经营许可登记后，60 日内未安排定期航班，或者因空运企业自身原因航班执行率不足 50%的，航线经营许可登记注销，且 2 年之内不予重新登记。

2.4 航空集装器

2.4.1 航空集装器定义与分类

1. 定义

航空集装器是指在飞机上使用的，用来载运货物、邮件和行李的专用设备，包括各种类型的集装箱、集装板及其网套等附属设施。它能减少货物装运的时间和装运次数，提高工作效率、提高运输质量。

为追求最大装载质量,航空集装器的自重都比较轻,制造材料一般采用铝合金或高强度纤维(玻璃钢)制作。为充分利用货舱容积,避免因碰撞或摩擦对飞机造成损伤,需将航空集装器的上部制作成圆顶结构。随着技术发展和多式联运的要求,目前新型宽体飞机已能载运 20 ft(1 ft = 0.304 m)航空集装器。

集装器的产生是在宽体飞机出现以后。为提高大批量货物的处理能力,人们认识到把小件货物集装成集装板、集装箱后作为大件货物运输是非常必要的。这些集装器可看作飞机结构中可移动的部件,使装卸更加简便。装运集装器的飞机,其舱内应有固定集装器的设备用于把集装器固定于飞机上。

2. 分类

根据不同的分类标准,可以将集装器的种类划分为以下几种。

(1)按是否注册划分

①注册的飞机集装器(图 2-11)。注册的飞机集装器是国家政府有关部门授权集装器生产厂家生产的,适宜于飞机安全载运的,在其使用过程中不会对飞机的内部结构造成损害的集装器。

②非注册的飞机集装器(图 2-12)。非注册的集装器是指未经有关部门授权生产的,未取得适航证书的集装器,非注册的集装器不能看作飞机的一部分。因为它与飞机不匹配,一般不允许装入飞机的主货舱,但这种集装器的确适于地面的操作环境,它仅适合某些特定机型的特定货舱,如 DPE 类的集装器仅适合 B767。

 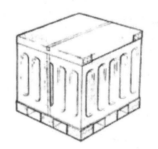

图 2-11　注册飞机集装器　　　　图 2-12　非注册飞机集装器

(2)按种类划分

①集装板和网套。如图 2-13 所示,集装板是具有标准尺寸的,四边带有卡锁轨或网带卡锁眼,带有中间夹层的硬铝合金制成的平板,以便货物在其上码放;网套是用来把货物固定在集装板上的,网套的固定靠专门的卡锁装置来限定。

集装板类型:PEBPallet

集装板尺寸:Base:134 cm × 223 cm Height:213 cm

集装板重量:55 kg

集装板最高可容重量(包括集装板重量):1800 kg(B-HIH-1300 kg)

集装板适载机型:747F

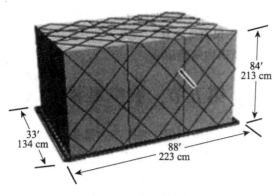

图 2-13 PEB 集装板

②结构与非结构集装棚。集装棚分结构式和非结构式两种（图 2-14）。非结构式集装棚的前面敞开、无底，由玻璃纤维、金属及其他适合的材料制成坚硬的外壳，这个外壳与飞机的集装板和网套一起使用。结构式集装棚的外壳与集装板固定成一体，不需要网套固定货物。

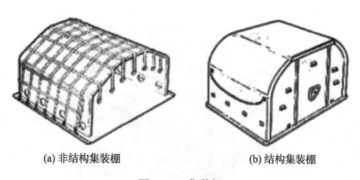

(a) 非结构集装棚　　　　　　(b) 结构集装棚

图 2-14　集装棚

③集装箱。集装箱类似于结构集装棚，它又可分为以下几种。

a. 空陆联运集装箱：空陆联运集装箱分为 20 ft（6.1 m）或 40 ft（12.2 m），高和宽为 8 ft（2.44 m），这种集装箱只能装于全货机或客机的主货舱，主要用于陆空、海空联运。

b. 主货舱集装箱：主货舱集装箱只能装于全货机或客机的主货舱，这种集装箱的高度是 163 cm 以上。

c. 下货舱集装箱：下货舱集装箱只能装于宽体飞机的下货舱。

集装箱类型：AAU（图 2-15）

ATA 代码：LD29

集装箱容量：14.3 m^3

集装箱重量：355 kg

集装箱最高可容重量（包括集装箱重量）：4626 kg

集装箱适载机型：747，747F

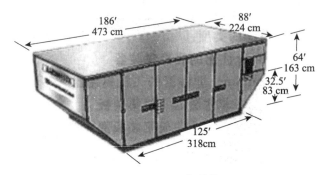

图 2-15　AAU 集装箱

集装箱类型：AKE（图 2-16）
ATA 代码：LD3
集装箱容量：4.3 m^3
集装箱重量：100 kg
集装箱最高可容重量（包括集装箱重量）：1588 kg
集装箱适载机型：747，747F，777，Airbus

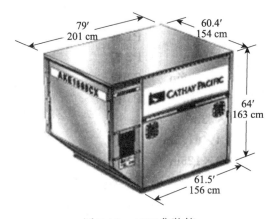

图 2-16　AKE 集装箱

此外，还有一些特殊用途的集装箱。例如，保温箱，它是利用绝缘材料制成的箱体，通过封闭等方法控制箱内的温度，以便装载特种货物，分为密封保温主箱和动力控制保温箱两种。除此之外，还有用于运载活体动物和特种货物的专用集装器，如马厩、牛栏、汽车运输设备。

2.4.2　常见集装器介绍

1. 集装板类型：PI

代码：PIP/PAG/PAJ

外形尺寸：318 cm × 224 cm

最大毛重：6804 kg（含板重和套网重量）

适用机型：所有宽体飞机主货舱、下货舱

实际可利用尺寸：308 cm×214 cm

如图 2-17。

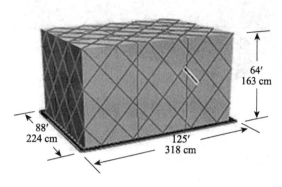

图 2-17　PIP/PAG/PAJ 集装板

2. 集装板类型：P6

代码：P6P/PMC

外形尺寸：318 cm×244 cm

最大毛重：6804 kg（含板重和套网重量）

适用机型：所有宽体飞机主货舱、下货舱

实际可利用尺寸：308 cm×234 cm

如图 2-18。

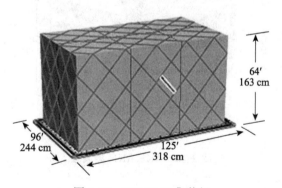

图 2-18　P6P/PMC 集装板

3. 集装板类型：P7

代码：P7E/PGA

外形尺寸：606 cm×244 cm

最大毛重：13608 kg（含板重和套网重量）

适用机型：B747F/COMBI 主货舱

实际可利用尺寸：596 cm×234 cm

如图 2-19。

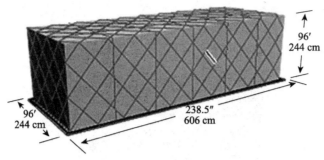

图 2-19　P7E/PGA 集装板

4. 集装板类型：LD3

代码：AKE/AKN

最大毛重：1588 kg（含箱重）

轮廓容积：4.8 m³

可用容积：4.3 m³

外形尺寸：156 cm 底（201 cm 顶）× 153 cm × 163 cm

内容尺寸：146 cm 底（146 cm 顶）× 143 cm × 150 cm

适用机型：所有宽体飞机下货舱

如图 2-20。

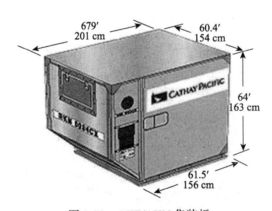

图 2-20　AKE/AKN 集装板

5. 集装板类型：LD3

代码：ALF

最大毛重：3175 kg（含箱重）

轮廓容积：10.1 m³

可用容积：9.9 m³

外形尺寸：318 cm 底（472 cm 顶）× 153 cm × 163 cm

内容尺寸：308 cm 底（469 cm 顶）× 143 cm × 160 cm

适用机型：B747 下货舱

如图 2-21。

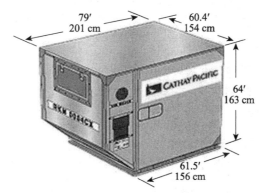

图 2-21　LD3（ALF）集装板

2.4.3　集装器代号的组成

在集装器的面板和集装器的四周，常会看到诸如：PAP5001FM、PAP2233CA 等代号，这些代号是考虑到集装器的类型、尺寸、外形、与飞机的匹配，是否注册等几方面因素形成的，由以下几部分组成：

1. 第 1 位：字母，表示集装器的类型

A：Certified Aircraft Container 注册的飞机集装器

B：Non-certified Aircraft Container 非注册的飞机集装器

F：Non-certified Aircraft Pallet 非注册的飞机集装板

G：Non-certified Aircraft Pallet Net 非注册集装板网套

J：Thermal Non-structured Igloo 保温的非结构集装棚

M：Thermal Non-certified Aircraft Container 保温的非注册的飞机集装箱

N：Certified Aircraft Pallet Net 注册的飞机集装板网套

P：Certified Aircraft Pallet 注册的飞机集装板

R：Thermal Certified Aircraft Container 注册的飞机保温箱

U：Non-structural Igloo 非结构集装棚

H：Horse Stall 马厩

V：Automobile Transport Equipment 汽车运输设备

X、Y、Z：Reserved for Airline Use Only 供航空公司内部使用

2. 第 2 位：字母，表示集装器的底板尺寸

A 224×318 厘米　　P1 板

B 224×274 厘米　　P2 板

G 244×606 厘米　　P7 板

M 244×318 厘米　　P6 板

E 224×135 厘米

K 153×156 厘米

L 153×318 厘米

3. 第 3 位：字母，表示集装器的外形或适配性，可查手册 IATAULD TECHNICAL MANUAL 以获取相关信息

E：适用于 B747、TC310、DC10、L1011 下货舱无叉眼装置的半型集装箱

N：适用于 B747、TC310、DC10、L1011 下货舱有叉眼装置的半型集装箱

P：适用于 B747COMB 上舱及 B747、DC10、L1011、TC310 下舱的集装板

A：适用于 B747F 上舱集装箱

4. 第 4~7 位：数字，表示集装器的序号

5. 第 8~9 位：字母，表示集装器的所有人或注册人，通常是航空公司的二字代码

2.4.4 集装器的限制

1. 最大载重限制

各类集装器都有最大承重限制。

LD3（AVE\AKE\RKN）型：最大载重 1588 千克

LD2（DPE）型：最大载重 1250 千克

LD-6(DQF)最大载重 2499 千克

LD-8（ALF\HMJ\AMA）：ALF 型最大载重 3175 千克，HMJ 型最大载重 3800 千克，AMA 型最大可以载重 6800 千克

2. 体积、尺寸限制

货物装载后的体积受货舱舱容限制。

货物装载后的形状应与货舱内部形状相适应。

货物装载后的尺寸受舱门尺寸限制。

如表 2-1 所示。

表 2-1 体积、尺寸限制

机型	舱门尺寸/厘米	收货尺寸/厘米
MD-82	135×75	125×65
A-320	120×180	110×170
B737-200	85×120	75×110
B737-300	85×120	75×110
B757-200	110×140	100×100
FK-100	75×65	65×55
TU-154	135×80	125×70
B-146	135×76	125×66

注：FK-100 单重不超过 80 千克，其他散装飞机单重不超过 200 千克，收货尺寸根据收货尺寸掌握。

3. 集装器内货物限制

（1）货物品名限制

危险品、活动物、贵重品、尸体不能放入集装器。

(2)货物集重不能超过集装器底板承重限制。

波音系列：下货舱散舱，732千克/平方米；下货舱集装舱，976千克/平方米。

主货舱集货舱：1952千克/平方米；488千克/平方米（T）区。

空客系列：下货舱散舱，732千克/平方米。

下货舱集货舱：1050千克/平方米。

2.4.5 集装货物的基本原则

集装货物时，应注意遵循以下基本原则。

①检查所有待装货物，根据货物的卸机站、重量、体积、包装材料及货物运输要求设计货物组装方案。

②一般情况下，大货、重货装在集装板上；体积较小、重量较轻的货物装在集装箱内。组装时，体积或重量较大的货物放在下面，并尽量向集装器中央集中码放；小件和轻货放在中间；危险物品或形状特异可能危害飞机安全的货物，应将其固定，可用填充物将集装器塞满或使用绳、带捆绑，以防损坏设备、飞机，造成事故。合理码放货物，做到大不压小、重不压轻、木箱或铁箱不压纸箱。同一卸机站的货物应装在同一集装器上。一票货物应尽可能集中装在一个集装器上，避免分散装在多个集装器上。

③在集装箱内的货物应码放紧凑，间隙越小越好。

④如果集装箱内没有装满货物，即所装货物的体积不超过集装箱容积的 2/3，或单件货物重量超过 150 千克时，就要对货物进行捆绑固定。最好用标准的绳具将货物固定在集装箱的卡锁轨里。

⑤特别重的货物放在下层，底部为金属的货物和底部面积较小重量较大的货物必须使用垫板，以防金属货物损坏集装板，同时可以分散货物对集装器底板的压力，保证集装器能够平稳地装入飞机。

⑥装在集装板上的货物要码放整齐，上下层货物之间要相互交错，骑缝码放，避免货物与货物坍塌、滑落。

2.5 其他航空物流设施设备

2.5.1 货运设施

航空物流的运营是围绕着机场来实现的，不同的货物需要各种货运站、站坪的装卸设备、机场地面保障设备通道、停车区域、仓储与监管设备等不同的设施来保障，同时还需要海关、检疫、边检、安检设施和市政交通保障。

机场货运区的设施主要是货站和站坪的设施、陆侧停车区域、普通仓储、国际货物监管的设施、海关、检疫、边检、安检相关口岸、办公、服务区域，以及市政配套。货运设施分为一级和二级，有空侧交接资源的货运设施是一级设施，仅有陆侧交接功能的设施是二级设施。

一级设施主要包括国际货站、国际快件中心、国内货站、国内快件中心等；二级设施主要包括货运代理仓库、快件分拨中心、跨境电商园区和海关监管查验设施等。

各类设施之间有完善的交通连接，确保货物在各设施之间快速流转。如今，一些机场的货运设施里出现了冷链货站、跨境电商货站、空空中转设施等具有高度个性化和定制化要求的设施，海关监管也随着海关总署一系列服务市场需求的新政的出台，推进了很多新技术、新流程的应用。

随着航空货运区的功能逐渐变得完善且全面，其运营的方式和管理也逐渐灵活，一级二级设施也不再被严格地分离，出现了作业链的相互对接和延伸等很多创新的运营模式。在机场货运区的规划中应该结合自身的特点，不断创新找到适合的业务模式，提高效率和服务，并且符合事实，具有操作性。

2.5.2 商品检验设备设施

商品检验设备设施指货物在进港或出港时进行的安全检查相关物流活动时而使用的设备设施，国内货物与国际货物存在些许差异。国内货物一般只需在出港之前，工作人员对货物信息、货物状态、货物包装、重量尺寸等进行检查，同时还要记录货物重量，并进行安全检查，确认无误后进入一级货站，为货物出港做准备，而进港则不需要对货物做进一步的检验；国际货物在进出港时都需要进行严格的检验检疫，一般会将货物送到专门的海关查验区进行检验，不符合要求的商品会被放置在扣货区，一些机场还会有专门的监管库进行检验检疫，有时还会进行二次安检，确认无误后才会放行。

商品检验一般需要工作人员运用相关设施设备进行检查、计重、安检等，一般涉及的设备有扫描仪、RFID、电子磅等。相对进港货物，出港货物的检验更加重要，更加严格，出港货物检验一般会分区进行，国际货物有专门的海关查验区和扣货区，国内货物则根据目的地分别放置，根据货物的特性不同，特殊商品如危险品、活动物等会进行单独放置。

2.5.3 包装设备设施

包装设备设施是指货物在一级货站内为实现出港的目的而进行相关物流活动时采用的设备设施，为保证货物在运输过程中的安全性及运输的便捷性，应对货物进行打板装箱，其中某些货物为散货，不能直接进行打板装箱，则需要首先将货物送至拼装中心进行拼装，随后才能打板装箱。包装子系统也相对比较简单，涉及两个功能要素，所需要的设施设备有打板操作台、叉车、升降平台车、ULD、托盘等。

郑州国际航空货运枢纽战略规划

《郑州国际航空货运枢纽战略规划》提出要着力完善基础设施保障体系，着力增强航空货运供给能力，着力强化多式联运中心和物流信息平台建设，着力提升航空物流服务水平，着力构建物流生态体系，以建设"综合效率最高、综合流程最优、综合成本最低"的贸易便利化核心区为目标，努力打造全球航空网络的重要节点、全球航空物流的发展标杆和现代综合交通枢纽的实践典范，建成通达全球的"空中丝绸之路"，为了实现这一目标，提出了加强基础设施建设、增强空管保障能力、完善航空货运体系、提升客运服务能力、强化机场运行管理、打造综合交通枢纽、优化枢纽发展环境、大力发展航空经济等措施，充分体现了航空物流的系统性。

（资料来源：https://www.henan.gov.cn/2018/07-20/664429.html.）

案例思考题：

（1）你认为国际航空枢纽建设对区域发展意义是否重大？

（2）你认为国际航空货运枢纽建设应该包括哪些部分？

航空物流基础设施是在机场范围内，为实现货物从货主移动到空中设施这一物流活动所需的各类要素，航空物流服务功能的实现建立在各服务主体科学运作的基础之上。航空器、机场、航空集装器等航空物流设备是航空物流基础设施的重要组成部分。

经过几十年的发展与建设，我国在机场建设、物流规模等方面取得了巨大的成就，航空物流基础设施的智能化建设作为智慧机场建设的重要组成部分，必将成为机场发展航空货运的一大优势及必然趋势。未来需要在航空物流系统的基础上引入智能化的元素，使得系统中各要素通过网络实现更大范围、更宽领域的数据自动流动，实现物流智能硬件的感知与互联互通，实现航空物流系统的状态感知、信息交互、实时分析，实现系统局部的自组织、自配置、自决策。

1. 简述航空器的定义与分类。
2. 简述机场的定义与分类。
3. 简述航线经营许可管理规定。
4. 航空集装器的类别有哪些？
5. 航空集装货物的基本原则有哪些？

自学自测 扫描此码

第 3 章

航空货物运输

【本章概要】

民航货物运输是向社会公众开放的商业性的空中交通运输,它使用航空器把货物从一地运到另一地,实现货物在空间上的转移。航空货物运输是一种高速、快捷的运输方式,也是当今世界上最为现代化的运输方式。

本章主要介绍航空货物运输的基础知识,包括航空货物运输的概念与特点、航空货物收运流程与限制、航空货物运输的包装要求与计重、特种货物航空运输的注意事项和危险品航空运输的基本原则和要求。通过这些内容的学习,使读者能够对航空货物运输有初步的认识,以便为后面的学习打好基础。

【学习目标】

- 了解航空货物运输的概念与特点;
- 掌握航空货物收运流程与限制;
- 掌握航空货物包装的基本要求;
- 掌握特种货物航空运输的注意事项;
- 掌握危险品航空运输的基本原则与要求。

南航在国内机场首推"行李到家"新服务

2021年7月28日起,南航在广州白云、北京大兴、深圳宝安、武汉天河、重庆江北、成都双流6个机场创新推出全程"行李到家"产品,成为首家落实民航局"行李门到门"要求的航司,进一步丰富了民航行李运输服务模式,为旅客带来更为高效便捷的全新行李服务体验。旅客无论是出发还是到达,均可通过南方航空App、南航H5网页链接(m.csair.com)等官方渠道或在南航线下服务柜台扫描二维码进行预约和购买。

改变传统出行方式,实现"行李门到门"。全程"行李到家"服务改变了原有传统乘机出行方式,出游、探亲不再大包小包,跑来跑去,费时费力,旅客只需购买"行李到家"产品后在出发地将行李交给收运人员,行李就能安心送达指定目的地,真正实现"行李门到门"。旅客出发前,需提前6小时预约购买"行李到家"服务,收运人员将依据订单信息1小时内上门提取行李,并核对相关运输信息及行李内装物品种类(行李内不得含有违禁品)。行李收运后,将与旅客同机抵达目的地,并在4~6小时内被派送至指定地点,旅客全程无须再提取、再交运。南航全程"行李到家"服务省去了旅客乘机托运行李和到达后等待、搬运行李的不便，同时旅客能通过南方航空 App、南航 H5 网页链接（m.csair.com）等渠道实时了解行李运输"预约中、待取件、已入港、已出港、运输中、已送达"等各个节点的信息，行李运输进程清晰明了，掌上轻松一点即可掌握，进一步体验畅快出行。

安全省心有保障，彰显"亲和精细"服务理念。据介绍，"行李到家"是南航行李全流程追踪服务的进一步延伸。目前，南航行李全流程跟踪服务已覆盖国内外 46 个站点、200 条航线，通过南方航空 App、微信公众号等渠道向旅客主动推送行李全流程节点信息，并向无陪老人、儿童等特殊服务旅客免费推送行李已装机、已中转、已到达三个节点的运输状态短信，让行李"会说话"，进一步彰显南航"亲和精细"服务理念。据悉，南航"行李到家"服务特有行李收运"四重保护"，即收运人员为行李添加保护套和密码锁，并为每件行李购买了行李延误、行李破损相关保险，同时对行李在车辆内的运输过程进行全程监控，进一步确保旅客行李安全运输、全程无忧。

（资料来源：http://news.carnoc.com/list/566/566673.html.）

案例思考题：
（1）通过案例分析南航全程"行李到家"服务的意义。
（2）行李航空运输中哪些物品需要办理托运？

3.1 航空货物运输概述

运输是实现人和物空间位置变化的活动，与人类的生产生活息息相关。因此，可以说运输的历史和人类的历史同样悠久。它是把人、财、物由一个地方转移到另外一个地方的过程，又被认为是国民经济的根本。现代化的运输方式包括航空运输、铁路运输、公路运输、水路运输和特种运输，其中航空运输无疑是速度最快、安全性最好的一种运输方式。

3.1.1 航空货物运输的概念

航空货物运输，是指一地的货物（包括邮件）通过航空器运往另一地的运输，包括市区与机场的地面运输。航空运输虽然运价较高，但是速度快、安全性好并且灵活性强，能为货主提供快速经济的运输服务，所以在运输业中也占据了重要位置。航空运输企业按照运输范围的不同分为一般的航空货运公司和航空快递公司。大部分航空公司都同时经营客货运服务，此外还有专业的航空货运公司和航空快递公司。

目前，全世界著名的航空货运公司包括德国汉莎货运、大韩航空货运、新加坡航空货运，以及我国的国货航和中货航等企业。全球的航空快递巨头包括联邦快递集团（FedEx）、联合包裹服务公司（UPS）、荷兰天地快递公司（TNT）和德国敦豪国际公司（DHL）。

我国的航空货运业务起步虽然较晚，但是发展迅速，目前我国已经成立了国货航、中货航、扬子江快运、顺丰航空等多家专业的航空货运企业。

3.1.2 航空货物运输的特点

和其他运输方式相比,航空货物运输具有以下几个方面的特点。

1. 运输速度快

速度快是航空货物运输的主要特点,这一特点使航空运输的各种货物能够应付变化万千的市场行情。飞机时速可以达到 800~1200 千米/小时,和其他运输方式相比,火车时速 100~140 千米/小时,汽车时速 120~140 千米/小时,轮船时速 30~60 千米/小时,飞机的速度遥遥领先。虽然随着高铁建设的推进,目前高铁时速为 250~350 千米/小时,对民航运输造成巨大的挑战,但是民航在远距离运输市场仍然占据绝对优势,而且飞机的速度还有很大的提升空间。英法联合研制的协和式超音速飞机巡航速度可达 2150 千米/小时(两倍音速),用于欧洲到美国的航线,全程不到 3.5 小时。

2. 破损率低、安全性好

航空运输的运价较高,所以和其他运输方式相比,航空运输具备较高的服务水平。世界民航业在国际航协的统一协调下,对民航货物运输的整个流程,包括货物的收运、订舱、包装、装卸、运输、交付都有详细的规定和严格的控制,使得货物的破损率和丢失率大大减小。针对某些特种货物,有更加详细的规则。比如,针对危险品和活体动物,国际航协发布了《危险品运输规则》和《活体动物运输规则》,航空运输成为贵重物品、活体动物等特种货物的首选运输方式。

3. 可节省企业的相关费用

虽然航空运输的运价比较高,但是更加快捷和安全,可以从以下几个方面节省企业的相关费用。首先由于运输速度快,可以节省企业的仓储费、保险费等支出,而且可以加快资金的周转,增加资金利用率;其次因为航空运输流程明晰、安全性好,可以节省货物的包装费用,减少货物的丢失和破损。

4. 空间跨度大、建设周期短、投资少、见效快

飞机在两点间直飞,不受地面条件的限制,除购置飞机外,只需修建机场和必要的导航站,不像地面运输那样在线路建设上需要大量的投资,而且筹备开航所需的准备时间也较短。我国的云南、贵州、四川、内蒙古、新疆、西藏等省区幅员广阔、地形复杂,特别适合发展民用航空,而这些地区的民用机场数量也多过沿海发达省份。

5. 运价比较高

因为购买飞机等航空器材价格昂贵,而且飞行过程需要消耗大量航油,加上航空业的技术水平和管理能力要求较高,使得民航的运价相对其他方式显得比较高,所以地面运输和水路运输一直是通过低价保持对民航运输的竞争优势。近年来随着其他运输工具的速度不断加快,对航空货运造成了很大威胁。

6. 载量有限

由于飞机本身的载重限制,航空运输和铁路、海运相比,运输量小得多。目前民航

常用的 B747 全货机，最大载量为 119 吨，而窄体的 B737 全货机只有 15 吨左右，相对海运几万吨、十几万吨的量，两者相差很大。

7. 易受天气影响

航空运输受天气影响比较大，遇到大雨、大风、雾等恶劣天气，航班就不能按时起飞，从而导致航空货物运输不正常的情况发生，尤其是对急件、鲜活易腐货物的影响较大，会给货主造成不小的损失。

3.1.3 航空货物运输的分类

航空货物运输活动虽然只是整个航空运输的一部分，但它的运输过程是较为复杂的，根据实践的需要，人们按照不同的分类标准，将航空货物运输活动划分为多个种类。

1. 按照运输的范围划分

按照货物运输的不同性质，人们把航空货物运输分为国内航空货物运输和国际航空货物运输。

国内航空货物运输是指运输货物时，其始发地、目的地和经停点都在中华人民共和国境内的运输。

国际航空货物运输是指运输货物时，其始发地、目的地和经停点至少有一点不在中华人民共和国境内的运输。

2. 按照运输的条件划分

按照运输物品的不同条件，人们主要把航空货物运输划分为普通货物运输（简称"普货运输"）、特种货物运输（简称"特种运输"）、邮件运输等。

（1）普货运输

普货运输是指一般货物的运输，这些货物不需要特殊的运输条件。

（2）特种运输

特种货物包括贵重货物、活动物、尸体、骨灰、危险物品、外交信袋、作为货物运输的行李、鲜活易腐货物等。由于运输特种货物操作难度大、运输条件相对普通货物较高，所以，运输特种货物除按一般运输规定外，还应严格遵守每一类特种货物的特殊规定。

（3）邮件运输

邮件运输是指邮局交付给航空运输部门运输的邮政物件，其中包括信函、印刷品、包裹、报纸和杂志等。

3. 按运输组织形式划分

按照运输的组织形式，航空货物运输可分为班机运输、包机运输、包舱运输和集中托运。

（1）班机运输

班机运输是指在固定航线上按预定时间定期航行的形式，即有固定的始发站、经停站和目的站的航班所进行的运输。

班机运输由于固定航线、固定停靠港和定期开飞航班，能安全迅速地到达世界上各通航地点，便于收、发货人确切掌握起运和到达的时间，因此国际货物流通多使用班机运输。班机运输一般使用客货混合型飞机，舱位有限，大批量的货物不能及时运出，往往需要分期分批运输。

（2）包机运输

包机运输是指托运人为一定目的包用航空公司的飞机载运货物的形式，可分为整包机和部分包机两种。

整包机是指航空公司按照与租机人事先约定的条件及费用，将整架飞机租给包机人，从一个或几个航空港装运货物再运至目的地。部分包机是指由几家航空货运代理公司（或发货人）联合包租一架飞机，或者由航空公司把一架飞机的舱位分别卖给几家航空货运代理公司装载货物，其适用于托运货物不足一架整机，但载货量又较大的货物运输。

（3）包舱运输

包舱运输是指托运人在一定航线上包用承运人全部或部分货舱运输货物。包舱人可以在一定时期内或一次性包用承运人在某条航线或某个航班上的全部或部分货舱，并与承运人签订包舱运输合同。

（4）集中托运

集中托运是指航空货运代理公司把若干批单独发运的货物组成一批向航空公司办理托运，填写一份总运单将货物发运到同一目的站，由航空货运代理公司在目的站的代理人负责收货、报关，并将货物分别拨交给各收货人。

集中托运是航空运输中最为普遍的一种形式，既可以节省运费，又可以方便收货人提货。但并不是所有货物都可以采用集中托运，如等级运价的货物（如贵重物品、危险物品、活体动物、文物等）一般不能集中托运，对可以享受航空公司优惠运价的货物来讲，使用集中托运可能不仅无法享受运费的节约，反而会加重托运人的运费负担。

航空集中托运与直接运输的区别

（1）货物交付人不同。直接运输的货物由承运人的委托人—代理人交付给承运人；而集中托运货物由托运人的委托人—集中托运商交付给承运人。

（2）货运单的填开主体不同。直接运输的货运单由代理人填开，并列明真正的托运人和收货人；集中托运的货运单由托运人填开，货物的发货人是集中托运商，收货人是分拨代理商。

（3）使用的文件不同。直接运输只需填开一种运单即可。而在集中托运中，集中托运商收取货物后需要填开分运单和主运单。分运单（HWB）是集中托运商与发货人交接货物的凭证；主运单（MWB）也称总运单，是集中托运商与承运人交接货物的凭证，同时也是承运人运输货物的正式文件。

3.1.4 航空货运操作流程

完整的航空货运操作流程指的是为了满足客户的需求，货物从实际发货人转移到实际收货人的物流过程。在航空货运市场上，托运人主要采取委托航空货运代理人的方式运输货物，所以货运代理在整个过程中起到重要作用，但是航空货运的核心还是机场到机场的进出港部分，即承运人从始发地机场收运货物开始一直到目的地机场交付货物结束，这个环节由航空公司及其机场地面代理共同完成。

1. 航空货物出港操作流程

航空货物运输过程中涉及的主体包括托运人、收货人、货运代理、承运人、机场货站等，目前货主主要采取委托货运代理人的方式进行运输，由代理人组织整个过程。以航空货物出口运输为例，货运代理的业务程序主要包括：市场销售→委托运输→审核单证→预配舱→预订舱→接单→制单→接货→标签→配舱→订舱→出口报关→出仓单→板箱操作→装板箱→签单→交接发运→航班跟踪→信息服务→费用结算。本节要介绍的是航空货运出港流程中航空公司或其地面代理机场需要完成的部分，航空公司的出港流程如图3-1所示。

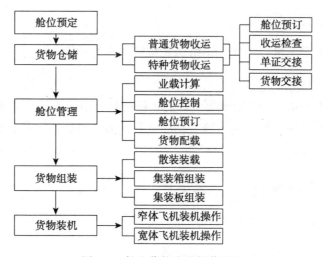

图3-1 航空货物出港操作流程

2. 航空货物进港操作流程

以航空货物进口运输为例，货运代理需要完成的工作包括：代理预报—交接单证、货物—理货、仓储—理单、到货通知—进口制单、进口报关—收费、发货。本节要介绍的是航空货运进港流程中航空公司或其地面代理机场需要完成的部分，指从飞机到达目的地机场、承运人把货物卸下飞机直到将货物交给货运代理或货主的全过程。航空公司的进港流程，如图3-2所示。

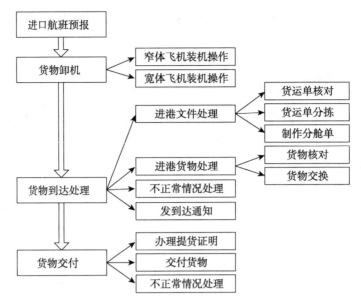

图 3-2 航空货物进港操作流程

3.2 普通货物航空运输

3.2.1 普通货物概述

1. 普通货物的概念

普通货物是指对飞机结构和运输组织无特殊要求的货物。

2. 普通货物的范围

普通货物通常是指除毒品、武器、弹药、核材料、伪造的货币、国家禁止出口的文物、黄金、白银和其他贵重金属、珍贵动物及其制品、珍稀植物及其制品、淫秽物品、固体废物以外的其他货物。

3.2.2 收运流程与限制

1. 航空货物收运流程

概括来说,航空货物收运包括如下流程。

(1) 检查托运人的有效身份证件

(2) 检查与运输有关的文件

托运人需提供的基本文件包括托运书和货运单,进出口货物还需要提供进出口国家海关要求的文件。对于特种货物,还需提供根据要求附加的文件。比如:托运危险品,需要危险品托运人申报单及相关文件;托运活体动物,需要活体动物托运人证明书及相关文件。

(3) 检查货物的种类及品名是否与所申报的一致

根据相关规定,托运人对所托运货物的真实性和安全性负责。保险起见,承运人在收运货物时也要检查货物与品名是否相符。比如，货物的尺寸和重量与所申报品名明显不符，所运货物属于国家禁止或限制运输的物品，货物可能属于隐含的危险品等情况。

（4）检查货物的包装和件数

航空运输对货物的包装质量有严格要求，以防止损坏货物及危害飞行安全，尤其是对于一些特种货物，如活体动物和危险品，对包装的方式方法都有详细的规定，收运人员在收运货物时，要根据相关手册，认真检查货物包装。

当接收货物时，货物的实际件数必须与运输文件上所列明的件数一致，如果在现场发现有误，应该要求托运人确认实际交运的件数。

（5）检查货物的标记、标签

货物包装上的标记标签用来进行货物识别和操作指引。航空货物运输对于不同货物包装上的标记标签有不同规定，一般应具有运输标志、识别标签、操作标签和特种货物标签四类，收运人员要仔细检查，如有错误，要及时要求托运人更正。

（6）对收运的货物进行安全检查

由国家安全生产监督管理总局负责收运货物的安全检查，主要的方式有 X 光安检机查看、开箱检查和 24 小时留存观察等。

（7）称重和测量尺寸

收运货物时，承运人要对货物尺寸和重量进行计量或核查，货物重量和尺寸至关重要，因为它们既是用来收取航空运费的基础，又是安排飞机配载平衡的依据。

（8）审核并将托运书填写完整

虽然按照规定，托运书应该由托运人填写并对内容的正确性负责，但是目前的做法是托运书中的重量、件数和计费重量等信息是在收运现场进行计量，由收运人员填写，托运人签字确认。

（9）计算运费

按照承运人公布的运价表和相关计算规则，根据货物收运时确定的计费重量进行运费及其他费用的核算。

（10）根据货物托运书的内容填写货运单

按照相关规定，货运单应该由托运人填写，并对内容的正确性负责，但目前货运单主要是由承运人代为填制，托运人签字确认。

（11）收取运费

（12）交接货物

2. 航空货物收运限制

航空货物的收运限制主要体现在以下几个方面。

（1）托运人限制

托运货物凭本人居民身份证或者其他有效身份证件，填写货物托运书，向承运人或其代理人办理托运手续。例如，承运人或其代理人要求出具单位介绍信或其他有效证明时，托运人也应予提供。托运政府规定限制运输的货物及需向公安、检疫等有关政府部门办理手续的货物，应当随附有效证明。

（2）重量限制

航空运输所使用的飞机基本上分为宽体机和窄体机两类，宽体机主要采用集装货物装载的方式，装机操作使用专用机械设备；窄体机主要采用散货装载的方式，需要人工搬运装卸。

宽体机和窄体机对货物重量的限制不同，目前基本的重量要求是：窄体机载运的货物，单件货物重量不超过 80 千克；宽体机载运的货物，单件重量不超过 250 千克。

超过以上重量的货物，需要提前告知承运人，承运人根据所用机型和始发地及目的地机场的装卸条件，确定是否可以收运。

（3）体积限制

不同的机型，货舱的舱门尺寸和空间大小不同，各自都有对装载货物尺寸的限制。目前最基本的限制是：宽体飞机载运的货物，体积一般不超过 100 厘米×100 厘米×140 厘米；非宽体飞机载运的货物，体积一般不超过 40 厘米×60 厘米×100 厘米；此外收运的货物也有最小尺寸的限制，货物的三边之和不能小于 40 厘米，最小一边不能小于 5 厘米，不符合上述规定的小件货物应加大包装才能收运。

如果货物大小超过以上尺寸，需要提前告知承运人，承运人根据机型确定是否可以收运。在确定货物尺寸能否装载时，通常针对宽体飞机和窄体飞机两种情况分别考虑，不同的机型和集装器都有明确的数据可供查询。

（4）飞机货舱地板承受力限制

飞机货舱内每平方米的地板只能承受一定的重量，如果超过此承受力，地板和飞机结构就会遭到破坏。因此，装载货物时一定不能超过地板承受限额，在收运货物时要注意判断货物是否满足此项要求，以免直接装载造成飞机结构损坏。

（5）价值限制

国内货物运输中，每票货物的声明价值不得超过 50 万元人民币；客货混用机每次班机载运货物的总价值不能超过 500 万元人民币。

国际货物运输中，每票货物的声明价值不得超过 10 万美元，客货混用机每次班机载运货物总价值不得超过 100 万美元，货机每次班机载运货物总价值不得超过 5000 万美元。

如果托运人申报的声明价值超过此限制，需要填写多份航空货运单，由此产生的航空运单工本费由托运人承担。

3.2.3 运输包装要求与计重

1. 航空货物包装的基本要求

①托运人提供的货物包装要求坚固、完好、轻便，应能保证在正常的操作（运输）情况下，货物可被完好地运达目的站，同时也不损坏其他货物和设备。具体包括以下几个方面。

- 包装不破裂。
- 内装物不漏失。

- 填塞要牢，内装物相互不摩擦、碰撞。
- 没有异味散发。
- 不因气压、气温变化而引起货物变质。
- 不伤害机上人员和操作人员。
- 不污损飞机、设备和机上其他装载物。
- 便于装卸。

②为了不使飞机密封舱的空调系统堵塞，包装不得用带有碎屑、草末等材料，如草袋、草绳、粗麻包等。包装的内衬物，如谷糠、锯末、纸屑等不得外漏。

③包装外部不能有突出的棱角，也不能有钉、钩、刺等。包装外部需清洁、干燥，没有异味和油腻。

④托运人应在每件货物的外包装上详细写明收货人、另请通知人和托运人的姓名和地址。若包装表面不能书写时，可写在纸板、木牌或布条上，再拴挂在货物上，填写时字迹必须清楚、明晰。

⑤包装窗口的材料要良好，不得用腐朽、虫蛀、锈蚀的材料。无论木箱或其他容器，为了安全，必要时可用塑料、铁箍加固。

⑥如果包装件有轻微破损，填写货运单应在"Handing Information"标注出详细情况。

2. 对包装材料的具体要求

（1）纸箱

应能承受同类包装货物码放3层或4层的总重量。

（2）木箱

厚度及结构要符合货物安全运输的需要，盛装贵重物品、精密仪器、易碎物品的木箱，不得有腐蚀、虫蛀、裂缝等缺陷。

（3）条筐、竹篓

编制紧密、整齐、牢固、不断条、不劈条，外型尺寸以不超过50厘米×50厘米×60厘米为宜，单件毛重以不超过40千克为宜，内装货物及衬垫材料不得漏出，应能承受同类货物码放3层高的总重量。

（4）铁桶

铁皮的厚度应与内装货物重量相对应，单件毛重25～100千克的中小型铁桶，应使用0.6～1.0毫米的铁皮制作，单件毛重在101～180千克的大型铁桶，应使用1.25～1.5毫米的铁皮制作。

（5）其他包装材料

水产品的包装应当按照航空行业标准（MH 1007-1997）执行。

3. 对于几种货物的包装规范

（1）液体货物

①容器内部必须留有5%～10%的空隙，封盖必须平、密，不得溢漏。

②用玻璃容器盛装的液体，每一容器的容量不得超过1000毫升。单件货物毛重以

不超过25千克为宜。箱内应使用衬垫和吸附材料填实,防止晃动或液体渗出。

③用陶瓷、玻璃容器盛装的液体货物,外包装需要加贴"易碎物品"标签。

(2)粉状货物

①用袋盛装的,最外层应使用塑料涂膜纺织袋作外包装,如塑料涂膜编织袋或者玻璃纤维袋等,并保证粉末不致漏出,单件货物毛重不得超过50千克。

②用硬纸桶、木桶、胶合板桶盛装的,要求桶身不破、接缝严密、桶盖密封、桶箍坚固结实。

③用玻璃装的,每瓶内装物的重量不得超过1千克,用铁制或木制材料作外包装,箱内用衬垫材料填实,单件货物毛重以不超过25千克为宜。

(3)精密易损、质脆易碎货物

单件货物毛重以不超过25千克为宜,可以采用以下方法包装。

①多层次包装。多层次包装即货物—衬垫材料—内包装—衬垫材料—运输包装(外包装)。

②悬吊式包装。悬吊式包装即用几根弹簧或绳索,从箱内各个方向把货物悬置在箱子中间。

③防倒置包装。防倒置包装即底盘大、有手提把环或屋脊式箱盖的包装,不宜平放的玻璃板、挡风玻璃等必须使用此类包装。

④玻璃器皿的包装。应使用足够厚度的泡沫塑料及其他衬垫材料围裹严实,外加坚固的瓦楞纸箱或木箱,箱内物品不得晃动,外部加贴"易碎物品"标签。

(4)裸装、不怕碰压的货物

不怕碰压的货物可以不用包装,如轮胎等;不易清点件数、形状不规则、外形与运输设备相似或容易损坏飞机的货物,应外加包装。

(5)大型货物

体积或重量较大的货物底部应有便于叉车操作的枕木或底托。

4. 航空货物包装常见问题

航空货物包装通常存在以下几个常见问题。

①包装严重变形或已破损。

②铁腰子变形或松动。

③包装上有渗漏或浸湿痕迹。

④包装内货物晃动或有破碎声音。

⑤桶上有裂缝或桶盖松动。

⑥袋装货缝口松散。

⑦有异味散出。

5. 标记和标签

(1)相关定义

①运输标记。运输标记是货物外包装上的标志、标签的总称,分为粘贴式标签和拴挂式标签。使用运输标记可以避免差错事故,保证货物安全和正常运输,因此要贴(挂)

在货物外包装明显处；在填写时，要求字迹清晰，内容准确。

②运输标志。运输标志是货物包装上标明托运人、收货人名称、地址及储运注意事项的标记。

③运输标签。运输标签是标明货运单号码、货物流向、重量与件数的标记。

（2）使用要求

①在货物的外包装上，必须由托运人逐件书写或钉附明显的运输标记。

②货物标签上各项内容的字迹一定要清晰易辨。

③运输标记或标签的粘贴一定不能倒贴或者歪贴，应当根据货物的形状，尽量贴挂在明显易见的部位。

④每件货物的外包装上都必须贴挂一个或者多个运输标记，注意不能贴挂在包装外部的捆扎材料上。

⑤超重货物的包装外面，应当注意标注"重心点""由此吊起"的指示标记。

⑥在重新使用旧包装时，包装外部的残旧标记必须清除或涂掉。

⑦凡是用陶瓷、玻璃做容器的液体、气体货物，或者精密易损、质脆易碎的外包装货物，其外包装必须粘贴"小心轻放""向上"的指示标签。

⑧运输标记应当由承运人或代理人贴挂，并要逐件检查，发现错漏或者位置不当时，应当及时纠正。

⑨包机运输的货物，如果货物全属于一个单位，运往同一个目的站而不转机运输时，可以不用贴挂运输标签。

6. 货物计重

①货物的重量按毛重计算，计量单位为千克。重量不足1千克的尾数四舍五入。

②贵重物品的重量按实际毛重计算，计量单位为0.1千克。

③轻泡货物以每6000立方厘米折合1千克计算。

④托运人托运的每件货物的重量一般不超过80千克，包装尺寸一般不超过40厘米×60厘米×100厘米。超过此重量和尺寸的货物，承运人可依据航线机型及始发站、中转站和目的站机场的装卸设备条件，确定可收运货物的最大重量和尺寸。

⑤每件货物包装的长、宽、高之和不得小于40厘米。

3.2.4 托运人文件

1. 航空托运书

航空托运书是托运人办理货物托运时填写的书面文件，是据以填写正式航空运输文件——货运单的凭证。托运书应该由托运人填写，托运人应在托运书上签字或盖章，并对所填写的真实性负责。实际操作中，托运人一般事先填写好基本信息，如托运人地址和收货人地址等，航空公司和其机场地面代理审核并填写重量、尺寸、件数等核心信息。

航空托运书的基本规定包括以下几项。

①货物托运书应使用钢笔、圆珠笔书写，有些项目如名称、地址、电话等可盖戳印

代替书写；字迹要清晰易认，不能潦草；不能使用非国家规定的简化字；国际货物托运书应当用英文填写。

②一张托运书的货物只能有一个目的地、一个收货人，并以此填写一份航空货运单。

③运输条件或性质相互抵触的货物，不能使用同一张货物托运书托运。例如：活体动物和普通动物不能填写一张托运书；急救药品和普通货物不能填写一张托运书。

④货物托运书应当和相应的货运单存根联及其他必要的运输文件副本放在一起，按照货运单号码顺序装订成册，作为核查货物运输的原始依据。

2. 航空运货单

航空货运单是托运人（或其代理人）和承运人（或其代理人）之间缔结的货物运输合同，同时也是承运人运输货物的重要证明文件。

1）航空货运单的作用

航空货运单主要起到以下几个作用。

①承运人和托运人缔结运输契约的初步证据。

②承运人收运货物的证明文件。

③托运人支付运费的凭证。

④保险证明，如托运人要求承运人代办保险。

⑤供向海关申报的文件。

⑥供承运人发运交付和联运的单证路单（waybill）。

⑦承运人之间的运费结算凭证。

⑧货物储运过程中的操作指引。

2）航空货运单的相关规定

①货运单的填开责任。根据《华沙公约》《海牙议定书》和《中华人民共和国民用航空法》及承运人的相关规定，托运人应自行填制航空货运单，也可以要求承运人或承运人授权的代理人代为填制。托运人需对货运单所填各项内容的正确性、完备性负责。由于货运单所填内容不准确、不完全，致使承运人或其他人遭受损失的，托运人负有责任。托运人在航空货运单上的签字，证明其接受航空货运单正本背面的运输条件和契约。

②货运单的修改。如填写错误涉及收货人名称、运费合计等栏的内容，而又无法在旁边书写清楚时，应当重新填制新的货运单。需要修改的内容，不得在原字上描改，而应将错误处划去，在旁边空白处书写正确的文字或数字，并在修改处加盖戳印。货运单只允许修改一次，如再发生填写错误，应另填制新的货运单。填错作废的货运单，应加盖"作废"的戳印，除出票人联留存外，其余各联随同销售日报送财务部门注销。

③有效期的规定。航空公司或其代理人根据托运书填制好货运单后，托运人（或其代理人）和承运人（或其代理人）在货运单上签字或盖章后，货运单即开始生效。货物运输至目的地之后，收货人提取货物时，在货运单上的"交付联"或提货通知单上签收认可后，货运单作为运输的初步证据的有效性即告结束；但是作为运输契约，其法律依据的有效期则延至自运输停止之日起两年内。

④运单号。货运单号码是货运单不可缺少的重要组成部分，在货运单的左上角、右

上角和右下角分别标有货运单号码。通过此号码，可以确定航空货运单的所有人——出票航空公司，它是托运人或其代理人向承运人询问货物运输情况及承运人在货物运输各个环节中组织运输（如订舱、配载、查询货物等）时的重要信息来源和依据。

运单号码由11位数字组成，包括航空公司的国际航协票证代号、货运单的序列号和检验号三部分。其中国际航协票证代号由三部分组成，如国航999、南航784、东航781，货运单序列号由7位数字组成，检验号是由序列号的7位数字除以7所得的余数组成，如999-12345675。

⑤使用限制。航空货运单不可转让，所有权属于出票航空公司，即货运单所属的空运企业（ISSUECARRIER）。在货运单的右上端印有"不可转让"（not negotiable）字样，任何国际航协成员公司均不得印制可以转让的航空货运单，"不可转让"字样不可被删去或篡改。

一张航空货运单只能用于一个托运人（根据一份托运书）在同一时间、同一地点托运的由承运人承运的，运往同一目的地同一收货人的一件或者多件货物。

3.3 特种货物航空运输

3.3.1 贵重物品

1. 贵重物品的定义

贵重物品是指珍贵、价值高的，承运人需要进行特殊安排处理和储存的一类物品。民航总局对贵重货物的范围划定如下。

①每千克货物毛重的申报价值大于或等于2000元以上。

②黄金（包括提炼或未提炼过的）、金锭、混合金、金币及各种形状的黄金，如金粒、金片、金箔、线条、管、环合黄金铸造物。

③白金（即铂）、白金类稀有贵重金属（如钯、铱、钌、锇、铑）、各种形状的铂合金（如铂金粒、铂金片、铂金箔、线条、管、网、带、棒等）。

此外，以上金属及其合金的放射性同位素，还应该按照危险品运输的有关规定办理。

④合法的钞票、债券、股票、旅行支票、邮票（不包括新印刷的邮票）。

⑤钻石、红宝石、蓝宝石、祖母绿、猫眼儿、翡翠、白玉、黄玉、墨玉、碧玉、珊瑚、孔雀石、松石、青金、蛋白石、天然珍珠等宝石制作的首饰，以及由上述贵金属、宝石制作的手表及首饰。

⑥珍贵的古董（如书、画、古玩等）展品、特种工艺品等。

2. 贵重物品的识别

识别作为贵重物品的白金、黄金、珍贵的宝石和钞票、股票等并不困难，而识别每千克货物的价值超过2000元则不是很容易的事情。因为货物的种类繁多，所以在判断其价值时，用毛重乘以2000元，然后与它的商业发票价值相比较，以确定这批货物是否为贵重物品。

3. 贵重物品的包装要求

①除有人押运的人民币和其他有价证券等不易损坏的物品，其外包装可以用结实的麻、布袋包装外，其他贵重物品应根据其性质采用坚固的木箱或铁皮箱包装。外包装应用"#"形铁腰捆紧，包装箱接缝处必须用铅封或火漆封志，封志要完好，封志上最好有托运人的特别印记。

②贵重物品包装内应用衬垫材料填塞严实，不得松动。

③外包装上必须使用挂签，不得使用贴签或其他粘贴物。在货物外包装上，不得有任何显示货物性质、种类的标志。

4. 贵重物品储运注意事项

（1）收运贵重物品的注意事项要认真检查包装、封志是否完好，如有缺陷，要求货主完善包装，否则拒绝接收该货物。

（2）交接、装卸和存储保管的注意事项

①对贵重物品必须有严格的交接手续。装机和卸机、出仓和入仓、城区与机场之间的交接，必须由交接人员逐件点装、点卸、点交、点接。在装卸机单和交接清单上都要注明贵重物品的件数，并有交接人员签字。在地面运输时，必须有人押运。

②在库区里应有贵重物品库，设有专人看守分离控制装置。贵重物品要由专人护送到飞机上，同样从飞机上卸下的贵重货物也要护送至库房。贵重货物在整个运输过程中都要被监护。由于涉及额外的工作，所以这类货物的运输要相应增加费用，即收取附加费用。

③贵重物品在装机或装集装箱过程中，至少应有三人在场，其中一人必须是承运人的代表。

④装卸贵重物品应严格注意轻拿轻放，避免挤压，禁止碰撞、摔滚。

⑤市内货运和机场仓库要专门设立贵重物品处并指定专人负责。要有防火、防盗、防潮等安全措施。

⑥贵重物品到达后，应立刻通知收货单位提取。在交付时，应会同收货人查验货物的包装、封志，办清一切手续。

5. 贵重物品运输事故处理及责任赔偿

①贵重物品包装破损轻微，封志未被破坏，能确定内件未短少或损坏者，经整修后继续发运，但应在货运单上注明整修事项。

②如包装破损、内件可能受损或减少，出发站应停止发运，并会同发货单位进行处理。如果在经停站或联程站发现，应停止运送，报请当地运输部门领导，根据具体情况决定处理办法。必要时，可在领导的指导下开箱检查。如有缺损，通知出发站转请托运人提出处理意见。到达站对于包装破损的贵重物品应妥善保管，并迅速通知收货人前来共同开箱检验受损情况。

③在运输过程中的任何环节，如发现贵重物品标记脱落、包装破损、内件短缺或遗失等不正常情况，均应立即会同机组或有关人员检查受损情况，过秤重量，并详细填制

运输事故记录。

④发生贵重物品运输事故时，应及时向上级汇报，查明情况，明确责任。若发生丢失或内件缺少时，应立即电请有关航站协助查找。有关航站应密切配合，尽快查明答复。

⑤贵重物品包装、封志完好，但内件短缺损伤，除能证明是承运人责任事故造成者外，承运人不承担责任。

3.3.2 活体动物

1. 活体动物定义

活体动物是指活的家禽、家畜、鱼介、野生动物（如鸟类）、实验用动物和昆虫等。

2. 活体动物运输规定

活体动物运输必须符合运输过程中有关国家和承运人的规定。活体动物的收运和操作标准，必须符合国际航协《活体动物运输规则》的有关规定。

（1）收运动物的条件

托运人托运动物时，必须符合以下条件。

①动物健康状况良好，不致传播疾病，特别是狂犬病的传播。

②动物运输必须符合国家有关规定。托运属于检疫范围的动物要有当地检疫机关的免疫注射证明和动物检疫合格证明；托运属于国家保护的动物应随附有关部门准运证明；托运属于市场管理范围的动物要有市场管理部门的证明。

③装起动物的设施既要便于装卸，又要适合动物特性和空运的要求，应能防止动物破坏、逃逸和接触外界；底部要有防止粪便外溢的措施，要保证通风，防止动物窒息。凡是运输可能伤害人员、损坏设备、危及飞行安全的凶猛禽兽和蛇类等动物（如狮、虎、豹、熊、狼、蟒等）应用铁笼盛装，外加铁网或木框包装，并装有便于装卸的把手。

容器大小不超过机舱门的宽度和高度。托运带水的活鱼时，容器底部应防止水分洒漏，以免造成动物死亡或液体污染飞机地板和设备。

托运时经承运人同意不用容器盛装的动物，如牛、羊等，必须有防止动物走动的系留设备（如分隔栏杆、绳网、腰带、鼻绳等），以免影响飞机平衡。

在包装上，应清楚地写明托运人和收货人的姓名、详细地址和联系电话等（与货运单相同），还应写明动物的习性、特性、有关特殊饲养的方法及有关注意事项。

④在运输过程中，所需的动物饲料由托运人自备。照料动物的特殊设备、装卸大动物的人力和设备，凡民航不具备的均由发货人提供。需专门护理和喂养者批量大的动物，应派人押运。

⑤托运动物，应事先与承运人联系并定妥吨位。办理托运手续时，应同时填写航空运输托运书并一式两份。

（2）托运人的责任

交运任何动物之前，托运人应保证如下条件。

①符合国家的有关法令和民航局的有关规定，动物在交运之前应已办妥动物检疫手续，野生动物要持有政府部门签发的许可证，所需有关证明应随附在货运单后。

②该货物已做正确的分类和包装,动物名称准确,货物外包装上的标签和标记完好。
③托运动物证明书一式三份,已按要求填写完毕。
④孕期的动物不能交运。除非得到国家检疫部门的许可说明,该动物在运输途中不会有分娩的可能性。
⑤在始发前 72 小时内分娩的动物不得空运。
⑥已做好空运前的准备工作。
⑦收货人已获悉有关的航班情况,以便货物到达后立刻安排提取。
⑧托运人应按照与承运人约定的时间、地点办理托运手续,并负责通知收货人前往目的站机场等候提货。
⑨活体动物运输不办理运费到付。

(3)承运和运送
①承运凶猛动物应逐级上报管理局(公司)审批。
②为了防止疫病传播及非法贩运,承运货物时应认真查验证件。凡不符合规定者不予承运。
③一般只在直航航班上运输动物。确需联程运输的活体动物,应订妥全程航班、日期、吨位,并经托运人同意后方可承运。运达目的站的日期应尽量避开周末和节假日,以免延误交付造成动物死亡。
④托运人和收货人应在机场交运和提取货物,并负责动物在运送前和到达后的保管。在决定起运日期以后,根据动物特性,要求托运人在约定时间办理动物托运手续。托运大批或需人及时料理的动物,应由托运人通知收货人前往到达站机场等候提货,民航也应通知到达站转告收货人。
⑤承运人应根据"活体动物国内运输收运检查单"的项目对收运的动物进行详细检查。
⑥随动物运输的饲料和设备,应计算件数、重量,应按动物的同等级运价使用同一份货运单计收运费。
⑦有人押运的动物,由押运员在到达机场提货并签收。对于无人押运的动物,到达站应迅速通知收货人提货。

(4)储运
动物有可能因地理位置和气温变化造成疾病或死亡,应注意根据托运的要求做好仓储工作。例如:对怕冷、怕风的动物,应放置在避风处或保暖的地方;对怕光、怕晒、怕热的动物,应放置在阴凉处。
根据动物习性,做好仓储工作,例如,哺乳动物和爬行动物喜欢黑暗或光线暗淡的环境,一般放置在安静阴凉处;家畜或鸟类一般放置在敞亮的地方。
仓储过程中,禁止对动物围观、惊扰、戏逗,以免发生事故。

(5)装机规定
承运人应保证将动物装配在适合载运动物的飞机舱内。往飞机上装动物时,要格外小心。除了某些动物之间爱争斗(如猫和狗)外,还有些货物不能与动物混装在同一货舱内。例如:干冰消耗氧气可导致呼吸困难;尸体可导致家养动物情绪不稳定;有毒的货物和放射性物质也不能和动物同装一舱。

没有不良气味和不致于污染飞机及其他物品的小动物,如塑料袋灌氧的鱼苗、鱼种和昆虫、小的野生动物可以在客机的货舱内载运。

有不良气味的小动物,如供实验用的猴子、兔子、豚鼠及会发出叫声的初生家禽、小狗等只能装载飞机的下货舱。

遇有特殊运输或带有政治色彩的动物(如国家领导人互送的动物)须经承运人批准,并由货运部事先通知飞行总队。

旅客随身携带的小猫、小狗,在包装满足要求的情况下,按以上规定装机。

(6)保证动物安全运送的要求

①为了提高动物运输中的成活率,要求确保容器内及舱内空气流通;容器之间、容器与其他货物之间要有间隙;不能堵塞货舱内的空气滤网;不能用不透气的物质覆盖容器;装载时,不要垛码太高;运输耗氧量较大的鸡、鸡雏等动物更应注意。

注意动物在运输过程中所要求的温度范围。

②对于采取干法运输的动物(如蟹苗等),应保持一定的湿度。因蟹苗离水后,是依靠腮腔里剩余的水分来完成呼吸作用的。此类动物在装机前和卸机后要防止风干日晒,特别是幼苗更应该注意保持湿度。

③动物在地面停留时,应放在安静的地方,工作人员不得逗弄动物。

④动物种类繁多,特性不一。在承运时,应向托运人详细了解动物的特性,并尽可能按要求进行处理,不能胡乱饮水喂食。

⑤要加强与托运人的联系和密切配合。在班机或包机运送大批动物时,航站有关人员要注意了解气象和飞机能否正常飞行等情况,及时通知发货单位,以便根据情况做好运输的准备工作。

⑥动物运量较大的航站,应尽可能指定专人负责动物运输,做好预订吨位工作,并经常收集运送动物的有关资料,注意总结经验。到达站应主动了解动物的成活情况。如发现成活率低于90%时,应及时分析原因,将情况以电报或信函方式通知出发站,以利于改进工作。

⑦应保持空气流通。空气不流通对动物安全运送的威胁最大。但是,在运输少量的动物时也不必每次都计算二氧化碳在空气中的浓度,因为密封舱的飞机内每隔2~3分钟就交换空气一次,非密封舱的飞机内的空气也是流通的。

(7)运输责任

如动物在运输过程中死亡,除因承运人的过错所致外,承运人不承担任何责任。

3.3.3 鲜活易腐货物

1. 鲜活易腐货物的定义

鲜活易腐货物是指在一般运输条件下因气候、温度、湿度、气压变化或者运输时间等原因,容易引起变质、腐烂或者死亡的物品。植物、花卉、种蛋、蚕种等应按鲜活易腐物品运输处理。由于它们的特性，这类货物全部采用航空运输，并且要有同航班时刻表相配的地面运输。

2. 鲜活易腐货物的运输规定

（1）鲜活易腐货物的承运条件

①货物本身质量优良或经过检查合格。

②根据中央及省（区、市）法令，需凭证明文件运输的货物，要有农业、卫生检疫或市场管理等部门的有效证明（动、植物检疫证书）。

③对怕压的货物，必须有坚固且抗压力大的包装，每件重量不宜超过 25 千克；对需要通风的货物，其包装必须有通风孔；冷冻货物的包装要严密、便于保冷以使冰水不致外流。

④包装要适合鲜活易腐物品的特性，不致污损飞机和其他物件；客机不载运有不良气味的鲜活易腐货物。

⑤需要特殊照顾的物品，应由托运人自备必要的设施。必要时，托运人派人押运。

⑥托运人托运鲜活易腐货物，应提出最长的允许运输期限和运输注意事项。定妥吨位，按约定时间送机场办理托运手续。

（2）承运和运送

①为了保护农副业生产和配合地方做好市场管理工作，在承运鲜活易腐货物时，应根据规定认真查验有关证件及货物，只有符合规定者方可承运。

②航站应根据运力情况承运鲜活易腐货物，在确定起运日期以后，通过托运人在约定时间到机场托运。

③货运单到达联的储运注意事项栏应加盖或注明"鲜活易腐货物"的戳记或字样。

④承运后的鲜活易腐货物，应予优先发运，并安排直达航班运送，中途站不得拉卸。对必须办理联程运输的鲜活易腐货物，应先征得联程站同意后方可承运，联程站应负责及时中转。

⑤货物到达后，到达站应立即（最迟不超过 2 小时）通知收货人前来提取。

3. 包装

（1）一般规定

鲜活易腐物品的包装应适合货物的特性，确保货物在运输过程中不致破损或有液体漏出而污染飞机、设备、行李、邮件及其他货物。每件货物的外包装上应贴有"鲜活易腐物品"货物标签，写明收、发货人的姓名、地址、电话号码及储运注意事项，如"冷藏""冷冻"等。

（2）鲜活易腐货物的包装材料

①聚苯乙烯泡沫绝缘材料、泡沫箱。

②涂蜡的纸板箱。

③瓦楞纸箱。

4. 储运注意事项

①鲜活易腐货物在炎热天气装机前或卸机后，应存放在阴凉通风的地方，切忌烈日暴晒。在冬天，则应根据货物特性注意保暖。

②在运输过程中，应尽可能提供合适的温度和通风条件，以保证运输质量。包机运送对温度要求比较严格的货物时，可事先与飞行、调整部门研究调节机舱温度，或在保证飞行安全的前提下调整飞行高度等，以适应货物特性的需要。

5. 运输不正常时的处理

①如遇飞机延误、取消或过夜时，应根据当时当地气候情况及货物特性采取卸下飞机或其他妥善处置的措施。卸下的货物应安排最早航班续运。

②如延误超过最长的允许运输期限时，应及时征求托运人的处理意见，并在可能范围内尽量按托运人意见办理。

③货物在运输保管过程中，承运人因采取防护措施所发生的费用由托运人或收货人承担。

④货物在运输过程中发生腐烂变质或收货人未能及时提取，致使货物腐烂变质，应当如实填写货物运输事故记录，视具体情况将货物毁弃或者移交检疫部门处理，并将处理结果通知托运人或收货人。

处理腐烂变质货物（除承运人原因造成的以外）所发生的费用应由托运人或收货人承担。

3.3.4 急件货物

急件运输是指托运人要求以最早航班或限定时间运达目的地，并经承运人同意受理的一种运输形式。

1. 急件货物

急件货物是指外交信袋、电视片、录像带、稿件、样品、展品、急救药品、鲜活易腐品及其他要求急运的物品，承运的急件货物最迟应在 3 日内运到目的站。托运人未要求按急件运输时，应按接收货物先后顺序组织运输，并最迟应在 7 日内运到目的站，不得积压。

2. 急件的航班安排

办理急件运输应以直达航班为主，严格控制联程运输。直达航班的承运数量，视运力情况而定。联程的急件运输，始发站应充分考虑中转站的航班班次、机型。始发站对中转站的每个航班，大型机以 50 千克为限，小型机以 20 千克为限，超过限量需预先订吨位，经中转站同意方可承运。

3. 急件的运输时限

承运急件运输及其他有时限要求的货物，首先要考虑货物的运输期限是否在民航班期之内，运力能否保证按期运达。货运单除准确写明收货人名称、地址外，应尽可能填明电话,以便到达站及时通知提货。货运单储运事项栏内应加盖"急件"印章,并应在货物上加贴急件标签。

4. 办理急件货物运输的手续

所有急件货物除非发、运双方事先申明或商定,一般都应在航班起飞当日按双方约定时间在机场办理托运手续。

5. 急件的运价

急件运输的运费按普通货运价的150%计收。由于承运人原因造成运输延误时,承运人应按双方协议交付违约金。因天气或不可抗拒的原因造成货物逾期运到的,可免除承运人的责任。

6. 急件的安检

急件货物应严格开箱检查或按规定进行安全检测,否则收运后须停放24小时才能装机。

3.3.5 押运货物

押运货物是指由于货物性质,需要在运输过程中加以照料或护送并由托运人派人押运的货物运输。

根据货物性质,在运输过程中需要专人照料、监护的货物,托运人必须派人押运,否则承运人不予承运。押运货物需预先订妥舱位。

1. 常见押运货物

托运人托运下列货物时,必须派专人押运。

①需要沿途饲喂、供水、浇水、输氧、保温等的鲜活动植物,如家畜、鱼苗、鱼介、初生家禽、花卉及树苗等(不需要旅途中照料者除外)。

②机密性强和价值很高的货物,如重要文件、档案材料、尖端保密产品和珍贵文物等。

③需要采取特殊防护措施和注意看管,以确保运输安全的货物,如凶猛动物、成批货币和证券及包机运输的危险品等。

④必须专人照料和护送的其他货物。

2. 押运货物储运注意事项

①托运人托运押运货物之前,应向承运人订妥全程航班、日期、吨位。

②押运员应预先按照规定购买客票,在航班起飞当天,按双方约定的时间在机场办理乘机手续,并在押运员的机票上加盖"押运人员"印章,同时注明押运货物的运单号码及件数重量。

③检查托运人出具的证明和押运员的身份证、工作证。

④在货运单储运注意事项栏内注明"押运"字样,并写明押运的日期和航班号。

⑤在货物包装上加贴"押运货物"标贴,以便识别和防止装卸错误。

⑥向押运员详细阐明其职责，交给押运员一份"押运员职责"，并应向押运员介绍安全注意事项、乘机规定及其应负的责任，尽可能提供工作上的便利条件。

3．押运员职责

为了保证飞行和货物的安全，对需要押运的货物，发货人应指派能完成押运任务的人员负责押运。押运员的职责如下。

①负责货物在地面停留期间的照料和地面运输时的护送工作。

②指导押运货物的装卸工作。

③在飞行途中或在经停站时，及时观察和照料货物并采取防止损坏和避免发生事故的措施。

④遇飞行不正常，货物发生损坏或其他事故时，决定货物的处理办法。

⑤有人押运的货物，如发生遗失或损坏，则由押运员负责。

⑥押运员在到达站提取货物时，应在货运单上签字。

⑦承运人应在押运人在场的情况下将押运货物出库、装机。押运人在飞机舱门关闭后方能离开。

⑧在客机上载运押运货物时，应注意先卸后装，并装在货舱内容易查看的部位，以便押运员在停站时做必要的照料。

⑨出发站应留足吨位载运有人押运的货物，中途站不得拉卸。

⑩若押运货物由押运人在客舱内自行看管，应请押运人在办理托运手续后即在货运单上签收，并在舱单上注明。国内货物运输不得办理"随机""自理""自提"或贴货标签又挂行李牌，而必须统一以押运货物的规定办理。

4．押运货物运输责任规定

当有人押运的货物发生遗失或损坏时，除因承运人或其代理人的过失而造成遗失或损坏外，均由押运员负责。

5．押运员乘机规定

①乘坐班机的押运员，凭身份证及押运货物的证明购票乘机。

②包机的押运员，凭包机单位介绍信和包机运输协议书，由承运人开给免费客票，凭票乘机。

③押运员应遵守民航旅客运输的有关规定。

3.3.6　超限货物

超限货物包括超大货物和超重货物，常见的有汽车、飞机发动机、大型机器设备、钢材等。超大货物一般是指体积超过机型限制，需要一个以上的集装板装载的货物，这类货物的运输需要特殊处理程序及特殊装卸设备；超重货物一般是指单件重量超过150千克的货物，但最大允许货物的重量主要还取决于飞机机型（地板承受力）、机场设施及飞机在地面停站的时间。

1. 收运条件

（1）重量限制

非宽体飞机上承运超限货物，每件重量可放宽至 150 千克，但在安–24、运–7 飞机上禁止承运超过 120 千克的货物。在宽体飞机上装运超限货物，应请示值班经理同意，并在收运后及时通知到达站准备装卸设备。

（2）订舱

运输超限货物必须全程订妥舱位。订舱时应说明货物的重量和体积，并在货运单内单独列明，承运人可提前制订装载计划并准备必要的固定设施。

（3）包装要求

托运人所提供的包装应便于承运人操作，如托盘、吊环等，必要时应注明重心位置。此外，必须设置牢固的能支持装卸和固定的装置。

2. 装载注意事项

超限货物必须装在集装器的中间位置。如果未超过集装箱的 2/3 容积，且属于重货，则必须固定；应留意货舱的墙壁和地板上的锚定点，以便牢固地将货物固定在机舱内。出发站应及时通知到达站准备装卸力量，必要时可请托运人或收货人提供装卸设备和人力。如需额外支付装卸费用时，此项费用应由托运人或收货人负担。

此外，承运超限货物所需垫板及绳索，必要时请托运人提供，并按照超限量计收货物运费。垫板和绳索在到达站连同货物一起交付给收货人。

3.3.7 行李航空运输

1. 行李的内容及包装

作为货物运输的行李又称无人押运行李，仅限于旅客本人的衣服和与旅行有关的私人物品。包括小型乐器、手提打字机、小型体育用品，但不包括机器、机器零件、货币、证券、珠宝、表、餐具、镀金属器皿、毛皮、影片或胶卷、照相机、票证、文件、酒类、香水、家具、商品和销售样品。

行李箱必须上锁，如果锁的钥匙和行李一同运往目的地，应把钥匙装入专用信封附在货运单上，行李箱内还应装入标有行李内容和旅客姓名及家庭地址的标签，行李箱上还应贴挂标有旅客姓名和目的地地址的标牌。在运输过程中，为了便于识别旅客交运的行李和作为货物运输的行李，在作为货物运输的行李上应加挂"货物"标签。

这些物品要办理托运

1. 食品类

豆腐乳、辣椒酱、牛奶、酱菜等物品属于液态食品，必须托运。此外，有特殊浓重香气的热带水果，如波罗蜜、榴梿也不能直接带上飞机，可选择托运。

2. 酒类

酒类是液态物品，只能托运，每位乘客最多只能托运两瓶白酒，请一定注意包装，防止破碎。

3. 锂电池

根据民航有关规定，乘客只能随身携带一定规格的锂电池，而托运则是完全禁止的。额定能量不超过100瓦时的，可随身携带；额定能量在100~160瓦时的，须经航空公司批准且按规定采取绝缘保护措施（如将暴露的电极用胶布粘住或将每一块电池单独装在塑料袋中）后方可随身携带，且仅可带两块；160瓦时以上的不允许携带。

4. 化妆品类

旅客每种化妆品限带一件，其容器容积不得超过100毫升。

此外，非管制刀具、仿真枪、工具类等均需办理托运手续，而打火机和火柴则属于绝对禁止旅客随身携带或托运的。

2. 收运条件

①托运行李的旅客必须持有定期客票，并在乘机前办妥交运手续。
②作为货物运输的行李只能在旅客客票中所列地点的机场之间运输。旅客须如实申报行李内容、提供有关的文件，并支付所需费用。该货物运输的具体时间由承运人决定。
③行李折扣运价不得和任何普通货物运价或指定商品运价相加使用，以致相加后的运价低于适用的规定或组合运价。作为货物运输的行李重量不得计算在免费行李额内。

3. 运输文件

（1）货运单

在货运单"货物品名及数量"栏内注明"无人押运行李"字样，同时注明旅客的客票号码、航班日期和航班号。

（2）押运员客票

押运人员的客票应在"签注"栏内注明"UNBAG"字样，并填入货运单号码、件数和重量。

3.4 危险品航空运输

3.4.1 危险品概述

1. 危险品的概念

危险物品（dangerous goods，DG）是指在航空运输中，可能危害人身健康、安全或对财产造成损害的物品或物质。依据国际航协《危险物品规则》第4章危险物品表规则归类为危险品的物品或物质：在外界作用（受热、碰撞、震动）下，能发生剧烈的化学反应，瞬时产生大量的气体和热量，使周围压力急骤上升，发生爆炸，而对周围环境造成破坏的物品，也包括无整体爆炸危险，但具有喷射危险性，及较小的爆炸或仅产生热、光、音响或烟雾等一种或几种作用的烟火物品。航空运输危险物品应按照《危险物品手册》（Dangerous Goods Regulations，DGR）进行。

2. 危险品的分类

《危险物品手册》是根据《国际民用航空公约》附件 18 和国际民用航空组织技术指南的内容而编制的。国际航协每年组织一些危险物品运输专家对《危险品手册》的内容进行修改，所有的承运人和代理人都统一使用最新一期的《危险品手册》。《危险品手册》以运输专用名称的顺序公布了各类危险物品在包装、标签、数量等方面的要求。

根据危险物品所具有的不同危险性，将其划分为 9 类，其中有些类别又被细分为若干项。

第 1 类——爆炸品（explosives）

在外界作用下（受热、碰撞）能发生剧烈的化学反应，瞬时产生大量气体、热量，使周围压力急剧上升，发生爆炸并对周围物体有破坏作用的物品，也包括无整体爆炸危险，但具有燃烧、抛射及较小爆炸危险，或仅产生热、光、音响、烟雾等一种或几种作用的烟火物品。

1.1 项：具有整体爆炸危险的物质和物品。

1.2 项：具有抛射危险，但无整体爆炸危险的物质和物品。

1.3 项：具有燃烧危险和较小爆炸或较小抛射危险，或两者兼有但无整体爆炸危险的物质和物品。

1.4 项：无重大危险的爆炸物质和物品。本项货物危险性较小，万一被点燃或引燃，其危险作用大部分局限在包装件内部，而对包装件外部无重大危险。

1.5 项：非常不敏感的爆炸物质。本项货物性质比较稳定，在着火试验中不会爆炸。

第 2 类——气体（gas）

2.1 项：易燃气体（flammable gas，RFG），如丙烷、乙炔、丁烷。

2.2 项：非易燃、无毒气体（non-flammable gas，RNG），如二氧化碳、氖、灭火器、氮、氦。

2.3 项：毒性气体（toxic gas，BPG），其毒性或腐蚀性能危害人体健康的气体，如催泪弹、氯气、硫化氢。

第 3 类——易燃液体（flammable liquids，RFL）

如油漆、酒精、黏合剂、汽油。

第 4 类——易燃固体、易自燃物质、遇水燃烧物质

4.1 项：易燃固体（flammable solids，RFS），在正常运输情况下，容易燃烧或摩擦起火的物质，如火柴、乒乓球、樟脑。

4.2 项：易自燃物质（spontaneous combustion，RSC），在正常运输情况下，容易自动放热，或与空气接触容易升温或随即燃烧的物质，如白磷。

4.3 项：遇水燃烧物质（dangerous when wet，RSC），与水反应容易自燃或放出大量危险物质的易燃气体的物质，如锂、钠、电石。

第 5 类——氧化剂和有机过氧化物（oxidizing substances and organic peroxide）

5.1 项：氧化剂（oxidizing substances，ROX），自身不一定可燃，但可以放出氧而引起其他物质燃烧的物质，如过氧化氢、漂白粉。

5.2 项：有机过氧化物（organic peroxide，ROP），含有过氧基的有机物的性质是：遇热不稳定，可以放热而加速自身的分解；易于爆炸分解；速燃；对碰撞和摩擦敏感；与其他物质进行危险的反应；损伤眼角膜，如叔丁基过氧化氢。

第 6 类——毒性和传染性物质（toxic and infections substances）

6.1 项：毒性物质（toxic substances，RPB），在误食、吸入或皮肤接触后，进入人体可导致死亡或危害健康的物质，如砒霜、尼古丁、农药。

6.2 项：传染性物质（infections substances），能够使人或动物引起疾病的微生物及其病毒，如肝炎病毒、口蹄疫。

第 7 类——放射性物质（radioactive materials）

此类物质不断地释放出射线从而对人体、动物的健康和摄影胶片都有影响。辐射的生物效应是指辐射对人体组织的影响，如钴 60、铯 137、铱 192。

第 8 类——腐蚀性物质（corrosive，RCM）

能够严重损坏与之接触的生物组织，严重损坏其他货物或运输设备的货物。如酸、汞、氢氧化钠。

第 9 类——其他危险物品（miscellaneous dangerous goods）

如磁性物质、干冰、电动轮椅。

根据物品的危险程度，将第 3、4、5、6、8 类和第 9 类危险物品划分为三个包装等级：

I 表示该危险物品的危险程度较高，包装要求严格；

II 表示该危险物品的危险程度中等，包装要求中等严格；

III 表示该危险物品的危险程度较低，包装严格程度低。

3.4.2　危险品运输的基本原则

承运人在运输危险物品的过程中，必须严格遵循以下原则。

1. 预先检查原则

危险物品的包装件在组装集装器或装机之前，必须进行认真检查，包装件在完全符合要求的情况下，才可继续进行作业。危险品的包装件从飞机或集装器卸下时，也必须检查是否有破损或渗漏的迹象。如果发现有破损或渗漏迹象，必须检查飞机上放过危险品的地方或集装器的位置是否有损坏或污染及危险污染是否已被去除。

发现放射性物质包装件发生破损或泄漏时，除了检查和搬运人员之外，任何人不得靠近破损包装件。可以使用仪器测量破损或泄漏的放射性物质包装件的剂量。必须按照环保部门和（或）辐射防护部门提出的要求，消除对机舱、其他货物和行李及运输设备的污染。机舱在消除污染之前，飞机不准起飞。

检查的内容包括：外包装无漏洞、无破损，包装件无气味，无任何漏泄及损坏的迹象；包装件上的危险性标签和操作标签正确无误、粘贴牢固，包装件的文字标记（包括运输专用名称、UN 或 ID 编号、托运人和收货人的姓名及地址）书写正确，字迹清楚。

2. 方向性原则

装有液体危险物品的包装件均按要求贴有向上标签（需要时还应标注"THIS SIDE UP"）。在搬运、装卸、装集装板或集装箱及装机的全过程中，必须按该标签的指向使包装件始终保持直立向上。

3. 轻拿轻放原则

在搬运或装卸危险物品包装件时，无论是采用人工操作还是机械操作，都必须轻拿轻放，切忌磕、碰、摔、撞。

4. 固定货物、防止滑动原则

危险物品包装件装入飞机货舱后，装载人员应设法固定。防止危险物品在飞机飞行中倾倒或翻滚，造成损坏。

3.4.3 危险品的包装要求

由于危险物品的危害性，对其包装有严格的要求，承运人要严格按照规定检查货物的包装，以保障运输安全。

1. 危险物品包装术语

包装件，是指包装与内装物的统称。

包装，是指用不同的包装材料和方法完成对物品的打包。

组合包装，是指由内外包装组合而成的包装。一般由木料、纤维板、金属、塑料制成的一层外包装；内装有金属、塑料、玻璃、陶瓷制成的内包装，根据不同的要求还需装入衬垫和吸附材料。

单一包装，是指在运输过程中，不需要任何内包装来完成其盛放功能的包装，一般是钢、铝、塑料或其他许可的材料。

合成包装，是指为了运输和装载方便，同一托运人将若干个符合危险物品包装、标志、标签要求的包装件合成了一个作业单元。

联合国规格包装，是指经过联合国包装的试验，并保证安全达到联合国标准，包装上有联合国试验合格标志的包装。

限量包装，是指用于危险货物数量在一定限量内的包装，没有经过联合国性能测试，其外表上没有 UN 标志，但必须有足够强度的要求。

例外数量包装，是指某些类型的危险品运输量很小时，可以使用三层包装（内、中、外）及吸附材料对货物进行包装，要求坚固耐用，经例外数量包装的危险货物接近普货运输。

2. 危险物品包装的基本要求

托运人负责对危险物品的全面包装，收运人负责对托运人包装的正确使用予以检查。

（1）包装容器

危险物品必须使用优质包装容器，不得有任何损坏迹象，包装的结构和封闭性能必须能防止正常空运条件下由于纬度、温度、湿度、压力或震动的变化而引起渗漏。包装容器应与内装物相适应，直接与危险物品接触的容器不得与该危险物品发生化学反应或其他反应。

如果是使用过的包装必须全面检查，防止污染。

（2）内包装

内包装应进行固定和衬垫，控制其在外包装内移动。衬垫和吸附材料不得与内装物发生危险反应。包装件外部不得沾染达到有害数量的危险物品。

（3）国际运输中的包装要求

在国际货物运输中，危险物品的包装还须遵守联合国和国际航协对危险货物运输包装的要求。这是通过符合《危险货物品名表》中的包装指令来体现的，每一危险物品的包装必须符合其包装指令的要求。

3.4.4 危险品的运输文件

危险物品运输文件是构成危险物品运输不可缺少的组成部分。在整个危险物品运输当中，起着组织、引导作用。

1. 危险物品申报单

托运危险物品时，托运人必须填写一式两份的危险物品申报单，签字后一份交始发站留存，另一份随货运单运至目的站，申报单必须由托运人填写、签字并对申报的所有内容负责，代理人不可代替托运人签字。

申报单的填写内容必须与所托运危险货物相一致，遵守联合国和国际航协的相关规定，提供国家有关部门出具的货物物理性质、化学性质分析报告。

字迹必须清楚，如果有涂改，托运人必须在涂改处签字。申请单必须用英文填写，在英文的后面可以附上中文的正确译文。

申报单不得包括与本次运送无关的信息，但可以描写与本次运送的危险物品共同包装的非危险物品。

2. 航空货运单

在运输危险物品时，货运单的填制在遵循基本要求的基础上，还须注意以下几项内容的填写。

①货运单包含危险物品与非危险物品时，填写时应危险物品在先，非危险物品在后；在"Handling Information"栏内，指出危险物品的件数。

②随同货物运输的货运单，在"Handling Information"栏内，必须填写下列一项说明："DANGEROUS GOODS AS PER ATTACHED SHIPPER'S DECLARATION"，"DANGEROUS GOODS SHIPPER'S DECLARATION NOT REQUIRED"，"CARGO AIRCRAFT ONLY"。

③不需要填写申报单的危险物品,在货运单的"Nature and Quantity of Goods"栏内,还应依次注明如下内容:

——运输专用名称。
——类别或项别的号码。
——UN 或 ID 编号。
——包装等级。
——次要危险性。
——包装件的书目。
——每个包装件的净重或净容积。
——包装说明。

④对于例外数量危险物品,必须在货运单的"Nature and Quantity of Goods"栏内注明"DANGEROUS GOODS IN EXCEPTED QUANTITIES"。

桂林航空首次运输国家重点保护野生动物

2020年6月5日16时40分,搭载着15只海龟的桂林航空GT1087(徐州—南昌—海口)航班顺利抵达海口美兰国际机场,意味着桂林航空首次承运国家重点保护野生动物海龟任务圆满成功。随后,9只绿海龟和6只玳瑁将被送往海南省热带海洋学院,由海南省热带海洋学院将其放生,它们将重新回到大自然的怀抱。

此次桂林航空承运的15只海龟来自江苏省邳州市公安局于2019年5月破获的一起非法收购、运输、出售珍贵濒危野生动物及制品案,邳州市公安局将依法扣押的海龟临时寄养在徐州市水族馆及江苏澜升海洋馆管理服务有限公司,后根据江苏省人民检察院和海南省农业农村厅的要求对扣押的海龟予以放生。

珍爱生态环境,保护野生动物,秉承"为他人做点事、为社会做点事"的高度社会责任感,6月4日,桂林航空接到徐州机场货运单位发来的特种货物运输申请后,立即响应、迅速行动,市场营销部与运行指挥中心(Airplane Operating Control,AOC)等相关单位紧急召开保障会议,因运输活体动物必须保证飞机货舱有通风供氧设备,为此桂林航空运行指挥中心专门调配飞机运力,特意安排后货舱有通风供氧设备的B-1032飞机执行该航班,确保海龟这一珍贵保护动物的安全运输。与此同时,桂林航空严格要求始发、经停、到达等沿途各机场的地面服务单位、货运代理单位按照特种货物中爬行、两栖类动物运输要求做好收运、装卸等保障工作,并与相关单位时刻保持联系,实时监控这批特殊的活体动物从收运、装机、经停通风,最后到卸机的全过程,保障它们顺利运抵海南。

桂林航空在短时间内完成了机型调整、机组安排、货运协调等各项保障方案并跟踪落实,最终确保了15位特殊的"乘客"安全抵达海口,回归美丽的南海。

随着我国经济的持续发展,活体动物的运输量也在不断增加。由于活体动物对运输的时间和条件都有非常苛刻的要求,尤其是一些鲜活易腐活体动物,所以越来越多的货主选择安全快捷的航空运输方式。像我们常见的龙虾、大闸蟹等海鲜都是通过空运方式走上普通百姓的餐桌。另外，随着人们生活水平的提高，宠物的数量也在不断增加并在人们的日常生活中占据重要的地位，所以很多旅客都希望自己的宠物能够一起乘机旅行，这都增加了活体动物的航空运输量。那么，活体动物运输有哪些要求和注意事项呢？

首先，活体动物运输必须符合国际公约、运输过程中有关国家和承运航空公司的规定。同时托运的动物必须健康状况良好，无传染性疾病，托运人应出具当地县级（含）以上检疫部门出具的动物检疫证书，属于国家保护的动物，应提供国家有关部门出具的准运证明。

其次，航司在运输活体动物时会尽量利用直达航班；在夏季及气候炎热的地区，应尽量利用早、晚航班，以确保给动物们适宜的运输环境。对于装载动物的容器也有明确要求，必须是坚固、轻便、无毒，并符合国家及航司的有关规定，另外必须有足够的通气孔，以防止动物窒息。对于在运输中会产生排泄物的动物，包装容器底部必须设置防止动物粪便、尿液散溢的设施；对于需要进食、饮水的动物，应在包装容器内安装食具、水具或类似设施，并备有食物。

最后，活体动物装卸时，一般装在货舱门口附近，最后装机，最先卸机。活体动物的装机位置必须考虑不同机型货舱的通风和加温系统。当航班不正常，以及遇到高温、寒冷、降雨等恶劣天气时，不应将活体动物放在封闭的货舱内或在机坪上露天放置，必要时应通知托运人前来照料，如喂食、加氧等。

（资料来源：http://www.caacnews.com.cn/1/6/202006/t20200608_1303543.html.）

案例思考题：

（1）桂林航空如何顺利完成国家重点保护野生动物海龟的运输任务？

（2）结合案例谈谈活体动物航空运输的注意事项有哪些。

航空货运虽然起步较晚，但发展异常迅速，特别是受到现代化企业管理者的青睐，原因之一就在于它具有许多其他运输方式所不能比拟的优越性。航空货物运输活动按照运输的范围划分为国内航空货物运输和国际航空货物运输；按照运输的条件划分为普通货物运输、特种货物运输、邮件运输等；按运输组织形式划分为班机运输、包机运输、包舱运输和集中托运。

航空货物运输对货物的收运限制、包装要求、尺寸重量、运输文件等均具有明确的相关规定。贵重物品、活体动物、鲜活易腐货物、急件货物、押运货物、超限货物、行李等特种货物及危险品在进行航空运输时需要的运输条件比普通货物要苛刻，而且不同的特种货物所需的运输条件也不同，所以为了保证不同特种货物的安全运输，承运人在收运环节就要对这些特种货物仔细检查。

1. 简述航空货物运输的分类。

2. 分析航空货物运输的优势和劣势。
3. 简述航空货物运输包装的基本要求。
4. 简述航空运输普通货物的计重方法。
5. 简述常见的特种货物包括哪些。
6. 简述特种货物航空运输的注意事项有哪些。
7. 简述如何进行危险品航空运输。

自学自测　　　　扫描此码

第 4 章

航 空 快 递

【本章概要】

航空快递是指具有独立法人资格的企业通过自身或代理的网络将货物或物品从发件人所在地运达收件人的一种快速运输方式。我国经济进入高质量发展阶段，城乡居民消费不断升级，对品质化、精细化、个性化的服务需求日益增长，跨境电商、快递、医药、冷链生鲜等将蓬勃发展，航空快递发展空间广阔，《"十四五"航空物流发展专项规划》对航空快递等的发展指明了发展方向，提出了发展要求，各大物流公司开始积极布局航空快递业务。

本章主要介绍航空快递的相关概念、业务类型与特点，分析国内外航空快递业的发展情况与趋势，阐述航空快递的运输规定发展历程与内容，介绍航空快递运费的主要构成。通过这些内容的学习，读者能够对航空快递业发展有一个总体把握。

【学习目标】

- 掌握航空快递的概念；
- 掌握航空快递的业务类型；
- 理解航空快递的特点；
- 掌握航空快递与航空货运的联系与区别；
- 了解航空邮政的相关知识；
- 了解航空快递运输规定；
- 熟悉航空快递运费的构成。

亚洲首个专业货运机场投运！大飞机如何带领快递公司弯道超车？

2022年7月14日，亚洲第一个、世界第四个专业货运枢纽机场——鄂州花湖机场正式投入运行。

鄂州花湖机场以货运为主，客运为辅，按照满足2025年旅客吞吐量100万人次，货邮吞吐量245万吨的要求设计。其工程总投资308.42亿元，主要包括机场工程、转运中心及顺丰航空公司基地工程、供油工程三部分。鄂州花湖机场距离武汉中心城区仅30多千米，离天河机场不到100千米。顺丰为鄂州花湖机场合资公司的二股东，也是该机场的主要运营机构。专家表示，鄂州机场的投建，顺丰航空货运中的737等小飞机将逐步被757或767等大型飞机代替，顺丰将节约航空运输成本，利于航空中长期战略的实施。

不仅顺丰，随着快递"两进一出"工程的持续推进，各地支持快递"出海"的政策体系不断完善，圆通、京东快递公司都在加快航空布局。在快递同质化竞争的今天，快递航空领域布局也成为弯道超车的关键。

（资料来源：https://baijiahao.baidu.com/s?id=1738679467535041370&wfr=spider&for=pc.）

案例思考题：

（1）为什么要建设专业货运机场，现代物流体系中航空快递为什么变得更加重要？

（2）在快递同质化竞争的今天，物流公司应该如何在快递航空领域布局？

4.1 航空快递概述

在我国古代，"快递员"被称为"健步""邮人""驿足""递夫"。相传陈末隋初有一位叫麦铁杖的"投递员"，他"日行五百里，走及奔马"，曾由京城夜送诏书到徐州，"夜至旦还"。快递在我国古代经历了"步传、车传、马传、驿站递铺（急脚递）、邮驿合并（新式邮政）"的发展过程，一般递送的是官府文书，主要服务于朝廷和政府，是政府和军事的"耳目延伸器"，带有明显的官方色彩。秦汉时期，全国已有成熟的快递网络。隋唐以后，对快递不快、泄密等违规行为已有严厉的惩罚措施。20世纪中叶，资本主义经济迅速发展，现代快递业开始发展。1969年10月，达尔希联合赫尔布罗姆（Hillblom）和林恩（Lynn）在美国旧金山成立了DHL航空快件公司，国际航空快递由此诞生。

如果将航空货运方式比作正在步入辉煌的壮年，那么航空快递只能算是崭露头角的"小字辈"。从一出现，航空快递业务就以其安全、快捷的特性而备受国贸易界，运输界及政府部门的青睐，行业发展非常迅速。

4.1.1 航空快递的相关概念

1. 航空快递

航空快递是指具有独立法人资格的企业通过自身或代理的网络将货物或物品从发件人所在地运达收件人的一种快速运输方式，采用这种运输方式的货物、物品叫快件。这是目前航空货物运输中最快捷的运输方式。它不同于航空包机和航空货运，是由一个专门经营该项业务的公司和航空公司合作，通常为航空货运代理公司或航空速递公司派专门人员以最快的速度在货主、机场、用户之间运输和交接货物。特别适用于急需的药品、医疗器械、图纸资料、贵重物品、货样及单证等的运送，被称为"桌到桌"运输。

航空快递的业务性质和运输方式与普通航空货运有较多相近之处，可以视为航空货运的延续或发展。因而，国内许多航空货运代理公司都兼营快件业务，同时也有专门的快件公司从事国际航空快件业务。快件货物除了航空公司飞行承运之外，其全程运行必须置于快件公司的操作和控制之下。这样才能提高运送速率，减少差错，方便跟踪查询，使快件运输较之于普通空运在服务水准上有质的提高。

2. 航空快件

采用航空快递方式运输的货物、物品叫作航空快件。从航空快件内容看，主要分为文件和包裹两大类。文件以商务文件、资料、信函等无商业价值的印刷品为主，其中也包括银行单证、合同、照片、机票等。包裹是指一些贸易成交的小样品、零部件及其他小件货物或物品。之所以称其为快件，一是这些货物、货品的重量轻、体积小，便于运输过程中各环节的操作，有利于缩短操作时间；二是托运人对交付的时间要求快。

航空快件根据快件内件性质划分为信函类、商业文件类和包裹类三种；根据寄递的距离是否跨越国境划分为国际快递和国内快递。

4.1.2 航空快递的业务类型

1. 按货物的运输服务形式分类

（1）"门/桌到门/桌"

这是航空快递公司最常用的一种服务形式。由发件人在需要时电话通知快递公司，快递公司接到通知后派人上门取件，然后将所有收到的快件集中到一起，根据其目的地分拣、整理、制单、报关、发往世界各地；到达目的地后，再由当地的分公司办理清关、提货手续，并送至收件人手中。在这期间，客户还可以依靠快递公司的电脑网络随时对快件（主要指包裹）的位置进行查询，快件送达之后，也可以及时通过电脑网络消息反馈给发件人。

（2）门/桌到机场

这种服务形式与前一种服务方式相比，快件到达目的地机场后不是由快递公司去办理清关、提货手续并送达收件人的手中，而是由快递公司通知收件人自己去办理相关手续。采用这种方式的多是海关有特殊规定的货物或物品。

（3）专人派送

专人派送是指由快递公司指派专人携带快件在最短时间内将快件直接送到收件人手中。这是一种特殊服务，一般很少采用。

通过以上三种服务的比较可以看出，门/桌到机场的形式对客户来说比较麻烦；专人派送最安全可靠，同时费用也最高；而门/桌到门/桌的服务介于上述两者之间，适合绝大多数快件的运输。除此之外，上述三种方式中，第二种服务较简单，收费较低，但收货人感到不方便；第三种服务虽然周到，但费用高；第一种则是综合了上述两种服务的优点，大多数航空公司、航空货运代理公司、航空速递公司均采用这种方式。与普通航空货物运输不同的是，航空快递公司办理快运业务时，有专人负责货物的整个运输过程，从而使货物的衔接时间大为缩短。此外，由于在运输途中货物始终处于专人的监管之下，所以一般货物安全。这种提供登门取货、送货上门、服务到办公室、代办各种运输和报关手续的服务，给发、收件人带来了极大方便，同时又能及时提供货物的交接信息，对货物的查询能够做到及时答复。

2. 按货物的运输过程分类

（1）国内航空快递

国内航空快递又称为国内快件。国内航空快递是指快件的接收与交付的整个运输过程全在我国境内进行的航空运输方式。国内大多数的航空快递既做国内业务也做国际业务：自己在国外有代理渠道的，则采用自己的渠道；没有国外渠道的，一般都是通过 DHL、UPS、FedEx、TNT、EMS 等公司的全球渠道网络。

（2）国际航空快递

国际航空快递又称国际快件。国际航空快递是指快件的接收与交付的整个运输过程至少通过两个或两个以上国家或地区进行的航空快递运输方式。国际航空快递因此涉及快件的进出口，也就比国内业务多了国际贸易、报关等，业务及环节相对要更繁杂一些。

4.1.3 航空快递的特点

1. 航空快递公司具有完善的快递网络

快递是以时间、递送质量区别于其他运输方式的，它的高效运转只有建立在完善的网络上才能进行，而这种网络要求无论始发地、中转地还是到达地都要以服务于网络为目的，同时网络也要具有相当强的整合能力。

2. 航空快递以收运文件和小包裹为主

航空快递收运的文件包括银行票据、商务信函、装船单据、贸易合同、小件资料等，小包裹包括机器上的小件样品、小零件、急用备件等，航空快递公司对收件有最大重量和最大体积的限制。相比之下，普通航空货运则以收运进出口贸易货物为主，并规定每件货物的最小体积不得小于 5 厘米×10 厘米×20 厘米，每票货物的最小重量不得小于 0.5 千克，而邮政业务则以运送私人信函为主要业务范围，要求货物的体积重量较之航空快递要小。航空快递、普通航空货运、邮政国际业务三者业务范围之间有一定的交叉，但又各有自己相对应的经营领域和服务范围，主导业务有明显区别。

3. 特殊的单据

从运输和报关单来看，航空快递业务中有一种其他运输形式所没有的单据交付凭证 POD（proof of delivery），POD 是航空快递的重要单据，它由多联组成（各航空快递公司的 POD 不尽相同），一般有发货人联、随货同行联、收货人签收联、财务结算联等，上面印有编号及条码，POD 类似于航空货运中的分运单，但比航空分运单的用途更为广泛，主要有以下几个作用：①商务合同作用；②分运单作用；③配合计算机检测、分类、分拨作用；④服务时效、服务水平记录作用；⑤结算作用。

4. 流程环节的全程控制

从服务层次来看，航空快递因设有专人负责，既减少了内部交接环节，又缩短了衔接时间，因而运送速度快于普通航空货运业务及邮递业务，这是快递业务区别于其他运输形式最根本的一点。

5. 高度的信息化控制

从服务质量来看，航空快递在整个运输过程中都处在计算机的监控之下，快件每经过一个中转港或目的港，计算机都会输入其动态（如提货、转运、报关等），派送员将货送交给收货人，并让其在 POD 上签收后，计算机操作员将送货情况再输入计算机。

这样，信息很快就能反馈到发货方，一旦查询，就能立时得到准确的回复，这种运输方式能够让收发货人都感到安全可靠。

相比之下，普通的航空货物虽然在送交收货人时也让其在底单上签字，但是这种底单主要是作为货物已交付货主的凭证存入档案，而不是作为回执反馈给发货方，虽然有些航空货运代理公司也开始向发货方的国外代理反馈货物处理信息，但其反馈信息的速度和准确度远不如航空快递业务。此外，由于邮政业务没有运送信息的反馈，邮件丢失时查找困难，特别是被动查询时，需要按顺序逐个邮局查询，然后逐个邮局回复，信息反馈速度缓慢。

6. 交付速度更快

航空快递自诞生之日起就强调快速的服务，速度又被称为整个行业的生存之本。一般洲际快件运送在 1~5 天内完成；地区内部只要 1~3 天。这样的传送速度无论是传统的航空货运业还是邮政运输，都是很难达到的。

7. "门到门"服务更方便

确切地说，航空快递不止涉及航空运输一种运输形式，它更像是陆空联运，通过将服务由机场延伸至客户的仓库、办公桌，航空快递真正实现了门到门服务，方便了客户。此外，航空快递公司对一般包裹代为清关，针对不断发展的电子网络技术，又率先采用了 EDI 报关系统，为客户提供了更为便捷的网上服务，快递公司特有的全球性电脑跟踪查询系统也为有特殊需求的客户带来了极大的便利。

4.1.4 航空快递与航空货运的区别

航空快递是一种能够向社会提供专门的快递优质运输服务方式，它具有与一般航空货物运输不同的特点。

①航空快递是运用航空运输、地面专递服务，借助通信、互联网等现代联络手段而进行的货物运输服务，它包括航空运输、"门到门"的地面运输及信息监控和反馈。因此，它既是航空货运的延续，也是航空货运增值服务的延伸。

②航空快递的快件运作不是单纯依靠某家航空公司就能够完成的，它必须具备广泛、畅通、完备的运送网络及 IT 信息系统，包括建立与国际接轨的操作规范，才能使每件航空快递时刻处于受控状态。

③航空快递企业直接向快件发件人、收件人负责，与一般的货运代理公司又有所不同。

④航空快递的产品是按航线、航班明确运送时限规定，即时受控的空中和地面联合快速运输服务，需要有相当规模的集中组织管理体系、训练有素的队伍、统一的服务标准和质量控制机制，需要有专用的包装和标志。

4.1.5 航空邮政

中国是世界上最早开展航空邮政业务的国家之一。1920 年 5 月 7 日是中国航空邮政的起始日，至今 100 余年。早期的航空应用集中在航空邮政领域，所以航空邮政历史是世界早期航空史的主要构成。

1. 邮件承运

邮件是指包括信件、印刷品、汇款通知、报刊等，每件不超过 30 千克的邮件包裹。航空邮件是指邮局交给航空运输部门利用航空飞行器寄送的国内邮件或国际邮件。航空飞机在速度上远超其他各种水路运输工具，使得邮件能在最短的时间内到达距离遥远的地方。因此，航空邮政是我国邮政运输的发展方向。

2. 组织原则

首先，时限要求高的特快专递邮件尽可能利用干线飞机运输，保证它们能以最快的速度传递。其次，必须充分考虑空陆联运，保证空运和地面运输工具的配合利用，彼此相辅相成。最后，充分利用预订吨位，节省航空运费。邮政部门应根据邮件的流量与流向，按照民航航班时刻表提供的航班选择合适的航班，对于邮件量大、流量相对稳定而民航运力又相对紧张的航线，可以采取固定吨位运邮。无论采取何种方式，邮政部门应提前 30 天与民航部门确定航班、班期和吨位。为了方便航空邮件的交接，一般邮政企业应在机场设置邮件转运站，负责与航运方进行邮件的交换。

3. 路单处理

邮局在交运邮件时，应按照下列份数填制邮件路单并交给承运人，承运人应按照下列规定处理有关路单。

（1）总路单

总路单一式两份，一份经航展值班人员核对后签退给邮局交运人员，另一份由承运人收存，总路单也是邮局与承运人交接邮件和路单的交接凭证之一。

（2）分路单

分路单一式四份，当地邮局、承运人各存一份备查，其余两份随同邮件由飞机带交给到达站，一份经过邮局核对后签退给到达站，另一份交给邮局留存。对于联城邮件，邮局应多一份分路单，交给承运人随机带给联程站存查。

（3）国际航空邮件总包路单

对于国际航空邮件，邮局应填制 Av7 国际航空邮件总包路单。此项路单所需份数，应根据寄达邮局、海关和出发地承运人和邮局交接等需要来确定。

（4）邮件路单更改与签注

邮件路单若有更改、签注，应请邮局工作人员处理并签章。

4. 联程邮件

航空邮件运输的方式包括直运和联运。所谓直运，就是发寄局和寄达局两地在同一航线上，邮件需要利用航空直运到达目的地。所谓联运，就是发寄局和寄达局不在同一航线上，邮件需要两条及两条以上航线接运才能到达目的地。采用联运方式经过两个或两个以上航班运送的邮件称为联程邮件。干线航空通运局在选择联航航站时，必须是国家邮局指定的中转航站和航空经转局，联航邮件的中转不得超过两个，发运站要尽可能顺向，经转时限为 3 小时，航路互转时限为 4 小时。

4.2 国外主要航空快递公司

航空快递的发展由来

1969年3月的一天,一位名叫达尔希的美国青年到加利福尼亚的一家海运公司看望朋友。他听一位管理人员讲,一艘德国商船正停泊在夏威夷港等待加利福尼亚(旧金山)签发的提单。如果通过正常的邮政途径,需要一个星期,提单才能到达夏威夷。达尔希提出他愿意乘飞机将文件送到目的港。公司管理人员通过比较发现,此举可以节约昂贵的港口使用费和船舶滞期费用,于是便同意了他的建议,并将文件交给了他。达尔希乘飞机专程来到夏威夷,亲手将文件交给了收货人。收货人迅速办理了卸货手续,使货船顺利交货返航,这一举动减少了该海运公司在港口的各项费用,也得到了收货人的赞赏。

达尔希有了这次经验后,便与几位志同道合的朋友一起创立了世界上第一家快递公司——敦豪公司(DHL),总部设在旧金山,专门从事银行票、航运文件、单证的传递业务,后来又将业务扩大到货物样品等小包裹运送服务。由于通过这种运送方式可以快捷、准确、可靠地将文件和货物送到收货(件)人的手中,所以,快递业从一出现就受到从事跨国经营业务的贸易、金融、运输各界人士的热烈欢迎。

目前DHL的业务遍布全球220个国家和地区,为全球最大的递送网络之一,在五大洲拥有将近34个销售办事处及44个邮件处理中心。其运输网络覆盖全球220多个国家和地区的120 000多个目的地(主要城市)。

(资料来源:https://baijiahao.baidu.com/s?id=1738199930042368147&wfr=spider&for=pc.)

DHL、UPS和FedEx是世界上三大物流公司。全世界几乎每一个国家每天都会提供上百万的数据包,这些公司是这类服务的三大主要竞争者。

4.2.1 FedEx

FedEx是第三大国际快递公司,总部位于美国田纳西州的孟菲斯。公司成立于1971年,隶属于美国联邦快递集团(FedEx Corp)。早期就是航空快递起家,发展迅速。联邦快递的核心是美国国内强大的航空实力,在美国也有6个转运中心,是世界第一大航空货运公司。

FedEx是全球最具规模的快递运输公司,作为"快递业的始祖",FedEx为全球超过220个国家及地区提供快捷、可靠的快递服务,为客户提供涵盖运输、电子商务和商业运作等一系列的全面服务。FedEx提供隔夜快递、地面快递、重型货物运送、文件复印及物流服务。FedEx隔夜快递价格平均有19美元/磅(一磅=0.9千克)。FedEx是各自独立网络运行,FedEx Express FedEx Ground采用分别投递,车的颜色上会有区分,橙色的是Express,绿色的是Ground。国际快递的收费标准比较复杂,国际快递是按照体积+重量标准。公式是长×宽×高(英寸)/39=体积重量,体积重量超过实际重量的话按大的值收。

(1) 优点

①价格便宜。FedEx 的重要优势之一，就是价格便宜。在同等地区、同等重量，FedEx 的快递价格往往能比其他快递公司便宜很多，自从 FedEx 快递收购 TNT 快递之后，TNT 快递旗下的服务也继承了这个优点，到中东及欧洲地区运费较低。

②重量限制小。对比 DHL、UPS，FedEx 不仅在重量 10 千克以下有价格优势，而且在重量 21 千克以上同样有价格优势，集合了 DHL 与 UPS 的优点。在邮政产品方面，FedEx 基本不限制物品重量，但是超过 68 千克的物品会收取超重附加费。通过 FedEx 递送货物，可以递送多种重量不同的货物。

③网点分布广泛。FedEx 的网点遍布相对比较广泛，有很多国家地区可能对于 DHL、UPS 来说属于偏远地区，但是对于 FedEx 来说不偏远。抵达这些地区，通过其他快递走需要支付偏远附加费，而走 FedEx 则不需要。

④物流时效快。这个方面的优势主要体现在邮政产品方面。邮政产品的物流时效都比较慢，最快的 EMS 递送货物，也需要 5～12 天。而 FedEx 整体签收时效 3～7 天，速递型、优先级时效仅需 2～5 天。

(2) 缺点

①西欧、美加、南美、非洲、中东国家没有价格和速度上的优势。

②体积重和实际重取较大者计费（四大国际快递公司均采用该计费方式）。

③主动报关。

4.2.2 UPS

UPS 成立于 1907 年，总部设于美国佐治亚州亚特兰大市，UPS 是全球最大的快递公司，提供包裹和货物运输、国际贸易便利化、先进技术部署等多种旨在提高全球业务管理效率的解决方案。UPS 业务网点遍布全球 220 多个国家和地区。作为全球贸易的促进者，UPS 拥有高度整合的全球服务运输网络，支持多种不同运输方式的立体综合交流网络体系，可实现海、陆、空多式联运之间的"无缝连接"运作，可帮助客户的货件畅达全球市场，服务遍布美国全境。

UPS 不仅是一家快递公司，还整合了物流、供应链、金融服务（UPS Capital）、信息服务及电子商务服务。在美国有 6 个很大的转运中心。其中的路易斯维尔也被叫作 UPS 世界港。UPS 也是世界第九大航空公司。除了提供快递服务以外，UPS 也提供专业打包服务和 Pack & Ship Guarantee 打包寄送退款保证。

(1) 优点

①速度快。一般 2～3 个工作日可送达，大概 48 个小时能到达美国。

②网络覆盖全面、物流信息更新快捷。全世界 200 多个国家和地区都有网络，覆盖全，查询网站信息更新快，遇到问题解决及时。

③发货方便。可以在线发货，为美国 109 个城市提供上门取货服务。

（2）缺点

①重量有限制。重量上限为150磅。

②运费较高。上门取件需要付额外费用，如果产品的体积重量大于实重要按体积重量收费。

③对托运物品的限制比较严格。

④主动报关。

4.2.3 DHL

DHL（DHL International GmbH），中文名为敦豪快递，成立于1969年，创立自美国。目前为德国与美国合资的速递货运公司，总部在德国，是目前世界上最大的航空速递货运公司之一。DHL国际快递，速度快、轨道齐全、安全可靠，在美国和西欧有特别强的清关能力。DHL在快递、空运、海运、陆运、合同物流解决方案及国际邮递等领域提供了专业性服务。其运输网络覆盖全球220多个国家和地区的120 000多个目的地（主要城市）。强势线路为欧洲、西亚和中东。

（1）优点

①时效非常快且比较稳定。DHL在各个国家都有网点，而且还有自己的货运飞机；欧美正常就是3天送货上门，到欧洲一般4个工作日，除周末节假日外；可以派送到门。

②服务好。DHL是美国唯一一家会打电话通知客户派件的快递公司（有些地方也可能不打）。

③大货运费低。21千克以上有单独大货价格，而且价格非常有吸引力，部分地区还比EMS要低。

④物流信息更新快。查询网站货物状态更新也比较及时，遇到问题解决速度快。

（2）缺点

①如果产品的体积重量大于实重要按体积重量收费。

②偏远地区可能不派送，或者要加钱。

③对物品有限制，如食品、液体、国际大牌的物品。

④根据实际情况可能产生关税。

4.3 国内主要航空快递公司

4.3.1 国内航空快递总体情况

从目前来看，我国航空快递发展特别快，并且有极大的进步空间。人们对于航空运输的需求也在逐渐上升，这也促使航空快递业不得不发展。虽然就目前来看，我国的主要运输方式是陆运，但是由于空运具有比陆运和海运更加快速和便捷的优势，所以我国航空快递行业发展前景十分广阔，潜力具大。同时我们也可以发现，我国航空快递发展存在一定的劣势。例如：我国对于航空快递行业的开发不够，航线不多也不普遍；同时对于快递行业的管理也不够，并且快递行业服务意识的淡薄，快递丢失和损坏严重也成为不争的事实。这些都是发展航空快递需要解决的问题。

国内快递业的"蛋糕"越做越大，竞争激烈。截至 2020 年年底，我国货运航空公司、全货机分别为 11 家、186 架，较 2015 年增加 5 家、63 架。2020 年，全行业货邮运输量、货邮周转量分别完成 676.6 万吨、240.2 亿吨千米，规模稳居全球第二，较 2015 年年均分别增长 2.6%、5.0%，高于全球 0.4%、–1.5% 的平均增速。为了进一步的实现增长，顺丰实现了多业态，齐头并进，陆地航空多角度发展的模式。顺丰和京东为了增强航空物流的发展模式，也拓展了无人机快递领域。顺丰作为目前全国航空物流典型的三家公司之一，有 39 架全货机，每周均有 700 多个航段，覆盖了我国 28 个省份的航点。

中国邮政在航空布局的策略上，采取的是以南京为中心向四周辐射的发展方式，在北京、上海、广州、深圳等重点城市布局了直达航线的航运模式，连接国内外的节点高达 33 个，形成了包括我国华东、华南、华北、华中、东北、西南、西北地区）和台北，韩国首尔等 10 个航线网络系统区域。2017 年，邮政开通了杭州至俄罗斯新西伯利亚的航空货运线。2017 年邮政的航线累积飞行航班次数高达 150 班次，航班的货运重量超过 3100 吨。

圆通于 2014 年，在杭州成立圆通货运航空公司，首条国际航班线于 2015 年开始运行，2016 年，圆通航空物流迎来了第 5 架机号为 737-300 型的全货机。2018 年 7 月，圆通为了进一步发展航空物流，投资 122 亿元在嘉兴新建全球航空物流的枢纽。

2018 年 7 月，京东宣布开始布局航空货运网络。早在之前京东便开始与其他航空快递货运公司达成物流战略合作。2015 年京东与俄罗斯的 SPSR EXPRESS 快递运营商，签订了战略合作的协议，创造了"仓到仓"物流模式，京东的跨境电子物流模式有了进一步的发展，同时也推动了京东航空物流的布局。2015 年京东与世界上最大的快递货运公司 DHL 签订了航空物流的战略合作协议。DHL 为京东提供包括国际快递、空运、海运、仓储等综合性的物流服务。同时，2016 年京东与日本的玛雅托物流公司开展了物流合作。在与各公司合作之后，京东的跨境电子商务有了进一步的发展。为了进一步推进跨境物流，京东推行了航空物流的布局业务。

4.3.2 国内主要航空快递公司

1. 中国邮政航空有限公司

中国邮政航空公司于 1996 年 11 月 25 日成立，1997 年 2 月 27 日正式投入运营，是国内首家专营特快邮件和货物运输的航空公司。企业标识为 EMS 标志，体现了立体、全方位的快速运输目标，寓意真诚服务社会和对速度、安全的追求。于 2002 年 6 月由中国国家邮政局与中国南方航空公司重组并合资经营，由国家邮政局持股 51%，南方航空公司持股 49%。2008 年 9 月由中国国家邮政局回购南方航空股份，改由中国邮政集团公司独资控股。中国邮政航空有限公司主要从事国内航空货邮运输业务，以及经批准的中国内地至香港、澳门特别行政区和周边国家的航空货邮运输业务。邮政航空公司机队以波音 737 全货机为主，采用"全夜航"集散模式，形成了以南京为枢纽中心，以上海、武汉为辅助中心，连接国内外 16 个节点城市，形成覆盖华北、华东、东北、华中、华南、西南、西北7个地区的集散式航线网络，在国内304个城市间实现EMS邮件"限时递""次日递"和"次晨达"等业务品牌，形成了"人无我有，人有我优，领先一步"的竞争优势，为中国邮政航空快速网提供了可靠的运力支撑。

2. 顺丰航空有限公司

顺丰航空有限公司是由深圳市泰海投资有限公司和顺丰速运（集团）有限公司合资组建的民营航空货运公司，直接为顺丰速运（集团）有限公司（以下简称"顺丰集团"）的航空快递运输业务服务。

顺丰集团是一家成立于1993年3月的港资速运企业，主要经营国际、国内快递及报关、报检等业务。长期以来，顺丰集团专注于满足市场需求，不断拓宽服务区域，逐步搭建起立足华南、拱连华东、华北、拓展华中的战略网络格局，为客户提供快速安全的速运服务。2010年7月，顺丰开通拉萨航线，至此，顺丰集团快递服务网络覆盖全国，是国内业务量最大的民营速运企业。

包机和机腹舱是顺丰集团主要的航空运输手段。顺丰航空自购波音757-200全货机2架、波音737-300全货机3架运行，另租用东海和扬子江快运共13架全货运飞机和530多个客机航班的机腹舱。2020年7月19日，顺丰航空有限公司机队规模突破60架。2022年2月16日，顺丰航空中国西部总部落户成都。

2022年6月16日，顺丰航空第72架全货机（B-222D、B767-300BCF）正式投入运行。2022年上半年，顺丰航空已新增4架新运力，包括3架B767-300BCF、1架B757-200F。2022年7月8日，顺丰航空第73架全货机（B-222E、B757-28A-PCF）正式投入运行，这是顺丰航空的第73架全货机。

2022年7月17日，从深圳宝安国际机场飞来的首架顺丰全货机767稳稳降落在机场西跑道上，货机过水门后停靠在鄂州花湖机场，作为亚洲第一、世界第四个专业性货运枢纽机场，这是鄂州机场迎来的第一架货机。

3. 其他快递公司

除了中国邮政和顺丰，国内主要的快递企业还有申通、圆通、中通等。

（1）申通

申通快递品牌初创于1993年，公司致力于民族品牌的建设和发展，不断完善终端网络、中转运输网络和信息网络三网一体的立体运行体系，立足传统快递业务，全面进入电子商务领域，以专业的服务和严格的质量管理推动中国快递行业的发展。申通快递有限公司于2007年12月29日成立，2019年3月11日，申通快递发布公告，阿里巴巴将投资46.6亿元入股申通快递控股股东公司。

（2）圆通

圆通速递创建于2000年5月28日，是一个归属于邮政行业的民营有限责任公司，总部位于上海市青浦区华新镇。经过20年的发展，已成为一家集速递、航空、电子商务等业务为一体的大型企业集团，形成了集团化、网络化、规模化、品牌化经营的新格局，为客户提供一站式服务。2010年年底，成立上海圆通蛟龙投资发展（集团）有限公司，标志着圆通向集团化迈出了更加坚实的一步。公司在网络覆盖、运营能力、业务总量、公众满意度及服务质量、信息化水平、标准化等方面均走在行业前列，品牌价和综合实力名列中国快递行业前三甲。

（3）中通

中通快递股份有限公司于2002年5月8日在上海成立，是一家集快递、物流及其他业务于一体的大型集团公司。

快递行业空中大战，一触即发

最近，顺丰又有新的动作，在空运领域再添运力。2022年7月11日，顺丰航空第73架全货机正式投入运行，这是顺丰航空今年投运的第5架新运力，近期将执行飞深圳至北京的航线，保障华南至华北区域间的航空快件时效。

顺丰航空正计划在未来开通更多国际航线，除了这条新航线之外，目前已经开通孟加拉国达卡、韩国仁川两条航线。这一计划显露出顺丰航空国内国际双向布局的一大战略方向。即使稳坐国内物流"空中霸主"的位置，但顺丰航空却丝毫没有懈怠，依旧不断扩张，可见顺丰确实想把它的优势放大。

当下顺丰已经开始进行国际国内双线布局，大力开辟国际新航线，这正是走向国际化、全球化的有力表现。从整个行业来看，近几年跨境电商成为风口，跨境航空物流保持着旺盛的需求，航空货运在全球供应链中的地位越发重要。除了顺丰航空之外，其他快递企业也加快了布局航空货运的步伐。2022年5月，京东货运航空公司成功获得经营许可证，有电商、物流巨头的加持，同时引进3架货机，京东货航已经蓄势待飞。

除了快递企业旗下的民航货运之外，电商巨头阿里在不断拓展跨境电商业务的同时，也没在物流上闲着。菜鸟国际因为是轻资产模式，通过大量包机和投资航空公司，疯狂扩张，在海外已经拥有了九大分拨中心。

此外，还有隶属于"国家队"的中国邮政航空，拥有自有货机34架，在2021年已经开通了多条国际航线。无论是国内还是出海，快递企业的"空战"都已经打响。

（资料来源：https://baijahao.baidu.com/s?id=1738199930042368147&wfr=spider&for=pc.）

案例思考题：

（1）航空快递为什么成为竞争的重要领域？

（2）你认为航空快递竞争中的重要因素有哪些？

4.4 航空快递运输规定及运费

4.4.1 相关概念

1. 航空运输合同

航空快递运输实际上是航空货物运输中的一种特殊的形式，因为它具有极强的时效性。发件人与快递企业之间以空运的方式运输快件，而达成的明确双方权利、义务的协议，就是航空快递运输合同。航空快递运输合同一般涉及三方当事人，即快递企业（承运人)、发件人和收件人。在航空快递运输合同的当事人中，快递企业与发件人是合同的直接当事人，合同本身就是这两方协商签订的，而收件人则是根据托运人与承运人双方订立的运输合同而享有权利、负有义务的当事人，所以，在这种意义上，航空快递运输合同也是一种涉及第三人的合同。在航空快递运输合同中，快递企业的基本权利是收取运费，基本义务则是把快件以合理的时间从始发地点运输到目的地点；发件人的基本权利是要求快递企业提供运输义务，基本义务是支付运输费用；收件人的基本权利是提取货物，基本义务是支付相关的运输费用。

2. 航空快递企业

航空快递企业是以民用航空器进行货物运输的当事人或其代理人，主要是公共航空运输企业或专门的快递运输公司。

3. 发件人

发件人是指与承运人订立合同，要求以民用航空器运输特定快件的当事人，它可以是法人、其他经济组织、个体工商户、农村承包经营户和公民个人等，其范围十分广泛。

4. 收件人

收件人是指在快件通过航空运输的方式被送达约定地点后，提取货物的当事人。收件人可以是发件人，也可以是发件人之外的第三人。

4.4.2 承运人及其相关责任

1. 承运人

承运人是国际航空快递运输合同法律关系的主体之一。在明确了这一类运输纠纷所适用的法律之后，分析合同的当事人是否具有承运人的法律地位也是解决纠纷的重要先决条件。然而在《华沙公约》及我国《民用航空法》里，均未对"承运人"的定义做出明确规定。根据《中国民用航空货物国际逐渐规则》第3条中的"承运人"的定义，承运人包括发行航空货运单的承运人和运输货物、约定运输货物或者约定提供与此航空运输有关的任何其他服务的所有承运人。

然而，国内也有学者认为，基于《民用航空法》第93条、第106条之规定，"惟有拥有航空器、航空人员的公共运输企业，才有资格成为承运人"。国际货运代理协会联合会的协会定义也表明，货运代理是根据客户指示，为客户的利益而揽取货物运输的人，而并非承运人。因此，解决国际航空快递货运纠纷十分重要的一点，即具备一定条件的国际货运代理人能否被认定为"承运人"仍然存在着较大争议。

2. 承运人责任

在确认承运人具有运输合同当事人的法律地位后，航空快递运输纠纷解决需要明确承运人责任的内涵。在承运人责任的基础问题上，航空快递运输作为航空货物运输的一种方式，应当归属于普通航空货物运输的承运人责任进行分析。一般，我们认为国际货物运输合同中，承运人责任制度是合同另一方当事人，即托运人在托运货物遭受损害时索赔的依据。总体而言，国际航空运输公约中，承运人责任制度包含了责任基础、责任限额和索赔制度等重要内容。

在责任基础方面，承运人责任的归责原则在华沙体制的不断更新中也有着重要的变化。例如，在常见的货物损失情形中，《华沙公约》与《蒙特利尔公约》存在明显不同，前者以推定过错责任为基础，后者则以严格责任为基础。

在责任限额方面，由于全球范围内经济水平的变化，限额自1929年《华沙公约》后也一直在变化，至1999年《蒙特利尔公约》开始，现代航空货运责任限额被暂时固定，在货物运输中造成毁灭、遗失、损坏或者延误的情形下以每千克17个特别提款权为限，除非存在托运人的特别声明与附加费的支付。又根据《蒙特利尔公约》第24条的规定，上述责任限额每隔五年进行一次复审，2009年中国民航局发布《国际民航组织发布1999年限额修订生效的通知》将其提高至19个特别提款权。至今该责任限额没有再次因复审而提高。

在索赔制度上，《华沙公约》和《蒙特利尔公约》都对索赔异议提出的及时性有要求，一般最迟自收到货物之日起十四日内提出。此外，《蒙特利尔公约》也规定了不论是根据普通法提起合同之诉还是侵权之诉，只能依照公约规定的条件和责任限额提起。

3. 航空快递中承运人责任的特殊性

除了适用共同的承运人责任规范之外，航空快递较之其他普通航空货物运输方式的区别也体现在承运人责任的特殊性上。

首先，在普通的航空货物运输，如班机运输中，承运人依据固定开航时间、固定航线、固定始发站目的站的飞机进行载货。但班机运输往往客货混载，使货物舱位有限，无法满足大量货物及时出运的要求，往往只能分批运输，影响到其时效性。在另一种包机运输中，货机运输时间太长，包机往往因为许多原因不能按时起飞，也无法实现现代物流意义上的高效运转。相较这两种运输方式，航空快递的传送速度在传统的航空货运业是难以成立的。因此，在这一货运方式下，托运人与收货人对时效性的期待度往往更高，在特殊情况下与之带来的快件延误违约纠纷也就更多。

其次，由于航空快递运输的物品有文件和包裹两大类，这两类物品往往都在与普通货物同样的体积下存在着更高的价值；并且以普通的大件空运规格寄送小件货物时整体运输成本又更加高昂。根据这一快递运输行业的特点，承运人收取的运费与货物价值通常相差甚远，承运人因此承担了较大的风险。为保障自身利益而制定是否保价的条款供托运人选择，可以合理地实现风险分担，属于快递运输行业的交易惯例。频繁出现的保价条款突破了普通的承运人责任限额，这与其他航空货物运输中承运人的责任也是存在差异的。

4.4.3 航空快递服务中适用的法律

1. 国际航空运输公约的发展及概况

在国际航空运输领域，受海牙规则在国际海运业的成功范例影响，在波兰华沙举行的第二次航空私法国际会议于1929年通过了《华沙公约》，这一公约最大的贡献在于提供了各国航空货物运输纠纷中均可适用的统一的法律规范，由于大多数国家都加入了这一公约，因此它也对国际航空业的发展提供了积极的影响。随着航空业的不断变迁进步，航空私法领域还产生了一系列公约、协定和协议书，以修改或补充《华沙公约》。这些文书包括 1955 年《海牙议定书》、1961 年《瓜达拉哈公约》、1966 年《蒙特利尔协议》、1975 年《危地马拉议定书》、1975 年《蒙特利尔协议》四个议定书，以及 1999 年国际民航组织于蒙特利尔重新通过的公约（以下简称《蒙特利尔公约》）。

《蒙特利尔公约》在承运人责任归责原则、赔偿责任限额、第五管辖权和运输凭证等方面都对《华沙公约》做出了较多修订，是目前航空货运领域纠纷解决时最重要的法律渊源。由于《蒙特利尔公约》在第六章中规定了当事人不能借运输合同或其他事先达成的协议脱离公约的约束，比如合同选择适用的法律或者变更有关管辖权的内容即便达成了双方合意也无效。此外，《蒙特利尔公约》还说明各缔约国对其不得保留，因而《蒙特利尔公约》在有关纠纷解决中还具有排他的强制适用性。

2. 与航空快递运输有关的国内法

《华沙公约》于 1958 年 10 月 18 日开始对我国生效，《蒙特利尔公约》则自 2005 年 7 月 31 日开始对我国生效。《蒙特利尔公约》的强制适用依据我国《民法典》的规定也有效。因为我国缔结的国际条约的有关规定在没有被申明保留的情形之下，如果与国内普通民事法律存在不同，即使没有被转化为国内法，也不需要对冲突规范予以指引，而能被直接适用。这意味着它并非以"国际私法模式"被适用，而是作为没有转化为国内法的国际条约在审判中适用。

因此，国内立法者在我国民航法律体系的建立上大量参考了这些国际公约和相关议定书的有关规定，我国的航空货运法律体系也受到国际公约的深刻影响。综合而言，国际航空快递运输纠纷在国内法领域应当主要依据《民用航空法》《中国民用航空货物国际运输规则》（以下简称"国际货规"）与《民法典》有关运输合同的相关规定；在航空邮件运输中才受《邮政法》及相关行政法规、部门规章等调整，不受《民用航空法》相关条文规范；此外，若还存在没有规定的则适用《快递暂行条例》《中华人民共和国侵权责任法》等有关法律法规的规定。

然而由于上文中这些法律，尤其是《民用航空法》存在明显"舶来"性，实务工作中也往往存在着"水土不服"与亟待统一的部分，这一需求在国际航空快递货运争议上则尤其明显。随着我国民用航空业的快速发展，这也会直接影响到我国航空运输业的争议解决进程与产业本身的良性发展。基于此，笔者认为对国际航空快递运输中承运人责任有关问题的研究，也应当立足于《民用航空法》等国内有关法律法规与国际公约并行比较的基础之上。

3. 公共航空货物运输管理规定

随着全球经济一体化发展的深化，我国民航体制改革的深入，四型机场建设和新时代民航高质量发展的推进，我国航空货运市场环境已经发生深刻变化，国内国际市场融合程度加深，对航空货运业适应国际化发展趋势、满足新兴消费需求和促进经济社会发展提出了更高要求。为确保规章建设与时俱进，统一规范国内国际航空货物运输秩序，对《中国民用航空货物国内运输规则》和《中国民用航空货物国际运输规则》进行整合、修订，出台了《公共航空货物运输管理规定》。

4.4.4 航空快递运费

1. 运费

航空快递运费的计收要比航空货运的计收简单得多，一般来说民航快递企业会公布不同国家不同地区之间的运价，按照一定的方式即可计算总快递运费。

（1）计费重量单位

与国际航空货物运输计费重量单位不同，民航快递以 0.5 千克为一个单位，不足 0.5 千克部分按照 0.5 千克计费。

（2）首重与续重

民航快递产品以第一个 0.5 千克为首重，每增加 0.5 千克为一个续重，首重和续重费用不等，一般来说单位首重费用要高于单位续重费用。

（3）实际重量与体积重量

实际重量也称实际毛重，是指快递品自身毛重加上包装的总重量，即快递品完成包装交付给托运人前的过磅重量。但是有一些货物，自身密度小，体积大，虽然占用飞机吨位小，但是其所占用的飞机舱位却相对较大，如果以实际重量计费，显然对航空公司不利，与国际航空货运规则相似，民航快递产品也采用体积重量这一概念。体积重量大于实际重量的快递货物又称之为轻泡货物。不同民航快递企业关于体积重量的计算方式不同，详见表4-1。

表 4-1　不同民航快递企业体积重量计算公式

民航快递企业	体积重量计算公式
EMS	体积重量（千克）= [长(厘米)×宽(厘米)×高(厘米)]/6000
DHL	体积重量（千克）= [长(厘米)×宽(厘米)×高(厘米)]/5000
FedEx	体积重量（千克）= [长(厘米)×宽(厘米)×高(厘米)]/5000；若以英寸计算，除数将修改为305；若以磅为计算单位的国家或地区，除数则修订为139
UPS	体积重量（千克）= [长(厘米)×宽(厘米)×高(厘米)]/5000；若以英寸计算，除数将修改为305；若以磅为计算单位的国家或地区，除数则修订为139
TNT	体积重量（千克）= [长(厘米)×宽(厘米)×高(厘米)]/200

近两年以来，民航快递企业运营成本的增加迫使其纷纷改变体积重量的计算方式，以鼓励托运人通过使用更紧凑和环境友好型的包装改善包装效率，以减少运输体积，从而降低运费。到现在为止，国外民航快递企业已经纷纷将体积重量除数由 6000 立方厘米/千克改为 5000 立方厘米/千克，或者将体积重量乘数改为 200 千克/立方厘米。

（4）计费重量

按实际重量与体积重量的定义与国际航空货运协会规定，货物运输过程中计费的重量是按货物的实际重量和体积重量两者之中较高的计算。

（5）运费计算公式

①当所寄送快递实际重量大于体积重量时。

运费 = 首重运费 + [重量(千克)×2 – 1]×续重运费

例如：一件快递总重 7 千克，按照首重 20 元每 0.5 千克，续重 9 元每 0.5 千克，计算其运费。

运费 = 首重运费 + [重量(千克)×2 – 1]×续重运费 = 20 + (7×2 – 1)×9 = 137 元，注意此处首重和续重的单位分别是 20 元每 0.55 千克和 9 元每 0.5 千克。

②当所寄送快递实际重量小于体积重量时。

对于怀疑为轻泡快递货物的快递包裹，应该首先过磅称重其实际质量，然后计算其体积质量，两者比较，取其大者作为计费重量。在实际工作中会遇到很多不规则的货物，这给计算体积质量带来不便。在这种情况下，应该测量快递包裹的最长、最宽和最高作为长宽高以计算其体积重量，即

体积重量(千克) = [最长(厘米)×最宽(厘米)×最高(厘米)]/5000

例如：一件快递总重 7 千克，最长、最宽和最高分别为 100 厘米、50 厘米和 10 厘米，按照首重 20 元/千克，续重 9 元/千克，计算其运费。

实际重量：7 千克；体积重量 = [最长(厘米)×最宽(厘米)×最高(厘米)]/5000 = (100×50×10)/5000 = 10 千克

体积重量大于实际重量，以实际重量作为计费重量。

运费 = 首重运费 + [重量（千克）×2 – 1]×续重运费 = 20 + (10×2 – 1)×9 = 191 元

在实际工作中，各民航快递企业均给出了价目表，价目表所反映的内容，在理论上与以上所述相同，但是比以上所述相对复杂一些。

2. 声明价值附加费

按照《华沙公约》的规定，承运人对于在航空运输过程中发生的货物损坏、丢失的责任，以 20 美元/千克为限。目前大多数民航快递公司依然采用《华沙公约》作为发生快递包裹丢失损坏时的赔偿标准，因此理论上来讲，声明价值附加费应该是对托运人声明价值超过 20 美元/千克的声明价值部分进行收费。因此，理论上来讲声明价值附加费的计算公式如下（以美元计）。

声明价值附加费 = （声明价值 – 实际重量×20）×费率

但是在实际实践中，各民航快递企业并没有采用如此的方法计算声明价值附加费，而是通过简单的给予一个声明价值附加费费率，通过声明价值额乘以这个费率来得到声明价值附加费。一般来讲，费率约为 0.5%。此外很多民航快递企业对声明价值均有限额。

例如，联邦快递的声明价值附加费费率为每 100 美元收费 0.4 美元。

3. 保险费

对于民航快递企业无法控制的事件造成的快递物品遗失、损坏或者延误，快递公司将不负任何责任，此项风险一般由发件人自己负责，但是发件人可以通过向保险公司投保的方式，转移此项风险，期间产生保险费。但是投保一般都由发件人自行联系保险公司或保险公司代理人，民航快递公司一般不提供任何保险。民航快递企业无法控制的事件包括发生空难事故、公敌入侵，政府当局、法律权限、海关或检疫所官员的行为或疏

忽，暴动、罢工或其他地区性争执、民众骚乱、战争或天气所带来的风险等，也包括由除民航快递企业以外的发件人、收件人等原因造成的无法投递。

由于声明价值限额的存在，对于一些特别贵重的快递品，声明价值无法表现其真实价值，商业保险成了托运人的最后选择。对托运物的保险是托运人与保险公司之间的行为，在实际运作过程中，民航快递企业往往作为一个代收的角色，代替保险公司，向快递产品投保人销售保险。保险费用的计算类似声明价值附加费，一般也采用一定的比例，一般来讲，这个比例为1%。

4. 关税和其他税金

一般来讲，民航快递企业代理快递品托运人办理清关手续，代为缴纳关税和其他税金。为完成某些项目的清关作业，民航快递公司或需垫付海关所征收的某些关税及税金。除指明为向收件人收取关税及税金或向第三方收取关税及税金的托运货物外，民航快递公司会于完成清关前联络收件人，以对偿还代垫金额进行安排。在民航快递公司单方面认为收件人记账信用不佳或托运货物的海关申报价值较高等情况时，民航快递企业将会要求在完成清关和送件前确定偿还垫付款的办法。

通常关税及税金会向发件人、收件人或第三方收取。若发件人未于空运提单上指定付款人，在许可的情况下，民航快递企业将默认向收件人收取关税及税金。向发件人收取关税及税金或向第三方收取关税及税金仅适用于某些送件地点。

一般来讲，如民航快递企业代付款人垫付关税及税金，民航快递企业会按固定价格或垫款总额的某一百分比向付款人收取附加费。

要求收件人确认同意偿还代垫款时，如收件人拒绝给付海关放行托运货物所需的关税及税金，民航快递企业将联络发件人支付。如发件人拒绝提供令托运人满意的偿还安排，则托运的货物将退还发件人或存放于一般仓库或海关保税仓库。发件人须负责给付原有运费及退运的运费。

关税及税金的发票应于接到该发票时立即给付民航快递企业。

关税和其他税金是民航快递企业代替快递品收件人缴纳的税费，具体计算根据不同的快递品自身的性质差异很大，这里不再赘述。

5. 燃油附加费

燃油成本占航空运输成本的最主要部分，最近几年随着国际油价的节节攀升，航空运输企业开始承受巨大的燃油上涨压力，各国航空公司开始纷纷征收燃油附加费。

燃油附加费费用标准由各个民航快递企业自行确定，不同的快递企业收费不同。例如 UPS 的燃油附加费收取方式使用基于指数的附加费，此费用每月调整。对附加费的更改将在每个月的第一个星期一生效，并于生效日期前大约两周时公布。为了方便顾客付款，UPS 还将公布 90 天燃料附加费历史记录。附加费是基于美国能源部于调整前两个月公告的美国海湾沿岸航空燃料价格。

燃油附加费的计算公式为

$$燃油附加费 = 快件运费 \times 相应的附加费费率$$

6. 民航快递总运费

民航快递总运费是快递交付时发生的全部费用之和,有些时候会因为市场营销或者大客户和优质客户的原因,民航快递企业给予一定的折扣。

民航快递总运费 =(运费 + 燃油附加费)× 折扣 + 声明价值附加费 + 保险费
　　　　　　　　+ 包装费用 + 其他不确定费用

7. 其他费用

其他费用包括包装费和其他不确定费用。

8. 其他

(1)付款方选择

①托运人支付所有的运费。

②收件人支付所有的运费。

③指定第三方支付所有的运费。

托运人支付运费的情况比较常见,在操作上也最为简单;收件人支付运费的付款方式也越来越多地被接受,成为一种重要的付款方式选择;第三种由第三方付款的付款方式往往限制较多,且必须获得付款的第三方的正式确认,在此情况下托运人应当在民航快递运单上的相关栏目中填写第三方的名称、账户号码及所在国家。

(2)付款方式

民航快递运费的付款方式一般可以是:支票、汇票、主要的民航快递企业可接纳的信用卡、记账于民航快递企业的账号及现金等,但部分服务地区不接受信用卡,且电子资金转账只适用于事先书面协议的付款。

航空快递运输纠纷

原告计划于 1999 年 2 月组团去东南亚旅游。为此,原告将该团 14 人的护照寄往广州办理签证。原告的代理人王成办完签证后,于 1999 年 2 月 5 日连同另外 3 本护照共 17 本护照一起装入邮袋内,委托民航快递有限责任公司广州分公司运回沈阳,并填写了《民航快递单》,运单号码为 05596288 号,上面注明:24 小时时效,件数为 1 件,重量为 0.5 千克,但未办理声明价值。17 本护照中,14 本护照将在 2 月 8 日使用。按规定,邮件应该在 2 月 6 日 18 时到达沈阳,但是,快件并未按时到达。因此,原告在 2 月 6 日、2 月 7 日几次驱车查询,均无消息。直到 2 月 9 日被告才查到,因被告人员的失误,将护照错发到盘锦市,从而影响了原定 2 月 8 日从沈阳至泰国、马来西亚、新加坡等地的旅行。在此情况下,原告积极采取补救措施,避免了损失的扩大,但结果还是延误了游客登机,并且原告的信誉也受到了影响。原告多次找被告协商,要求被告赔偿因延误造成的机票损失、食宿费、交通费、电话费、游客退费等经济损失,以及给原告造成的信誉损失共计人民币 9.5 万元,但均被拒绝。无奈,原告于 1999 年 7 月向沈阳市沈河区人民法院提起了诉讼。

原告主张:被告接受原告的委托邮递快件,形成一种货物运输合同关系。因被告失误使快件错发到盘锦市，造成合同迟延履行，在经济上和信誉上给原告造成了损失。据此，依照《民法通则》"当事人一方违反合同的赔偿责任，应当相当于另一方因此而受到的损失"的规定，被告应该赔偿原告损失7万元，并承担诉讼费用。

被告认为，航空快递属于航空运输的一部分，根据特别法优于一般法的法律适用原则，应优先适用《民用航空法》，而不能适用《民法通则》。《民用航空法》第一百三十一条规定："有关航空运输中发生的损失的诉讼，不论其根据如何，只能依照本法规定的条件和赔偿责任限额提出，但是不妨碍谁有权提起诉讼以及他们各自的权利。"《中国民用航空快递业管理规定》第二十一条规定："航空快件在递送过程中毁灭、遗失、损坏或延误时的损害赔偿责任，由航空快递企业和发件人约定。"本案中，原被告之间没有约定，只能按民航快递的客户须知，未办理声明价值的，最高赔偿责任限额为每千克20元。并且认为原告不具备诉讼主体资格，不同意原告的诉讼请求。

庭审中，原告方还提出了一个新的诉讼请求：双方发生纠纷后，被告方停止了承办原告的业务。原告认为这种行为违反了国家有关法律，因此要求被告继续履行职责，恢复对原告的业务往来。被告辩称，被告不是快递的唯一企业，沈阳有多家公司开办此项业务，原告可找任何一家承办，作为快递企业有权与不同客户签订合同。

沈阳市中级人民法院二审除查明上述托运事实外，还查明《中国民用航空货物国内运输规则》有如下规定："超过货物运输合同约定期限运达的货物，承运人应当按照运输合同的约定进行赔偿。"托运人在办理快递手续时，《民航快递单》注明：未办理声明价值的，赔偿最高限额为国内快件毛重每千克20元。

沈阳市中级人民法院认为，被上诉人作为民航快递有限责任公司广州分公司的派送代理，应及时将上诉人的快件交付收件人，但由于民航快递内部工作衔接原因，致使上诉人延迟两天收取快递件。被上诉人的行为应属延误。对被上诉人承诺退还上诉人全部运费350元，本院予以准许。托运人王成托运的护照系属上诉人，上诉人有权依据《中华人民共和国民用航空法》的有关规定对被上诉人提起诉讼。被上诉人主张上诉人不具备主体资格，本院不予支持。由于托运人在填写民航快递单中没有声明价值，即在没有另行约定高于赔偿限额的情况下，只能依照《中华人民共和国民用航空法》以及参照《中国民用航空货物国内运输规则》的有关规定的赔偿责任限额范围请求赔偿。故上诉人要求被上诉人赔偿因延误造成的机票损失、食宿费、交通费、电话费等经济损失，因缺少法律依据，本院不予支持。原审判决被上诉人赔偿上诉人100元人民币亦无法可依，本院予以纠正。依照《中华人民共和国民用航空法》第一百二十八条、第一百三十六条、《中华人民共和国民事诉讼法》第一百五十三条第一款第（三）项之规定，判决如下：

1. 维持沈阳市沈河区人民法院〔1999〕沈河民初字第1878号民事判决的第一项，即民航快递有限责任公司沈阳分公司于本判决发生法律效力之日起十五日内，一次性返还辽宁公民出国服务公司运费350元。

2. 撤消沈阳市沈河区人民法院〔1999〕沈河民初字第1878号民事判决的第二项，即民航快递有限责任公司沈阳分公司于本判决发生法律效力之日起十五日内，一次性赔偿辽宁公民出国服务公司人民币100元；第三项，驳回双方当事人的其他诉讼请求。

3. 于本判决发生法律效力后十五日内民航快递有限责任公司沈阳分公司赔偿辽宁公民出国服务公司人民币10元。

4. 驳回双方当事人的其他诉讼请求。一审案件受理费按原审不变；二审案件受理费 2610 元，由上诉人辽宁公民出国服务公司负担。

本判决为终审判决。

（资料来源：https://china.findlaw.cn/info/hangkongfa/hkfa/1258695.html.）

案例思考题：

（1）终审判决的依据是什么？

（2）你认为航空快递应该从哪些方面加强管理？

航空快递按照运输服务形式划分，有三种形式：门/桌到机场、门/桌到门/桌和专人派送。门/桌到门/桌的形式综合了另外两种服务的优点，大多数航空公司、航空货运代理公司、航空速递公司均采用这种方式。国外大型货运航空公司通过服务链整合，并依靠现代信息技术，提供从空中到地面再到客户手中的全产业链服务，已经基本实现了从传统航空货运向现代航空物流的转型，这为国内航空快递业的发展提供了重要借鉴。

航空快递业的运输规定在随着时代的变化而变化，1955 年《海牙议定书》、1961 年《瓜达拉哈公约》、1966 年《蒙特利尔协议》、1975 年《危地马拉议定书》、1975 年《蒙特利尔协议》四个议定书，以及 1999 年国际民航组织于蒙特利尔重新通过的公约，是目前解决航空货运领域纠纷时最重要的法律渊源。航空快递运费的管理和制定也影响着航空快递业的发展，虽然存在一定的差异，但总体来看，航空快递运费主要包括运费、燃油附加费、声明价值附加费、保险费、包装费用和其他不确定费用。

1. 简述航空快递的定义。
2. 简述航空快递的业务类型。
3. 分析航空快递的特点。
4. 简述航空快递与航空货运的区别。
5. 分析顺丰航空的发展历程。
6. 简述承运人的定义及其相关责任。
7. 分析航空快递运输规定的发展历程。
8. 简述航空快递运费的构成。

扫描此码

自学自测

第 5 章

航空物流计划

【本章概要】

计划是通过分析组织的外部环境与内部条件,提出在未来一定时期内要达到的组织目标及实现目标的方法与途径。计划是用文字和指标等表述的关于组织及组织内不同部门和不同成员,在未来一定时期内的行动方向、工作内容,以及工作方式或工作安排的管理文件。航空物流计划对航空物流活动进行计划、组织、控制,及时传输航空物流信息,使各项航空物流活动实现最佳的协调与配合,以降低航空物流成本,提高航空物流效率和经济效益。

本章主要介绍航空物流计划的概念与编制流程、航班计划的分类、要素与编制流程、航线运输生产计划的主要指标与编制流程、航站吞吐量计划的主要指标与编制流程。读者通过这些内容的学习,能够理解航空物流计划的目的及重要意义。

【学习目标】

- 掌握航空物流计划的概念;
- 掌握航班计划的分类与要素;
- 掌握航线运输生产计划的主要指标;
- 掌握航站吞吐量计划的主要指标;
- 了解航空物流计划编制流程。

亚洲航空全新兰州—吉隆坡直飞航线正式开售

连续十年获得"世界最佳低成本航空公司"的亚洲航空于 2019 年 3 月 8 日正式宣布开售中国兰州至马来西亚吉隆坡独家定点直飞航线,继续拓展境内网络。

兰州—吉隆坡航线由亚洲航空长途公司运营,是亚航集团在兰州的第一条航线。同时,也是定点连接兰州到马来西亚首都吉隆坡的独家直飞航线。该航线 2019 年 5 月 1 日首航,每周 4 班,连接两地总共超过 550 万人口。

为庆祝全新航线开售,亚航推出 BIG 会员尊享优惠,标准座位单程全包价低至人民币 188 元,非会员则享受单程全包价低至 198 元。豪华平躺座椅单程会员全包价低至人民币 1288 元,非会员价为 1298 元。有兴趣的乘客可以登录亚洲航空官网 www.airasia.com 及官方移动应用选购,订票日期从即日起至 2019 年 3 月 24 日,出行日期从 2019 年 5 月 1 日至 2019 年 10 月 25 日。

亚洲航空马来西亚长途首席执行官 Benyamin Ismail 先生表示:"中国是亚航非常重要的市场。继去年年底发布的天津—吉隆坡航线之后,这条通往中国兰州的新航线进一步证明了我们在中国扩展服务的承诺。"

亚洲航空公司 Tassapon Bijleveld 先生表示:"亚航集团已成为中国运力最大的外国航空公司。亚航的兰州—吉隆坡独家新航线带来每年 156 000 个额外机位,将大大促进两国之间的旅游、贸易和经济增长。"

吉隆坡是马来西亚的首都,坐落于吉隆坡市中心的双子塔是当地著名地标。吉隆坡是一座融合中西文化的国际大都市,充满多元的文化气息。马来西亚有丰富的旅游资源。除了大都市吉隆坡以外,游客还可以体验槟城的美食盛宴、新山的亲子游乐、沙巴的绝美海景,或是兰卡威的环岛风景等。

即将执行的兰州至马来西亚吉隆坡的航班计划,如表 5-1 所示。

表 5-1　兰州—吉隆坡航班

航班号	起飞	到达	起飞时间	到达时间	频率
D7399	兰州	吉隆坡	23:50	04:45	1·3·5·7
D7398	吉隆坡	兰州	17:25	22:20	1·3·5·7

(资料来源:http://news.carnoc.com/ list/485/485607.html.)

案例思考题:

(1)结合案例分析兰州至马来西亚吉隆坡的全新航线开售的意义。

(2)理解航班计划在民航运输计划管理中的重要性。

5.1　航空物流计划概述

现代航空物流作为社会化大生产的一个重要组成部分,航空物流企业之间、企业内部存在精细、严密的分工和协作,尤其是供应链段,任何一个部门都不可能离开其他部门而单独进行航空物流活动。因此,必须有统一的计划来指挥、协调各航空物流企业及其内部的所有物流活动。如果以一个科学、合理的航空物流计划作为指导,航空物流企业将会有较好的航空物流效益和效率。

5.1.1　航空物流计划的概念

航空物流计划包括两层含义:一是航空物流计划工作,是指根据对航空物流企业外部环境与内部条件的分析,提出在未来一定时期内要达到的航空物流企业目标及实现目标的途径的管理活动。二是航空物流计划形式,是指用文字和表格等形式所表述的航空物流企业及企业内不同部门和不同成员,在未来一定时期内航空物流活动的方向、内容和方式的安排。航空物流计划建立在航空物流调研及预测的基础上,为未来一定时期内的航空物流活动制定目标和任务,是航空物流管理的中心环节。

航空物流计划的优劣主要体现在首位性、效益性、平衡性、应变性及承诺性等特点上。

1. 首位性

航空物流活动的任务始于航空物流计划，航空物流计划是现代航空物流活动的一种预测与构想，即预先进行航空物流运营行动安排。其实质是对要达到的目标及途径进行事先规定，因而航空物流计划贯穿于航空物流组织、协调和控制等各项航空物流管理职能中，是航空物流管理的首要职能。

2. 效益性

航空物流计划不仅要确保航空物流企业目标的实现，而且要从众多的方案中选择最优的方案，以达到合理利用资源和提高效益的目的。因此，必须以经济效益及社会效益最大化原则来安排航空物流活动。效益性是航空物流计划工作的根本要求，特别是经济效益，它是航空物流绩效评价的主要内容，也是物流管理的主要目标。

3. 平衡性

从外部来看，航空物流企业的计划必须考虑整个航空物流系统、物流行业的发展情况。从内部来看，航空物流企业的各个环节、阶段在时间和空间上要相互配合。

4. 应变性

应变性也称弹性，是指在航空物流计划中要考虑到未来不确定性因素的影响，根据航空物流计划执行情况和环境变化而定期修订。

5. 承诺性

航空物流计划是对客户的保证，对未来的承诺。因此，没有特殊情况，原则上不应随意调整。这类特性，在对外公布的航班计划上表现得比较突出。

5.1.2　航空物流计划体系

航空物流计划的种类很多，可以按不同的标准进行分类，主要有计划的重要性、时间界限、计划内容等。但是依据这些分类标准进行划分，所得到的计划类型并不是相互独立的，而是密切联系的，共同构成航空物流计划体系。

1. 按航空物流计划的重要性划分

从航空物流计划的重要程度来看，可以将航空物流计划分为航空物流战略计划、航空物流战术计划和航空物流作业计划。

（1）航空物流战略计划

航空物流战略计划是为航空物流企业在一个较长时期设立总体目标和寻求提升企业在航空物流服务市场中地位的计划。它是纲要性的，不规定具体的细节，趋向于包含持久的时间间隔。

（2）航空物流战术计划

航空物流战术计划规定航空物流企业总体目标如何分解为具体目标，如对航空物流量的分析，航空物流设备与设施的更新、维修及预算，航空物流成本分析，航空物流绩效的目标及达到这一目标的措施等。

（3）航空物流作业计划

规定航空物流企业具体目标如何实现的细节的计划，称为航空物流作业计划。航空物流作业计划与战略计划、战术计划在时间框架上、范围上和是否包含已知的一套组织目标方面是不同的。航空物流作业计划时间很短，它覆盖较窄的领域和规定具体的细节。此外，航空物流战略计划与战术计划的重要任务是设立总体目标和具体目标，而航空物流作业计划假定目标已经存在，只是提供实现目标的方法。

2. 按航空物流计划的时期界限划分

航空物流管理人员习惯于采用长期、中期和短期来描述计划。

（1）长期航空物流计划

长期航空物流计划也称航空物流远期计划、航空物流远景规划或航空物流发展战略规划，描述了组织在较长时期（通常5年及以上）的发展方向和方针，主要包括物流量的预测，航空物流企业发展规模，航空物流活动构成，未来航空货邮与行李的运输、储存、装卸搬运等航空物流活动的规模，机械化、自动化、信息化程度，未来的航空物流绩效等，绘制了航空物流企业长期发展的蓝图。

（2）中期航空物流计划

中期航空物流计划一般是对2～3年内的航空物流经营策略的规划，它包括航空物流市场开拓、客户服务、战略伙伴的选择、实现航空物流成本的最小化及航空物流绩效的分析等。

（3）短期航空物流计划

短期航空物流计划也称航空物流运营计划，具体规定了航空物流企业的各个部门在未来各个较短的计划时期（通常为年、季、月、旬），应该从事何种航空物流活动，从事该种航空物流活动应达到的质量和数量要求，为各个部门在近期内的航空物流活动提供了依据。

3. 按航空物流计划的内容划分

根据计划内容不同，可以将航空物流计划分为航班计划、航线物流计划和航站物流计划。

（1）航班计划

航班（flight）是指飞机由始发站按规定的航线起飞，经过经停站至终点站或不经经停站直达终点站的运输飞行。在国际航线上飞行的航班称国际航班，在国内航线上飞行的航班称国内航班。广义的航班计划是包括了航空公司的机队规划、航线网络、中长期航班计划、短期计划、飞机计划（与飞机维修计划有关）、机组计划等内部资源计划。狭义的航班计划就是按照国际航协标准，航空公司以季（season）为周期制订并公布的航班计划。它是规定航空运输正班飞行的航线、机型、班次和班期、时刻的计划，一年分夏秋季（3—10月）和冬春季（10月—次年3月）两季。

（2）航线物流计划

航线物流计划又称航线计划，是按航线规定空中运输飞行主要任务量的计划，主要指标有飞行班次、飞行小时、运输量、周转量、小时生产率、航线载运比率等。

（3）航站物流计划

航站物流计划简称航站计划，是规定地面工作主要任务量的计划。一条航线连接两个或几个机场，而作为机场一部分的航站，一侧连着机坪，另一侧又与地面交通系统相联系，在实现运输方式的转换过程中起着重要作用。所以，航线的运量实际上是由相关航站组织销售，即相关航站的客货运量构成了航线运量，所以航线计划和航站计划是相辅相成的。航站计划的主要指标有发运量、发运收入、客座利用率和出港载运率等。

航空物流企业的上述三类计划的内容是互相联系、互相依存的，各项计划之间必须互相适应、衔接平衡。行业管理部门对各航空公司、机场的航空物流量任务汇总，形成航空物流综合计划，它是航站计划和航线计划的综合反映。其主要指标有飞行小时、运输量、总周转量、发运量、发运收入等。

5.1.3 航空物流计划编制流程

航空物流企业在制订各类别、各层次的航空物流计划体系时，一般按照以下步骤。

首先，航空物流计划制订部门要调查掌握企业内、外部条件，如航空物流市场需求、机队规模、飞机维修要求、机组可飞行时间、机场时刻、财务盈利要求等限制条件；其次，要分析航空物流市场的发展趋势，预测内、外部条件的变化，分析自身在航空物流市场竞争中的优势和劣势，在上一期计划的基础上，综合考虑编排航班计划，经过和机场协调及报经民航管理当局批准后对内、外发布。航班计划是组织航空物流活动的依据，需要对其确定的目标进行分解，提出明确的措施，从而制订出航线计划和航站计划。制订航空物流计划的步骤，如图5-1所示。

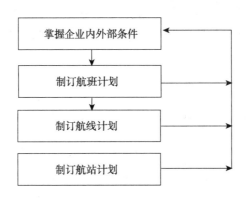

图 5-1 制订航空物流计划的步骤

5.2 航 班 计 划

航班计划是航空公司根据市场及运力的变化对所飞航线及运力在航线上的投放所做出的系统安排，是确定正班飞行的航线、机型、每周班次、班期、航班号及起飞时刻的计划。形式上航班计划是一个航空公司的航线运输飞行计划表或航班时刻表，而实际上它是航空公司准备投向民航运输市场的具体产品，是航空公司综合实力的体现，是民航管理当局与民航运输企业组织航空运输和提供运输保障服务的行为依据。

5.2.1 航班计划的分类

1. 按航季分类

为了适应空运市场的季节性变化，目前我国民航运输企业每年按两个季节制订航班计划，即夏秋航季和冬春航季，航班计划也分别称为夏秋航班计划和冬春航班计划，每个航季的航班计划执行半年。

（1）夏秋航班计划

夏秋航班计划的执行时间是每年3月下旬至10月下旬，即当年3月最后一个星期日开始执行，至当年10月最后一个星期六的最后一个航班为止。

国内航线的夏秋航班计划通常由各航空公司在上年的12月底之前报民航总局，民航总局在每年的2月下旬以前协调完毕，由各航空公司公布；国际航线的夏秋航班计划由各航空公司在上年的10月以前报民航总局，民航总局在当年3月前协调完毕，由各航空公司公布执行。

（2）冬春航班计划

冬春航班计划执行时间自当年的10月下旬到来年3月下旬，即当年10月最后一个星期日开始执行，至来年3月最后一个星期六的最后一个航班为止。

国内航线的冬春航班计划由各航空公司在当年的7月底前报民航总局，民航总局应在每年的9月下旬以前协调完毕，由各航空公司公布；国际航线的冬春航班计划由各航空公司在当年4月之前报民航总局，民航总局在当年10月前协调完毕，让各航空公司执行。

无论是夏秋航季还是冬春航季，航班计划通常都需要提前10~12个月开始编制，提前150~180天编制出计划草案并汇总，提前50~80天进入销售系统，提前30~40天对外公布航班时刻表。

国际上对航空公司班期时刻表的公布有两种形式。一种是完全由航空公司自己决定公布，有多少家航空公司就有多少个班期时刻表；另一种是各航空公司的班期时刻表经权威机构协调后，公布一个统一的班期时刻表。我国采用的是后一种形式，协调权在民航总局。当然也不排除个别航空公司不参加协调，自己公布使用自己的班期时刻表。每年两次航班计划的编制工作，由计划、航行、运输服务等部门协同办理，由计划部门综合上报。

2. 航季航班计划按实施阶段分类

经民航局批准公布的（航季）航班计划实质上是一个半年计划。在未来的半年里，由于受诸多因素的影响，航季航班计划需要根据实际情况进行动态即时调整，如取消航班、增加航班、航班班期或航班时刻调整、更换机型等。最后真正实施的航班计划是经过多个阶段或多个环节的确认之后，才予以实施的。根据《中国民用航空国内航线经营许可规定》，对公布后的航季航班计划无论进行任何变更，都必须提前上报民航管理当局进行审批或备案，以便各民航运输相关企业或部门乃至旅客或客户进行相应的计划调整。实际上，公布的航季航班计划从开始到具体实施，依次经历月航班计划、周航班计划、日航班计划及临时航班计划等几个阶段。

（1）月航班计划

与航班计划实施相关的生产企业或管理部门，如航空公司、机场和空管等，通常提前一个月时间根据公布的航季航班计划核实确定下一个月的航班计划，以便进行必要的资源调整和准备。特别是在一些重要的节假日前后，航空公司可能要对一些热点航线的航班班次根据需求适当地进行增减调整，以应对市场的阶段性变化需求，如春节、清明节、五一劳动节、国庆节及寒暑期的旅游旺季，还有出国留学高峰期等。针对这些节假日期间的旅客密集出行，各有关部门都需要提前对航班计划进行调整，包括客货市场销售、机队准备、机场保障、空域管理和空中交通指挥等具体工作过程。

（2）周航班计划

随着航班计划执行时间的临近，航空公司、机场和空管等企业或部门需要对航班计划进行进一步的核实和确认，以便制订更详细的实施计划，进行必要的资源调配和准备等。因此，航空公司、机场和空管等将根据航班的周计划对下一周的每一天航班运行情况进行具体的资源安排，如飞机、机组、机场保障人员排班及设施设备安排等，为下一周的航班计划实施做好充分准备。这时，航班计划以周为一个循环周期进行编排。

（3）日航班计划

次日航班计划是根据周航班计划而进一步明确的次日具体实施计划，通常是在每一天的下午某一固定时间，由空管的航务部门通过民航内部通信网络将第二天具体执行的航班计划发至各航空公司、机场和相关运行保障与管理部门，以便航空公司、机场和相关部门为具体落实和实施第二天的航班计划而进行必要的人员和设施设备准备。航空公司、机场和空管等相关单位和部门在当日最后一个航班飞行结束后，将航班运行控制系统中的次日航班计划置换为当日航班计划，成为当日具体实施保障任务的航班计划。

（4）临时航班计划

航班计划即便到了具体实施的最后一刻，都有可能因为某一个或一些重要原因而进行调整。比如：特殊旅客的专机、临时加班或包机；因天气、空域流量或经停机场等而延迟或临时取消航班等现象也屡见不鲜。当出现临时性的航班调整时，便产生了临时航班计划。临时航班计划经航空公司、空管和机场协调，民航管理当局批准后发布，并付诸具体实施。

5.2.2 航班计划的要素

构成航班计划的要素包括航线、机型、航班号、班期、班次和航班时刻6个基本要素。

1. 航线

航线是向市场发出运输信息，即向社会告知在飞行的起点、经停点及终点之间经营相关航空运输业务，提供客货航班运输服务。航线是民航运输企业的重要资源，拥有自己的航线是运输企业开展运营的先决条件。

2. 机型

机型是指某条航线准备选用的飞机型号。飞机型号是制造厂家按照飞机的基本设计所确定的飞机类型编号。不同的机型，其基本设计不同，最大起飞重、巡航速度、最大业载航程、对机场跑道的要求等技术指标都有所不同。飞机技术性能又直接影响飞机的适用范围、载运能力、销售价格及运输成本，因此必须综合考虑航线的航路条件、起降机场条件、运输需求数量，以及航空公司机队构成和各机型的技术性能等因素，把航空公司现有的各型飞机正确配置到各条航线上去，这是提高航线经营效益的重要条件。

按照旅客座位数，民航运输飞机有大型宽体飞机、中型飞机和小型飞机。

3. 航班号

航班号即航班的代号，由航空公司二字代码和航班编号两部分组成。航空公司二字代码是航空公司的唯一标识码，根据国际航协（IATA）762号决议统一编排，由两个英文字母或字母与阿拉伯数字组成，用于航空公司的订座、航班时刻表、票据凭证和结算等过程。航班编号是用于标识航班号的后四位数字。例如，MU5323/4表示东方航空公司执飞的上海—长沙的航班，其中"MU"为东方航空公司的两字代码，"5323"代表去程航班（上海—长沙），"5324"为回程航班（长沙—上海），具体如表5-2所示。

表 5-2 航班号组成一般规则

第一位	第二位	第三位	第四位	第五位	第六位
航空公司二字码		执飞航空公司所在地区代码	执飞航班终点站所在地区代码	具体航班序号去程航班为单数回程航班为双数	

4. 班期

班期是该航班每周具体的执行日期，表明航空公司在某一条航线上每周的哪几天提供航班服务。航班计划以一个星期为一个基本循环周期。通常在同一航季里，每一周同一天的航班计划相同，除非有加班或航班取消。对于航空公司来说，好的班期安排对于提升经济效益具有十分重要的意义。例如，东方航空公司上海—长沙的航班MU5323/4的班期为1·3·5·7，意思是该航班每周一、周三、周五、周日执行。

5. 班次

班次是指航空公司在某条航线上每天飞几个航班，即一条航线一天内可以安排的航班次数，它表示航空公司在各条航线上的运力投放情况。例如，东方航空公司星期一在长沙—上海航线有3个航班，即班次为3。

6. 航班时刻

航班时刻是向某一航班提供或分配的在某一机场的某一特定日期的具体起飞或到达时刻，也是每个航班的关舱门时刻和开舱门时刻。若航班时刻制定合理，将有助于提高航班载运率和客座率收益水平，以及飞机和机组的日利用率，有助于提高航班准点率。例如，MU5324航班的航班时刻为10:00—11:40，表示该航班10:00关舱门停止上客；11:40开舱门旅客下飞机。

5.2.3 航班计划的编制

1. 航班计划的编制步骤

（1）选择航线

选择并确定航线一般可以从两方面来考虑：一是调整原有航线；二是开辟新航线。

对于原有航线，应根据客货市场容量、实际经营状况及企业未来发展战略决定取舍或调整。对于运量足、经营效益好、市场需求稳定的航线，可继续保留；对于运量不足或经营效益差，且没有好的举措予以扭转的航线，应考虑停飞；对于那些旅客和货物的流量和流向有了较大变化的航线，则应当进行适当的调整，如增减经停点、航线延伸或绕道等，以适应单向性、季节性等空运市场的变化情况。

对于需要新开辟的航线，一定要慎重，需进行充分的调查研究：研究市场准入的难易程度、市场前景、市场风险；分析企业与其他航空公司联盟的合作情况及与机场和空管的合作关系等因素；切实探究开辟新航线在技术上的可行性；同时进行成本效益分析，分析其在经济上的可行性，避免造成骑虎难下的被动局面；提出开航报告，报请主管部门审查批准后方能列入航班计划。

（2）航段运量分析

航段是指一条航线上两个城市之间的一段航程。一条航线至少由两个城市组成，有的航线在始发城市和终点城市之间还有经停点。航段在概念上又分为旅客航段和飞行航段。旅客航段通常是指构成旅客航程的航段。例如，在"长沙—福州—东京"航线上有三种可能的旅客航段，即长沙—福州、长沙—东京、福州—东京。飞行航段则是指航班飞机实际飞行的航段。例如，在长沙—福州—东京航线上，飞行航段为长沙—福州和福州—东京两段。

航段运量分析是选择航线及其构型、选择机型和确定航班班次等航班要素的重要依据。考虑航段客货市场在下一航季的区域性特征、季节性变化及可能发生的重大事件，如重大赛事、全国性或国际性会议及重要假日等，结合航线以往历史运量和未来市场发展趋势，以及可替代品进入市场可能带来的竞争影响，对航段进行运量分析，预测每季、每月及每周的运量，作为制订航班计划的依据。

（3）确定机型

确定机型需要考虑的因素比较多，主要有市场需求、季节变化、航班密度、航程长短、航线条件、机场条件、客户偏好及机型运行的经济效益等。

市场需求量大的航线宜使用较大型的飞机，反之，则只能选用中小型飞机；对于季节性特征比较明显的航线，机型选择需要具有一定的灵活性，通常淡季采用小型飞机，旺季换用大型飞机，或根据市场销售情况确定机型，以应对市场需求的变化，提高飞机的载运率。

在市场需求一定的情况下，航班密度大所选用的机型就应小些，航班密度小所选用的机型就应大些；航程距离长，沿线地区航线情况或气象条件复杂，需要达到一定的飞行高度或越洋飞行的，就必须选用适应这些要求的机型。

从机场条件来看，如果跑道长度、厚度等都适于接受大型飞机，可考虑选用大型飞机；反之，则只能选用中、小型飞机。机场的地理位置对机型确定也有影响，如高原地区对飞机机型要求不同。

不同的机型对旅客和货主的吸引力不同，一些旅客可能喜欢某一种或某几种机型而不喜欢其他机型；一些货主可能对于货物的集装或散装各有偏爱，特别是那些存在竞争的航线，这种吸引力因素值得考虑。

此外，还需要考虑机型的飞机周转问题、航线维修、机组与飞机运行成本等因素，尽量选用那些经济效益好的机型。

（4）确定班期

确定班期即确定航班的飞行日期。确定班期不仅需要依据航线客货运量，而且需要结合航线的市场特征，在市场容量较大的航线下，每天都能安排航班，而且可能安排多个班次，在运量较小的航线上，出于航班运行成本考虑，并不能每天都提供航班服务。一条航线上班期多，不仅反映航班市场规模，也反映航空公司在该航线上的竞争能力。对于商务航线，周一上午和周五晚上的航班比较受欢迎；对于旅行航线，通常周五晚上和周日晚上的航班比较适合旅客需求，旅客可以充分利用周五夜晚出发和周日晚上返回而不妨碍正常工作；对于国内与国际衔接的航线需要兼顾国际航班的班期，便于旅客在枢纽机场中转。一般来说，班期的确定应当本着均匀分布的原则来安排，这样既方便了旅客和货主，也便于企业自身的客货运输组织工作。

（5）确定班次

确定班次即确定航班密度，通常根据运量、运力、机型和经济效益等因素来安排。当运量大、运力充足时，适当增加航班密度；反之，则适当减少航班密度。从旅客和货主的要求来看，航班密度越大越好，这样可以随时满足其需要；但从民航运输企业的角度来看，航班密度过大，就会造成载运比率下降影响企业的经济效益。因此，应当本着最大限度满足社会需要与尽可能提高企业经济效益相结合的原则来安排航班密度。航空公司有时为了提升其在航线上的竞争力，增加旅客选择灵活性和选乘本公司航班的机会，在保障航程、航路条件及经济要求的基础上选用相对较小型飞机，以增加航线的航班班次。

（6）确定航班时刻

①影响航班时刻确定的因素。航班时刻的确定受市场需求、机场条件、机场的合理使用、与其他航班的衔接、空域流量和地方政策等因素的影响。

航班时刻具有市场价值，是一个极具市场敏感性和市场竞争性的产品要素。从市场细分角度看，清晨或深夜到达的航班多为旅游航班和货运航班。对于大部分国内短程旅客而言，他们由于生活和工作习惯的影响，往往偏爱 09:00—20:00 的航班，商务旅客尤其如此。对于具有竞争性的短程航线，出发时刻对旅客选择航班甚至票价有着十分明显的影响力，即便是先后几分钟的调整，都可能对航班客座率和销售收入带来明显差异。

航班时刻与机场近空的空域流量和机场容量（主要是跑道容量）密切相关。一方面由于流量控制及机场对起降航班架次的限制，以及航空公司之间对时空的竞争，要获得理想的航班时刻越来越难，特别是繁忙机场的高峰时段，航班时刻成为一种稀缺资源；另一方面，即便拥有好的航班时刻，但由于高峰时段航班密度高，在实施过程中极容易受空域流量、机场容量等因素影响而产生航班延误甚至航班取消现象。编制航班计划需要充分考虑航线和机场的繁忙程度及航班时刻的可靠性等问题，以确保争取而来的航班时刻的有效性。

在枢纽航线网络中，航班在枢纽机场的到达时刻和衔接航线的后续航班出发时刻直接关系中枢辐射航线的航班波的设计。对于一些国际航班，航班时刻安排还关系航线机场所在国家或城市是否施行宵禁法令。

②航班时刻确定的基本原则。在设计航班时刻过程中，需要遵循以下基本规则。

- 遵循历史航班时刻优先原则，即在航班时刻分配中，航空公司的既有航班时刻可以继续使用，保持航班时刻的稳定性。
- 符合民航规定的最短过站时间要求。
- 符合细分市场特点和需求，如旅游航班和公务航班、直达航班和中转联程航班、国内短程航班和国际远程航班等。
- 考虑竞争性，航班时刻对旅客的吸引力优于竞争对手。
- 兼顾联程中转旅客和枢纽机场航班波的设计。
- 兼顾飞机例行维修。
- 兼顾运力周转效率。
- 国际航线需要考虑航线站点之间的时差因素，以及当地政府对夜间飞行的限制。

（7）组织机组资源

虽然在航班计划编制阶段还未涉及航班的机组人员具体安排问题，但是机组资源是制约航班计划实施的关键因素，因此必须预先考虑在实施航班计划过程中是否有足够的机组，特别是飞行员的可用性。

（8）分析航班及航线效益

航班和航线效益分析便于对航线选择和航班设置进行优化，也能反映民航运输企业的主营业务盈利能力。效益分析通常采用量本利分析法，计算航班及航线运营的收入、成本及利润。

收入主要是指旅客运输、行李及货物运输的销售总收入。

运行成本主要包括以下费用。

①旅客服务费，主要包括为机上旅客服务产生的费用、为旅客安全而支付的保险费、旅客购票过程中产生的销售代理费及订座费等。

②支付给机场的相关费用，主要包括机场旅客服务费（旅客过港费、旅客及行李安检费、头等舱和公务舱旅客费用）、机场货物服务费（货物运输机场操作费、货物安检费）、机场服务费（起降费、机务费、客桥费、装卸平台费、加油费、机上清洁费）、其他费用（机场灯光费、附加费、夜航费、飞机停场护卫费）等。

③支付给空管的相关费用，如航务费（空中交通指挥费、航路费）等。

④油耗，如飞机燃油费等。

⑤人工成本，如机组人员工资及出勤补贴等费用。

⑥飞机费用，如飞机的折旧费或租赁费、飞机维护费等。

利润等于收入扣除成本后的剩余。对民航运输企业来说，衡量航班和航线效益可以从三个角度进行评价：一是从近期利益着眼，考虑直接经济利益回报，虽然某些航段或航线的航班亏损，但是从航线或航线网络整体利益出发，这些航线或航段为干线航班运输发挥了不可或缺的集散作用；二是从长期战略考虑，具有市场发展潜力或航线网络的市场战略作用；三是有些航线的效益需要从社会和经济发展的国家整体利益出发，以支持"老、少、边"地区的航空运输。

（9）综合平衡，编制计划

航班计划的初步方案确定以后，还需要进行一系列的平衡工作，才能编制出正式的航班计划。平衡工作主要包括飞机使用的平衡、航线班期密度的平衡、航站工作量的平衡，以及与其他相关计划之间的平衡衔接。这些平衡工作虽然具体内容不同，但归根结底是社会需要和企业运力之间的平衡，力求从全局出发，统筹安排，合理布局，制订出科学有效的航班计划。

2. 航班计划的编制规则

（1）航班计划表示规范性

①航班号表示规范性。在航班计划中，航班号是标识一天中一个航班的唯一代码。从航班号的组成可以看到，在同一航线上同一时间段不可能出现两个航班号相同的航班，否则无论是旅客还是运行保障部门都将无法辨识究竟是哪一个航班，即容易出现航班冲突。尽管航班计划中一周7天同一航班可能每天都在重复，但是它们的班期不同，而且一天中这个航班号的航班只有这一班。

航班号组成必须符合国际规范，总长度不超过6个字符，为了便于区别国际航班和国内航班，国际航班号中的序号部分常常采用三位数字，如"OZ105"和"OZ361"。

②班期表规范性。班期一般由7个字符长的阿拉伯数字组成，数字代表星期几，只能为数字1～7中的任何一个数字，按星期一开始的顺序排列。有航班的这一天则在对应的位置上用星期几的阿拉伯数字表示，没有航班的这一天，则在相应位置用"·"表示，不能出现重复数字。例如，每天都有航班，则表示成"1234567"。数字"1、2、3、4、5、6、7"分别代表星期一、星期二……星期日。如果周二、周四、周六及周日没有航班，则表示成"1·3·5··"，而实际应用中，"·"常常被省略了，直接表示为"135"。

③航班时刻表示规范性。航班时刻的表示形式为HH:MM或HHMM。例如：19:20，有时会表示成1920；而0905则为09:05。同一航班号的航班时刻通常保持不变。但在某些情况下考虑到市场需求及客货运输特点，也就是说，一周中某一天，特别是周末，航班时刻可能根据特殊情况予以调整，与其他几天有所不同。

④航段名称规范性。航班飞行的航段名称通常有几种表示方式。一种是直接用机场所在城市名称表示，如成都—长沙。由于有的城市有两个甚至多个机场，则航段名称使用机场所在城市和机场名称，如上海浦东—长沙、上海虹桥—成都。

在航班计划中，航段通常采用国际标准机场三字码表示，如 NRT-ICN（东京成田机场—韩国仁川机场）、ICN-PVG（韩国仁川机场—上海浦东机场）。

⑤机型代码表示规范性。机型代码是国际航空运输协会统一编制和发布的标准代号，用于统一标识全球航空旅客和货物运输的航班机型。例如，773 代表波音 B777-300 型飞机，312 代表空客 A310-200 型飞机。在实际应用中，通常用"B773"或"A312"表示。

⑥来回程航班成对。定期航班计划中的航班来回程通常成对出现，形成一个闭环航程。回程航班号为去程航班号尾数+1。例如，OZ105、OZ361 为去程，回程为 OZ106、OZ362。

（2）航班时空连续性

航班时空的连续性是指飞行路线的时间和空间连续，航段衔接时间没有重叠，空间上没有间断。也就是说，航班计划中安排的一个航班不仅各个航段飞行时间先后顺序连贯，而且来回程飞行线路的空间保持连贯性，航段首尾相连且去程航班要返回到始发站或基地机场，来回程飞行路线形成一个闭环。

（3）经停时间合理性

航班计划中，航班飞机的过站或经停时间必须符合民航当局规定的最小时间间隔，以保障完成航班飞机在经停站准备继续前飞或到达目的地机场后准备返程所做的必要工作。

过站时间是从航空器降落滑至停机位开启机门至航空器起飞准备工作就绪关机门之间的时间，最少过站时间是指通常情况下航班过站需要的最少时间，以便有足够的时间进行航班的地面保障服务。过站或经停时间通常与机型、机场和航班性质等因素有关，民航运输企业在制订航班计划时，不得少于最小过站时间。但如果能缩短过站时间，不仅有助于提高航班正常率和飞机利用率，而且可以缓解停机坪的压力，提高机场交通容量。

中国民用航空局的航班正常统计办法规定了最小过站时间标准，如表 5-3 所示。

表 5-3 各类飞机最小过站时间标准

飞机座级	典型机型	最小过站时间（分钟）
60 座及以下	ATR72、CRJ200、DORNIER328、EMB145、YN7、DHC8	40
61～150 座	A319、B737（700 型以下）、MD82、ARJ21、CRJ700、ERJ190	55
151～250 座	B737（700 型以上）、B767-200、B757-200、A310、A320、A321	65
251～500 座	A300、A330-300、A340、B747、B777、MD11	75
501 座及以上	A380	120

5.2.4 航班计划的申报、审批与公布

航班计划涉及国家关于民航运输市场准入和市场管理的相关政策，需要航空公司、民航管理当局、机场、空管、军方等多个单位和部门的协调与合作。因此要求航班计划由各航空公司报民航总局审批获准后方可执行。相关的管理规定有《中华人民共和国民用航空法》《中国民用航空国内航线经营许可规定》《定期国际航空运输管理规定》《航班正常管理规定》《民用航空预先飞行计划管理办法》《外国航空运输企业不定期飞行经

营许可细则》等。

根据《中国民用航空国内航线经营许可规定》，空运企业经营的定期航班应以合理的载运比率提供足够的班次，以满足目前或合理预测到的旅客、货物和邮件运输的需求。

关于同一航线上的航班安排，根据《中国民用航空国内航线经营许可规定》，如果一条航线上只有一家空运企业取得经营许可，则该航线的航班安排由空运企业确定，报民航总局或民航地区管理局备案。如果同一条航线上有两家或多家空运企业取得经营许可，那么航班的安排由空运企业协商确定，再报民航总局或民航地区管理局备案；或应空运企业要求，由民航总局或民航地区管理局依据航季评审规则进行评审确定。

关于航班计划调整，根据《中国民用航空国内航线经营许可规定》，空运企业可以根据市场需求在其所经营的航线上自行安排加班，提前一周报始发机场所在地民航地区管理局备案，并取得相应的起降时刻后实施。但是空运企业加班不得冲击其他空运企业的定期航班经营，否则经民航总局或民航地区管理局调查确认，将追究该空运企业的责任。对已运营航班的调整，通常应当在航班换季时进行。

根据《中国民用航空国内航线经营许可规定》，空运企业应当以适当方式公布班期时刻并坚持诚实信用的原则，按所取得的航线经营许可和公布的班期时刻执行。民航总局或民航地区管理局可根据民航运输市场监管和宏观调控的需要，对空运企业航班安排实施总量管理。

5.3 航线运输生产计划

5.3.1 航线运输生产计划的主要指标

航线运输生产计划的指标较多，大大小小有十几个。根据其所起的作用可以分成两大类：计算指标和考核指标。前者主要是为计算后者服务的，而考核指标才是确定计划期航线运输生产任务和质量要求，指导生产和考核企业的依据。

1. 航线运输生产计划的主要计算指标

（1）航线距离

航线距离是指飞机在规定的航行线路上的直接飞行距离。飞机绕道盘旋、等待的飞行距离不包括在内，航线距离是运输营业的收益距离，所以，应由国家民航主管当局（航行部门）规定，不用航空公司自己计算。在编制计划过程中应注意航线距离和航段距离的区别。

（2）飞行班次

飞行班次是指航班从始发站到终点站的飞行次数，它一般是根据航班计划中的每周班次，按单程计算的。其计算公式为

$$飞行班次 = 2\sum(航班计划中的每周班次 \times 执行周数)$$

或

$$飞行班次 = 2(年初每周班次 \times 全年周数 + 计划每周增加班次 \times \\ 自增加日至年末周数 - 计划每周减少班次 \times 自减少日至年末周数)$$

式中，2 为系数，由于式中的每周班次取自航班计划，而航班计划中的每周班次为双程，即来回程为一班次，而计算飞行班次是按单程，即去程为一班次，回程为一班次，故需乘系数 2。在计划工作中，全年按 52 周计算，一季度按 13 周计算，两个月按 9 周计算，1 个月按 4 周计算。所以，根据一年中不同航班计划的每周班次及执行时间可计算出年飞行班次。

例如：某航线报告期末每周班次为 4 班，计划期夏秋航班计划增加 3 班，冬春航班计划减少 2 班，试计算计划期全年飞行班次？

解： 年飞行班次 = 2 × (4 × 13 + 7 × 30 + 5 × 9) = 2 × 307 = 614

或

年飞行班次 = 2 × (4 × 52 + 3 × 39 − 2 × 9) = 2 × 307 = 614

飞行班次是计算飞行小时、周转量和运输量等指标的重要基础，也是确定航站工作量大小的主要指标，因此，它是航空运输生产指标中的重要计算指标。此外，飞行班次指标也可在一定程度上反映航空运输生产任务量的大小。例如，1950 年，全民航完成的飞行班次只有 1086 班，而到 1998 年，飞行班次完成数为 568 817 班，1998 年比 1950 年增长了 521.9 倍，这在一定程度上反映了我国民航业的发展。

（3）飞行万千米

飞行万千米是指计划期空运企业运输生产飞行的总里程，反映空运企业航线网络的扩展情况。其计算公式为

$$飞行万千米 = \frac{飞行班次 \times 航线距离}{10\,000}$$

由于国际航线的航距通常比国内航线的航距长，因此，同等生产规模的空运企业如果其经营的航线类型不同则其飞行万千米数并不一致。所以，用飞行万千米指标并不能绝对反映不同空运企业的生产任务量。

（4）航速

航速是指飞机在单位时间内移动的距离，是衡量飞机技术经济性能的一个重要指标。航速资料可以从飞机数据表中得到，各型飞机出厂时所带技术资料中都有这个数据。但在实际工作中一般不用这个数据，因为它是在一定航距和一定气象条件下所能达到的速度，而在实际飞行中，由于所飞航线的航距长短不同，气象条件不同，每次飞行速度不完全一样，很难达到技术数据表中的航速。航距长，速度快，反之，则慢；顺风快，逆风则慢。所以在做计划时往往采用报告期实际平均航速。其计算公式为

$$实际平均航速（千米／小时）= \frac{实际飞行千米}{实际飞行小时}$$

（5）飞行小时

飞行小时是指计划期空运企业运输生产的飞行时间，包括空中飞行时间和发动机地面工作时间。所谓空中飞行时间是指从飞机起飞时机轮离地的瞬间起至着陆时机轮接触地面的瞬间止的空中运行时间。飞行小时是从时间角度反映运输生产飞行任务量，在一定程度上反映航空运输生产规模的扩大。例如，1998 年全民航共完成 1 241 734 小时，是 1950 年 6345 小时的 195.7 倍，这从一定程度上反映了我国航空运输业的发展。同时，飞行小时指标也是空运企业进行人、财、物平衡的重要依据。空运企业的许多指标都要

根据飞行小时来计算,如空勤人员年飞行定额、航油消耗定额、飞机和发动机各级检修架(台)次等。因此,飞行小时是反映航空运输生产情况的重要数据指标。飞行小时的计算公式为

$$飞行小时 = \frac{飞行千米}{航速(千米/小时)}$$

飞行小时指标的不足之处是它不能与空运企业的经济效益直接挂钩,即飞行小时越多,空运企业的经济效益不一定就越好。这是飞行小时指标之所以被列为计算指标而不是考核指标的主要原因。

(6)平均运程

平均运程是指平均每位旅客或每一吨货邮被运送的里程,它是根据报告期客、货周转量和运输量的统计资料,按加权平均法计算出来的。

在一条有一个以上经停点的航线上,旅客和货邮被运送的距离是不等的。有的旅客或货邮运到某一个经停点为止,有的则可能到达终点站;另外,不同的航线其航距也不一样,因而不同航线运送旅客和货邮的距离也不同。作计划时,不可能具体预计每一位旅客或每一吨货邮被运送的里程,只能根据报告期的实际情况求平均数,这个平均数就是平均运程,计算平均运程的基本公式为

$$旅客平均运程(千米) = \frac{旅客周转量(吨千米)}{旅客运输量(吨)}$$

$$货邮平均运程(千米) = \frac{货邮周转量(吨千米)}{货邮运输量(吨)}$$

2. 航线运输生产计划的主要考核指标

(1)运输量

运输量是指计划期空运企业使用本企业的航空器承运的旅客、行李、邮件、货物的数量,它是反映计划期空运企业运输生产的任务量和空运企业生产规模的主要指标之一。

运输量的特点如下。

①不考虑运距,即不管运距远近,一个旅客或一公斤货物乘坐航班一次即计算一次运输量。例如,一位旅客从北京到纽约,运送距离为 15 937 千米,另一位旅客从北京到天津,运送距离为 180 千米,在计算运输量时都算旅客 1 人。

②换乘航班另计算运输量。

③旅客运输量可折算成重量,折算系数为 0.075 吨或 75 千克。

运输量具体包括旅客运输量、行李运输量、(不含手提行李)、邮件运输量和货物运输量四种,其中,行李运输量、邮件运输量和货物运输量统称为货邮运输量。

航空运输量的不足之处是只考虑运量而不考虑运程,因此,该指标不如周转量全面。

(2)总周转量

总周转量是指空运企业计划期运输生产的总产量,它是运输量和运输距离的复合指标,综合反映航空运输生产的总任务和总规模,是民航运输企业最重要的指标,也是国家考核运输企业的主要指标之一。总周转量指标不仅包括运多少,而且还包括运多远,因此,它比运输量更能反映企业的生产任务量。因为,运输的实质不仅是运多少,更重

要的是完成客货运量的空间位置的转移。

周转量的确定方法很多，视所掌握的资料可采用不同的计算方法。就一条航线周转量的确定而言，通常采用以下公式计算。

$$周转量（吨千米）= \sum（运输量 \times 运输距离）$$

或：

$$周转量（吨千米）= 运输量 \times 平均运程$$

总周转量具体包括旅客周转量和货邮周转量，分别反映客运和货运的总产量和总规模。

旅客周转量是空运企业承运的旅客人数与运输距离的复合指标，通常用人千米（客千米）和吨千米表示，其计算公式为

$$旅客周转量（人千米）= \sum[旅客运输量（人）\times 旅客运输距离（千米）]$$

$$旅客周转量（吨千米）= \sum[旅客运输量（人）\times 旅客运输距离（千米）] \times 0.075$$

货邮周转量是空运企业承运的货邮运输量与运输距离的复合指标，其计算公式为

$$货邮周转量（吨千米）= \sum[货邮运输量（吨）\times 货邮运输距离（千米）]$$

航空运输总周转量作为空运企业的产量指标，它的确定对于确定其他指标起着十分重要的作用。总周转量确定以后，可以据此确定为完成计划总周转量必须要安排多少个航班，安排多少架飞机，需要多少飞行小时，需要多少空、地勤人员，需要供应多少航油、航材及机务维修工作量是多少等。所以，它是空运企业最重要的指标。

（3）航线载运比率

航线载运比率是指计划期内某型飞机在某条航线上的最大载运能力的利用程度。它是反映航空运输生产的质量和效益的重要指标。

载运率是分机型、分航线分别计算的，最大载运能力是指航线的最大周转量，最大载运能力的利用程度是指最大周转量计划利用的百分比，所以航线载运率的计算公式是

$$航线载运比率（\%）= \frac{某机型计划运输总周转量}{某机型最大运输总周转量} \times 100\%$$

最大周转量是最大业载与运输距离的乘积，当计划总周转量确定后，根据上式可以求出航线载运比率。当计划总周转量尚未确定时，可以根据报告期航线实际载运率，再根据计划期的影响因素来确定计划载运率。

载运比率的最高限不能大于100%，而从经济效益角度讲，航线载运比率的最低限不应小于航线的持平载运率。所谓持平载运率是指航线运营收入与营运成本持平，即收支相抵时达到的载运率，类似于盈亏平衡点。当航线的载运率大于持平载运率时，则意味着营运收入大于支出，航线有赢利；反之，当航线的载运率小于持平载运率时，则意味着航线收入小于航线支出，收不抵支，航线亏损。

航线持平载运率可采用以下公式计算。

$$持平载运率（\%）= \left(\frac{航线全部成本}{吨千米收入} \div 航线最大周转量\right) \times 100\%$$

综观我国民航各航空公司航线实际营运情况，客座利用率常常要比载运率高出10个百分点以上，究其原因，主要是货舱未充分利用。

（4）飞机生产率

飞机生产率又称飞行小时生产率。据某型飞机每一飞行小时所完成的周转量，是反映飞机技术经济性能和运输生产效率的重要质量指标。其计算公式为

$$飞机生产率 = \frac{总周转量(吨千米)}{飞行小时(小时)}$$

或飞机生产率 = 某型飞机业务载重（吨）× 该型飞机航速（千米/小时）

影响飞机生产率的因素主要是航速和业载，而这两个因素的高低受制于飞机本身的技术经济性能和企业经营管理水平。所以，影响飞机生产率高低的根本因素是飞机性能的好坏及航空公司经营管理水平的高低。

需要指出的是，生产率并不是衡量经济效益的绝对指标。一般来说，大型飞机的生产率高于中小型飞机（因为其载量大、速度快），但相应的成本也高。因此不能用生产率指标来衡量不同机型的经济效益。在航空运输生产计划的质量指标中，只有载运率才是全面综合衡量经济效益的指标。

5.3.2 航线运输生产计划的编制

航线计划的编制步骤如下。

1. 做好计划编制前的准备工作

在编制航线计划以前，必须认真整理分析有关统计资料，预计报告年度主要指标完成情况，进行社会经济调查，研究分析企业运力情况等。

（1）整理分析统计资料

根据航线运输统计资料，按现行计划表格分航线进行整理，主要分析各航线往返班次的生产率、航速、平均运程、每班最大业载和客、货邮周转量的比重，以全面了解各航线数量、质量指标情况，发现和解决各航线在适应市场需求与提高经济效益方面所存在的问题。

（2）预计报告期主要指标的计划完成情况

年度计划一般在 10 月份开始编制，这时报告期的生产经营活动还在进行中，期末到底能达到什么水平还没有实际数，而编制计划又必须参考报告期的情况，因此要预计报告期的主要生产指标完成情况。预计报告期计划完成情况的主要方法有三种。

①报告期预计完成数 = 已有月实际完成数 + 未来月计划数

这种方法适用于已有月实际数与计划数很接近，且这种接近趋势在未来月不会变动。

②报告期预计完成数 = 已有月实际完成数 +（未来月计划数 × $\frac{已有月实际完成数}{已有月计划数}$）

该方法的适用条件为：已有月实际与计划相差很大，且该趋势在未来月不变动。

③报告期预计完成数 = 已有月实际完成数 + 未来月计划数 + 未来月预计比计划增加额 − 未来月预计比计划减少额。

该方法的适用条件为：已有月实际数与计划数相近，但未来月生产情况比计划数有较大变化时，如未来月又开辟了几条新航线，在某几条航线上增加了班次等，必须把这部分增加的周转量加进去。

（3）进行社会经济调查

航空客货运量的增减变动情况，与社会的政治、经济情况、人民的物质文化水平等有密切的联系，即运量的形成及大小受到一系列社会因素的影响。因此，在编制航线计划之前，必须进行广泛的调查，对社会政治、经济、文化情况及发展趋势有一个比较全面、系统的了解，并掌握这些因素变化对民航运量所产生的影响。

调查的主要内容如下。

①行政区划的划分，地区人口分布情况。

②本地区政治、经济情况和工矿企业生产情况，发展变化，产、供、销关系，商业、外贸部门利用空运的物资及其流量、流向、季节性，劳务输出等情况；

③重要的政治、经济、文化、外交活动，旅游业情况等；

④地面运输情况。

总之，一切可能影响航空运输的因素都要尽可能地了解，尤其要注意研究新信息，新动向，及时了解这些情况，在做计划时才能心中有数，在航线设置、航班班次、机型安排上才可能合理，才能取得较好的经济效益。

（4）掌握企业能力

航空运输企业的生产能力主要取决于飞机和空勤组所提供的飞行小时数，其次是航油、航材可保证供应的飞行小时数，以下就从这三个方面来分析企业能力：

①计算飞机可用能力。为保证飞行安全，飞机、发动机要定期停场维修，因此，所拥有的飞机不一定都能投入生产。这就需要在做计划之前，比较准确地掌握飞机可提供的生产能力，要向机务大队、航修厂等了解飞机现状、维修能力，计算飞机可用能力。

②计算空勤组可用能力。计算出飞机的可用能力后，还要向飞行和训练部门了解空勤组现状，培训计划和存在的问题，编制空勤组可用能力计划表。

③航油、航材供应情况。在计算出飞机可用能力和空勤组可用能力以后，还必须考虑航油、航材供应情况。因为航油、航材供应情况的好坏直接制约着生产任务是否能够完成，故必须计算航油、航材可保证的飞行小时数。

$$航油、航材可保证的飞行小时数 = \frac{航油、航材保证供应数量}{航油、航材小时消耗定额}$$

上述三种能力中，前两种能力为航空公司内部的能力，而第三种能力则为航空公司外部供应的能力，尽管它不是航空公司本身的生产能力，但它却能制约航空公司生产能力的发挥，所以将它列入企业能力之中。

把上述三种能力进行平衡，就可以基本掌握企业计划期的综合生产能力，在编制计划中，通常将三种能力中最小的能力作为企业的综合能力。因为只有最小的能力（这里以飞行小时来表示）才是其他两种能力也能同时达到的能力。否则，必有一种或两种能力达不到，从而就不能成为企业的综合生产能力。

2. 试算平衡，编制航线计划草案

当准备工作完成，已经掌握了市场需求、企业运力、报告期实际完成情况和主要技术经济指标的水平之后，就可着手编制航线计划草案。

编制航线计划的过程，是一个不断的、反复的平衡市场需求和企业能力的过程。首先要根据企业的总体目标和内外条件，提出航线计划的粗略方案。平衡以后，再来逐条航线、逐个机型编制航线运输的正班飞行计划。其具体程序如下。

①填列航线名称。
②填列航线安排的机型。
③填列航线距离。
④根据航班计划计算填列飞行班次。
⑤计算飞行万千米。
⑥填制航速。一般用报告期该机型在该航线上的实际平均航速，计算公式为

$$报告期实际平均航速=\frac{报告期该机型在航线上的实际飞行千米}{报告期该机型在该航线上的实际飞行小时}$$

⑦计算飞行小时。
⑧根据报告期的实际水平和计划期的影响因素，确定并填列飞行小时生产率。
⑨计算总周转量。
⑩根据报告期实际水平和计划期影响因素，确定并填列旅客、货邮周转量比重(%)。
⑪计算旅客、货邮周转量。

$$旅客周转量（万吨千米）=总周转量×旅客周转量比重（\%）$$

$$货邮周转量（万吨千米）=总周转量×货邮周转量比重（\%）$$

⑫填列旅客及货邮平均运程。
一般按照报告期该机型在该航线上的实际情况计算，计算公式为

$$旅客平均运程（千米）=\frac{报告期该机型在该航线上的旅客周转量}{报告期该机型在该航线上的旅客运输量}$$

$$货邮平均运程（千米）=\frac{报告期该机型在该航线上的货邮周转量}{报告期该机型在该航线上的货邮运输量}$$

就某条具体的航线而言，如果该航线没有中途经停站，则该航线上的旅客、货邮平均运程等于航线距离。

⑬计算旅客、货邮运输量。

$$旅客运输量（吨）=\frac{旅客周转量(吨千米)}{旅客平均运程(千米)}$$

$$旅客运输量（人）=\frac{航线旅客运输量(吨)}{0.075吨/人}$$

$$货邮运输量（吨）=\frac{货邮周转量(吨千米)}{货邮平均运程(千米)}$$

⑭计划最大周转量。

$$最大周转量（万吨千米）=\frac{航线每班最大周转量×飞行班次}{10000}$$

⑮计算载运比率。

$$载运比率（\%）=\frac{总周转量(万吨千米)}{最大周转量(万吨千米)}×100\%$$

航线计划的主要部分是正班飞行，同时还包括加班飞行和专、包机飞行。加班和专、包机飞行在做计划时不分航线，主要是确定机型、飞行小时和完成的任务量。机型、飞行小时一般参照上年统计资料和计划期可能变动情况而定，生产率、平均运程、旅客、货邮周转量比重等则参照正班飞行航线的平均数而定。编制计划时，要将国际航线和国内航线的正班、加班、专、包机分列，最后加总。

航线计划草案出来后，还要再次与市场需求、企业总目标、企业内外条件及相关计划进行比较平衡，发现不平衡的因素，进一步修正、调整，直至它们相互间协调、平衡，在这个基础之上，才能做出正式的航线运输生产计划。航线运输计划表如表5-4所示。

表5-4　航线运输计划表

编报单位：　　　　　　　　　　　　　　　20××年度

航线	机型	年	航距	飞行班次	飞行万千米	航速	飞行小时	生产率	总周转量/万吨千米	旅客		货邮		平均运程		运输量		最大周转量/万吨千米	载运比率/%
										万人千米	%	万吨千米	%	旅客	货邮	旅客/人	货邮/吨		
总计																			
其中：分机型																			
一、国内航线																			
1.正班飞行合计																			
其中：分机型																			
分机型、航线列																			
××-××																			
2.加班飞行合计																			
其中：分机型																			
3.包机飞行合计																			
其中：分机型																			
4.专机飞行																			
其中：分机型																			
二、国际航线																			
（分项同国内航线）																			

5.4　航站计划

5.4.1　航站吞吐量计划的主要指标

航站吞吐量是指计划期内进港（机场）和出港（机场）的货邮物流量、行李量与旅客人数。航站吞吐量计划的指标也分为两类：一类是航站吞吐量计划的计算指标；另一类是航站吞吐量计划的主要指标，前者为后者的计算提供基础数据。

1. 航站吞吐量计划的主要指标

（1）出港班次

出港班次是指计划期本航站（机场）出发的航班次数，包括本航站（机场）始发航班和过站航班。

（2）进港班次

进港班次是指计划期到达本航站（机场）的航班次数，包括终止于本航站（机场）的航班和过站航班。

（3）发运量

发运量是指计划期本航站（机场）始发和中转的运量。始发的运量是指以本航站（机场）为起点的运量，中转的运量（或称联运运量）则是在本航站（机场）中转的运量。

（4）到达运量

到达运量是指计划期内到达本航站的运量（不含过站运量）。过站运量是指仍要使用到达本航站（机场）的航班（同一航班号）继续其航程的运量。过站运量单独统计，但计算吞吐量时只统计一次。

2. 航站吞吐量计划的计算指标

（1）每班最大业载

每班最大业载是指每个出港航班最大能够装载的旅客、货邮的重量。始发航班按照报告期平均水平计算，过站航班按照分配到的配额计算（一个配额同时代表一个座位和100千克吨位）。

（2）每班可用客座

每班可用客座是指每个出港航班客机使用的座位数。始发航班按照报告期平均水平计算，过站航班按照配额座数计算。

（3）出港载运率

出港载运率是指计划期内本航站（机场）出港航班承运的旅客、货物、邮件重量（吨）与航班可提供业载之比，反映本航站（机场）出港航班运力的利用程度，用百分比表示，指出港航班发运量与最大业载之比。

计算公式为

出港载运率 =（发运量 + 过站运量）÷ 最大业载（或配额吨位）× 100%

计算出港载运率时所使用的出港运量应同时包括出港航班上的始发运量、中转运量和过站运量，出港最大业载（或配额吨位）则应是该航班可提供的最大业载（或配额吨位），而非只是在本航站（机场）可提供的最大业载（或配额吨位）。公式中的运量计算，货物和邮件按实际过磅重量计算，旅客体重按每个成人旅客90千克计算，儿童和婴儿体重分别按成人体重的1/2和1/10计算。

（4）出港客座利用率

客座利用率是指计划期内本航站（机场）出港航班承运的旅客数与航班可提供的座位数之比，反映机场出港航班座位的利用程度。

计算公式为

客座利用率 = 出港旅客数（或旅客发运量）÷ 可用客座数（或配额座数）× 100%

计算出港航班座位利用率时所使用的出港旅客数（或旅客发运量）应同时包括出港航班上的始发旅客、联运旅客和过站旅客，出港航班可用客座数（或配额座数）则应是该航班可提供的全部座位数，而非只是在本机场可提供的座位。

5.4.2 航站吞吐量计划的编制

1. 准备阶段

（1）航站运输统计分析

航站运输统计分析主要根据报告期始以来各航线的每班最大业载、出港客座利用率、出港载运率等指标，分析研究它们发展变化的规律性，供编制航站吞吐量计划时参考。

（2）预计报告期主要生产指标的完成情况

航空物流企业要根据报告期始以来的航站吞吐量计划执行情况，充分考虑航空物流市场和企业自身可能的变化因素，预计报告期末时主要生产指标的完成情况。

计算公式为

报告期末预计达到的指标值 = 报告期的上一期末实际指标值 + 报告期指标值预计增加值 − 报告期指标值预计减少值

（3）航空物流市场需求调研、预测与开发

航空物流市场需求调研、预测与开发主要是指在对本航站（机场）周围航空物流市场需求调研、预测的基础上，更加注重开发提供有针对性的航空物流服务，满足客户的要求。

（4）航站负荷能力分析

航空物流企业要根据本航站（机场）停机坪大小、航站楼面积、安检设施状况、服务流程等资料，分析本航站负荷能力，主要包括本航站（机场）年吞吐能力、春运等高峰期小时业务量能力。

2. 编制阶段

这个阶段的主要工作是预测航站吞吐量，编制出航站吞吐量计划。编制方法有以下三种。

（1）预测法

根据历史数据，预测计划期本航站的进出港班次和吞吐量，以预测数作为计划数。预测方法主要有时间序列预测和因素分析预测。

时间序列预测法是将本航站的进出港班次和吞吐量的历史资料和数据，按照时间顺序排列成一系列，根据时间序列所反映的发展过程、方向和趋势，将时间序列外推或延伸，以预测本航站的进出港班次和吞吐量在未来可能达到的水平。时间序列预测法具体分为平均预测法、指数平滑预测法、趋势延续预测法、季节指数预测法等多种方法。

因素分析预测法是凭借航空物流管理理论与实践经验，通过分析影响本航站的进出港班次和吞吐量预测值的各种因素的作用大小与方向，对其未来的发展变化做出推断。因素分析预测法具体分为因素列举归纳法、相关因素推断法、因素分解推断法等多种方法。

（2）增减因素计算法

在报告期实际完成数据的基础上，考虑计划期可能引起吞吐量增加和减少的因素，确定计划指标，航站吞吐量计划计算表，如表5-5所示。

表 5-5 航站吞吐量计划计算表

项 目	吞 吐 量		备 注
	旅客/人	货邮/吨	
一、报告期预计完成数			
二、计划期增加因素			
1. 增加航班			
2. 改机型（小改大）			
3. 提高载运率			
4. 航班改期增加额			
5. 其他增加因素			
三、计划期减少因素			
1. 减少航班			
2. 改机型（大改小）			
3. 航班改期减少额			
4. 其他减少因素			
四、计划数			

计算公式为

$$航站吞吐量计划数 = 报告期预计完成数 - 计划期增加因素引起增加数 - 计划期减少因素引起减少数$$

航班变动差额，指由于报告期中途调整航班而引起计划期增加或减少的运量。

【例 5-1】 报告期 B767-300 机型始发航班年初每周 20 班，夏秋航班每周增加 10 班，计划期每周班次不变，则

航班变动差额 = $10 \times 13 = 130$（报告期预计完成出港班次 = $20 \times 13 + 30 \times 39 = 1430$ 班；计划期出港班次 = $30 \times 52 = 1560$ 班）。

（3）按进出港班次测算法

根据航班计划测算出计划期出港（进港班次），根据统计数据测算平均每班发运量（到达运量），最后确定计划期发运量（到达运量）。

以发运量计划为例加以说明，航站发运量计划表如表 5-6 所示。

表 5-6 航站发运量计划表

项 目	机型	出港班次			每班最大业载		计划客座率/%	计划载运率/%	计划每班业载		发运量	
		现行	计划增加	合计	客/人	货邮/千克			客/人	货邮/千克	客/人	货邮/吨
总计												
一、国内												
1. 正班												
始发												
过站												
……												

①出港班次—始发航班。

计算公式为

现行航班 = 报告期冬春计划每周班次×全年用数

计划年增加 = 计划期每周增（减）班次自增（减）至年末周数

合计 = 现行航班 + 计划年增加

举例：B767-300 机型报告期冬春始发航班每周 20 班，计划期夏秋航班每周增加 20 班，计划期夏秋每周班次减少 10 班，则

现行航班 = 20×52=1040（班）；

计划每年增加 = 20×39 – 10×9=690（班）；

合计 = 1040 + 690=1730（班）。

②出港班次——过站航班。计算公式为

现行航班 = 2×(报告期冬春计划每周班次×52)

计划年增加 = 2∑计划期每周增（减）班次×自增（减）至年末周数

合计 = 现行航班 + 计划年增加

③每班最大业载。始发航班按照报告期平均水平计算，过站航班按照配额计算。

④载运率、客座率参照报告期水平，考虑计划期影响因素确定。

⑤计划每班业载。计算公式为

合计 = 每班最大业载×计划载运率

旅客数 = 每班可用客座（配额）×计划客座率

货邮数 = 合计业载量 – 计划每班客业载×单位旅客重量

⑥发运量。计算公式为

旅客（人）= 计划每班客业载×出港班次

货邮（吨）= 计划每班货业载×出港班次÷1000

西部航空：迎接民航复苏，确保稳中求进

据"航班管家"8 月 3 日发布的《2022 暑运民航运行监测》数据报告，2022 年 7 月西部航空航班量较 2021 年同期有 0.2%的正增长，是行业内唯一一家航班量与 2021 年持平的低成本航司。

今年国内疫情多点散发，对航班编排、执行和调整是个挑战。西部航空航线网络中心经理刘冬冬介绍说，公司暑运航班的计划编排和执行落实，是航线网络、运力保障、常态化防疫等各方协同努力的结果，也是西部航空响应民航局"应飞尽飞"号召，力保运行品质和航班执行的具体体现。

1. 优化航线网络布局，多维确保航班执行

7 月以来，西部航空的 4 条进藏航线和 7 条进疆航线，每周的计划航班量为 222 班，实际航班执行率在 90%以上。中转的航线网络构型减少了国内疫情多点散发造成的影响，为"经渝进藏、经豫进疆"品牌航线的航班执行提供了支持。

西部航空的暑运航线还表现出"经肥中转、贯通南北"和"季节性旅游航线"的特点。6月30日，西部航空与安徽民航机场集团签署战略合作协议，成为安徽第二家基地航司，约定将加大在合肥的运力投入和航线开通。数据显示，7月西部航空在合肥进出港航线航班量增加至347班，还新开了合肥—海拉尔、合肥—呼和浩特等辐射祖国北疆的航线。将新开航线与海口—合肥、珠海—合肥等现有航线连起来看，西部航空初步构建起了"经肥中转，贯穿南北"的航线网络布局。

此外，西部航空把22条新开和加密航线安排在了内蒙古、甘肃、新疆、云南、山东等季节性旅游航线上。据介绍，按照西部航空2022年暑运航班计划，此类"夏日限定"旅游航线航班数每周多达242个。

2. 加大航材投入，加强安全管理确保运力

在西部航空加入辽宁方大集团后，以"上天必须安全，隐患留在地面"为基本原则，在航材采购、送修及维修流程等方面"花重金、下大力"，持续加大航材基础保障投入以保障航空器安全运行，解决备用发动机数量确保停场航空器全面维修复飞，有效确保了公司运力的正常运行和周转。据介绍，自2021年12月8日以来，西部航空在航材和维修成本方面的资金投入逾4亿元，占到了公司同期营业总收入的30%左右（截至2022年5月31日数据）。投入的资金用于"航材采购"和"航材管理"，完善了航材采购、送修、运输、报关、库控、AOG紧急支援等环节专人专项监控、评估和保障的体系。

此外，西部航空还采取了优化航空器维修维护工作流程，提高飞机维修效率和效能的一系列举措，包括：提前调整定期维修计划，在7月前完成了必须的停场航空器维修工作，为暑运可用运力夯实了基础；根据公司运行需求，对停场封存航空器制订了紧密的恢复计划，调动集团内一切可用维修资源实现停场飞机按计划恢复，补充运力需求等，在把好民航安全第一道关的前提下，为执行航班计划提供了坚实的运力保障支持。

3. 专项组织保运行，应飞尽飞保执行

为有效落实民航局"应飞尽飞"号召，西部航空采用"7+7+1"的动态评估办法，针对暑运航班开展专项运行组织和统筹——以"周"为单位：对当周（7天）航班运行情况进行总结复盘，查漏补缺定向提升；对次周（7天）的航班计划结合运力限制、机组实力、天气影响等因素进行编排优化；在航班执行前一天（1天），根据临近影响因素进一步优化航班计划安排，通过对公司的生产资源最优化配置，实现航班执行保障的最大化效果。据介绍，西部航空在2022年7月实际执行航班数4413班。

同时，西部航空还通过监控各个运行节点，对航班运行及时进行支持和干预，狠抓运行品质，从旅客防控、内部防控、机上防控和机组管理等方面持续抓紧、抓实、抓细常态化疫情防控工作，为航班的运行及执行提供环境支持和人员保障。

尽管国内疫情多点散发依然是挑战，但得益于国家和民航局协调出台的一系列助企纾困帮扶政策，国内民航市场有明显复苏趋势。西部航空对8月暑运市场有信心，会一如既往地秉承控股股东辽宁方大集团"四个有利"的企业价值观，确保安全、服务、效益、稳定，坚持稳中求进的高质量发展路线。

（资料来源：http://www.caacnews.com.cn/1/6/202208/t20220808_1350551.html.）

案例思考题：
（1）西部航空公司是如何通过优化航线网络布局来确保航班执行的？
（2）结合案例谈谈疫情下西部航空公司采取哪些措施保障航班计划的执行。

编制航空物流计划的目的是实行计划管理，避免人力、物力和财力的浪费，以便用较低的成本取得较好的经济效益。航空物流计划的优劣主要体现在首位性、效益性、平衡性、应变性及承诺性等特点上。航空物流计划的种类很多，可以按不同的标准进行分类。按航空物流计划的重要性划分为航空物流战略计划、航空物流战术计划和航空物流作业计划；按航空物流计划的时期界限划分为长期、中期和短期计划；按航空物流计划的内容划分为航班计划、航线物流计划和航站物流计划。

航空物流计划集中体现了航空运输生产的数量指标、质量指标及发展趋势，其实质在于通过精确的计划和周密的组织，实现航空运输生产资源的优化配置，并指导航空运输生产有条不紊地进行，确保航空物流活动的安全、正常和高效。

1. 简述计划有何目的与意义？
2. 简述航空物流计划的定义与特点。
3. 描述航空物流计划编制流程。
4. 航班计划的基本要素有哪些？如何编制航班计划？
5. 简要说明航线运输生产计划的主要指标。
6. 简述航站吞吐量计划的主要指标。

自学自测 扫描此码

第 6 章

航空物流组织与管理

【本章概要】

　　航空物流业是人类社会生产、经济和生活中不可缺少的重要产业,已经成为经济增长的"新动力"。航空物流系统是一个复杂系统,具有高科技、高投入和高风险的特点,需要各子系统相互协调配合,才能保障系统安全、高效、有序的运行。

　　本章主要介绍我国航空物流组织及管理机构、国际航空物流的管理机构,主要的航空物流企业及保障航空物流运行的相关法律法规。读者通过对这些内容的学习,能够对航空物流组织及管理体系有一定的了解。

【学习目标】

- 了解和认识国际主要的航空物流组织;
- 掌握中国航空物流管理机构及主要职责;
- 了解主要的航空物流企业;
- 了解中国航空物流现行的法律法规和规章体系;
- 了解国际主要的航空法。

双循环新格局下的郑州空港型物流枢纽

　　当前,国际国内形势发生了深刻复杂的变化,世界经济增长乏力,全球民航业结构性变化引发了航空物流流向、物流通道、运输组织方式的变化。受到新冠肺炎疫情的影响,全球供应链面临加速调整,供应链区域化、短链化、利益集团化更加明显,疫情造成的国际货运通道中断,倒逼我国航空物流转型升级。中共中央政治局常务委员会于2020年5月14日召开会议,提出"构建以国内大循环为主体、国内国际双循环相互促进的新发展格局",这将成为我国"十四五"规划的重要战略目标。就航空物流产业而言,要求提升产业链和供应链的竞争力和稳定性,积极调整市场结构,创新服务产品。

　　价值链的战略性和可靠性,要求中国民航业变革发展模式、调整市场结构、创新服务产品。对于航空经济发展先行先试的郑州来说,在黄河生态经济带建设开局的关键时期,加快大循环服务支撑体系、以数字化技术为支撑的新型现代物流网络体系、双循环枢纽经济产业体系建设,加快推进郑州枢纽经济生态圈和国际枢纽门户城市建设,加快形成服务国内大循环和国内国际双循环发展新格局的战略共识意义深远。

　　郑州凭借优越的地理位置,航空港实验区正在打造一个投资超千亿元、占地约100

平方千米的超大枢纽工程。目前，郑州新郑机场已聚集客运航空公司51家，开通客运航线181条，通航城市达117个；货运航空公司29家，开通货运航线51条，货运通航城市62个，基本形成覆盖中国内陆主要城市与欧、美、亚和大洋洲的航线网络。国际货运量位居中国第五，与北京、上海、广州和深圳的机场的国际货运量之和占全国总量的90%。2019年，郑州新郑机场累计完成旅客吞吐量2912万人次，完成货邮吞吐量52.2万吨，中转旅客首次突破150万人次，同比增长30.9%。郑州航空港实验区已拥有肉类、水果、冰鲜水产品、食用水生动物和国际邮件等多功能性口岸，另有药品口岸已通过专家组评审，初步形成了我国内陆地区数量最多、种类最全、效率最高的功能性口岸体系。

航空特色产品物流业稳步发展。菜鸟网络科技公司"进口业务核心仓项目"落地发展，2018年完成跨境进口业务1050.3万单，贸易额约为11.5亿元。2019年全区（包括综合保税区及机场口岸）共完成跨境进出口业务7290.12万单，货值70.59亿元，分别是上年同期的3.4倍和3倍。登记备案跨境电商企业达到751家，逐渐成为郑州跨境电商综合试验区业务发展的核心支撑力量。全球知名货代企业泛亚班拿在郑州新郑机场完成了多批次华为智能手机的空运出口测试业务，2018年出口微软、联想等知名企业电子产品8500吨。推动大连港毅都冷链有限公司"华中冷鲜港"项目建设，2018年冬季保障智利水果包机进口17架次，达1407吨。

围绕国际航空货运枢纽建设，郑州新郑机场东部规划的10平方千米的航空物流产业集群区，已成功申报成为首批物流园区。园区聚焦快递、电商和冷链物流行业，引进顺丰、中通、申通、韵达、菜鸟裹裹、苏宁、唯品会等30多个物流项目，入住物流企业100余家，年营业收入70余亿元，初步构建了服务航空运输的现代物流产业体系。

（资料来源：金真，宋志刚. 中国航空物流枢纽发展指数报告[M]. 北京：社会科学文献出版社，2021.）

案例思考题：

（1）分析郑州空港型物流枢纽体系的优势。

（2）建设郑州航空物流枢纽对于发展我国航空物流业起到哪些作用？

6.1　国际航空物流管理机构

随着经济全球化，航空物流业对世界经济的影响日趋重要，国际间通过航空运输加强沟通和交流，航空物流业与国际金融和世界贸易的联系也越来越密切。航空物流活动具备天然的国际性，涉及许多国际性的政治、经济、安全和技术问题，因此，保证航空物流活动顺利运行的国际性组织和协会，在航空物流安全管理中起着极为重要的作用。

6.1.1　国际民用航空组织

国际民用航空组织是由各国政府组成的国际航空运输机构，是协调世界各国政府在民用航空领域内各种经济和法律事务、制定航空技术国际标准和促进国际航行运输发展的重要组织。1944年11月1日至12月7日，52个国家参加了在美国芝加哥召开的国际民用航空会议，签订了《国际民用航空公约》（通称《芝加哥公约》），并决定成立过渡性的临时国际民用航空组织，这是国际民用航空运输业界的一部重要法典，它对国家领土主权、无害通过的权利、保障国际飞行安全等内容在技术和行政管理方面做出了具体规定。1947年4月4日，《芝加哥公约》生效，国际民用航空组织也因之正式成立，同年5月13日成为联合国的一个专门机构，其总部设在加拿大的蒙特利尔。国际代用航空组织的标志；如图6-1所示。

图6-1　国际代用航空组织标志

1. 国际民用航空组织的宗旨及任务

国际民用航空组织的宗旨是保障《国际民用航空公约》的实施，开发国际航行原则和技术，促进国际航空运输的规划和发展。

国际民用航空组织的主要任务是为国际航空运输业制定全部的技术规则和各种章程，并与联合国一起努力使国际航空的技术、设备、服务和训练标准化，以加强国际航空运输的安全，推动国际民用航空事业有秩序地发展。其具体任务如下：

①保证全世界国际民用航空安全地、有效地和有秩序地发展；
②鼓励发展以世界和平为目的的航空器设计技术和驾驶技能；
③鼓励发展用于国际民用航空的航路、机场和航行设施；
④发展安全、正常、有效和经济的民用航空运输，满足世界人民的要求；
⑤防止不合理的竞争，避免经济浪费；
⑥充分尊重缔约国的权利，保证享有公平经营国际航空运输业务的机会；
⑦避免各缔约国之间的差别待遇；
⑧促进国际航空飞行安全；
⑨促进国际民用航空运输业的全面发展。

以上9条共涉及国际航行和国际航空运输两个方面问题。前者为技术问题，主要是安全；后者为经济和法律问题，主要是公平合理，尊重主权。两者的共同目的是保证国际民航安全、正常、有效和有序地发展。

国际民用航空组织的作用是制定和监督执行有关航空运输飞行安全和维护国际航空运输市场秩序的标准，促进发展与和平利用航空技术，以保证飞行安全，在尊重主权的基础上公平发展。

2. 国际民用航空组织的组织结构

国际民航组织由大会、理事会和秘书处三级框架组成。

（1）大会

大会是该组织的最高权力机构，由全体成员国组成。大会由理事会召集，一般情况下每3年举行一次，遇有特别情况时或经1/5以上成员国向秘书长提出要求，可以召开特别会议。大会决议一般以超过半数通过。参加大会的每一个成员国只有一票表决权。但在某些情况下，如《芝加哥公约》的任何修正案，则需2/3多数票通过。

大会的主要职能为选举理事会成员国，审查理事会各项报告，提出未来3年的工作计划，表决年度财政预算，授权理事会必要的权力以履行职责，并可随时撤回或改变这种权力，审议关于修改《芝加哥公约》的提案，审议提交大会的其他提案，执行与国际组织签订的协议，处理其他事项等。大会召开期间，一般分为大会、行政、技术、法律、经济 5 个委员会对各项事宜进行讨论和决定，然后交大会审议。

（2）理事会

理事会是向大会负责的常设机构，由大会选出的 36 个缔约国组成。理事国分为 3 类：第一类理事国为在航空运输领域居特别重要地位的成员国，占 11 席；第二类理事国是对提供国际航空运输的发展有突出贡献的成员国，占 12 席；第三类理事国是具有区域代表性的国家，占 13 席。理事会设主席一名，主席由理事会选举产生，任期 3 年，可连选连任。

理事会每年召开 3 次会议，每次会议会期约为两个月。理事会下设财务、技术合作、非法干扰、航行、新航行系统、运输、联营导航、爱德华奖 8 个委员会，每次理事会开会前，各委员会先分别开会，以便将文件、报告或问题提交理事会，另有常设的法律委员会协助工作。

理事会的主要职责包括执行大会授权并向大会报告本组织及各国执行公约的情况，管理本组织财务，领导下属各机构工作，通过公约附件向缔约各国通报有关情况，以及设立运输委员会，参与研究国际航空运输发展和经营有关的问题并通报成员国，对争端和违反《芝加哥公约》的行为进行裁决等。

（3）秘书处

秘书处是国际民航组织的常设行政机构，由秘书长负责保证国际民航组织各项工作的顺利进行，秘书长由理事会任命。秘书处下设航行局、航空运输局、法律局、技术合作局、行政局 5 个局，以及财务处、外事处。此外，秘书处有一个地区事务处和 7 个地区办事处，分设在曼谷、开罗、达喀尔、利马、墨西哥城、内罗华和巴黎。地区办事处直接由秘书长领导，主要任务是建立和帮助缔约各国实行国际民航组织制定的国际标准和建设措施，以及地区规划。

3. 中国与国际民航组织

中国是国际民用航空组织的创始国之一，1944 年 11 月 9 日，当时的中国政府在《芝加哥公约》上签字，并于 1946 年正式成为会员国。1971 年 11 月 19 日，国际民航组织第 74 届理事会通过决议，承认中华人民共和国政府为中国唯一合法代表。1974 年 2 月，我国承认《国际民用航空公约》，并自该日起参加该组织的活动。中国从 1974 年起连续当选为理事国，并在蒙特利尔设有常驻该组织理事会的中国代表处。1977 年，国际民航组织第 22 届大会决定将中文作为该组织的工作语言之一。从 2004 年至今，我国已经连续五次成为一类理事国成员之一。

6.1.2　国际航空运输协会

国际航空运输协会（简称"国际航协"）是一个由世界各国航空公司所组成的大型国际组织，其前身是 1919 年在海牙成立并在第二次世界大战时解体的国际航空业务协会。1944 年 12 月，出席芝加哥国际民航会议的一些政府代表和顾问及空运企业的代表聚会，商定成立一个委员会并为新的组织起草章程。1945 年 4 月 16 日，在哈瓦那会议上修改并通过草案章程后，国际航空运输协会成立。国际航空运输协会标志如图 6-2 所示。

国际航空运输协会总部设在加拿大的蒙特利尔，执行机构设在日内瓦。和监管航空安全和航行规则的国际民航组织相比，它更像是一个由承运人（航空公司）组成的国际协调组织，管理在民航运输中出现的如票价、危险品运输等问题。

图 6-2　国际航空运输协会标志

国际航协从组织形式上是一个航空企业的行业联盟，属非官方性质组织，但是由于世界上的大多数国家的航空公司是国家所有，即使非国有的航空公司也受到所属国政府的强力参与或控制，因此国际航协实际上是一个半官方组织。它制定运价的活动，也必须在各国政府授权下进行，它的清算所对全世界联运票价的结算是一项有助于世界空运发展的公益事业，因而国际航协发挥着通过航空运输企业来协调和沟通政府间政策、解决实际运作困难的重要作用。

1. 协会的宗旨及任务

国际航协的宗旨是为了世界人民的利益，促进安全、正常而经济的航空运输，为直接或间接从事国际航空运输工作的各空运企业提供合作的途径，使国际民航组织及其他国际组织通力合作。

国际航协的任务与作用是制定国际航空客货运输价格、运载规则和运输手续，协助航空运输企业间的财务结算，执行国际民用航空组织所制定的国际标准和程序。其具体任务及职能如下所述。

①协商制定国际航空客货运票价、防止恶性竞争。

②统一国际航空运输的规章制度，作业程序、文件的标准格式，使国际空运顺利运转，提高效率。

③通过清算所，统一结算各会员间及会员和非会员间的联运业务，实行分级联运，使一张票据可通行全球。

④进行技术合作。

⑤协助会员改善机场条件，提高运营效率。

⑥规定承运人在法律上应负的责任和义务。

⑦开展业务代理。

⑧允许援例竞争，保护会员公司的利益。

2. 组织机构

1945 年，国际航空运输协会成立时，只有 57 家空运企业会员。截至 2017 年 3 月，国际航空运输协会共有来自全球 115 个以上国家的 271 家空运企业会员，承担了全球约 83%的国际航空运输量。年度大会是国际航空运输协会的最高权力机构，每年在各大洲轮流举办，任何关于章程修改、高级人员任命、预算审批、新项目批准、会员会费制定等重大事项，均需要在年度大会上审批通过。理事会是年度大会的决策机构，由31家航空公司的高级管理人员组成。理事长是国际航协的最高行政长官，在理事会的监督和授权下行使职责并对理事会负责，理事会下设主席委员会、战略和政策委员会及审计委员会，并下设6个专业委员会，即行业委员会、财务委员会、货运委员会、航行委员会、法律委员会和环境委员会，根据需要，各个专业委员会又分设若干分委员和工作组，成员均来自会员航空公司各专业领域的专家。国际航协在全世界53个国家设立了54个办公室，有雇员1260人。在新加坡、日内瓦、贝鲁特、布宜诺斯艾利斯、华盛顿设地区运输业务服务处。在曼谷、日内瓦、伦敦、内罗毕、里约热内卢、达喀尔和北京设地区技术办事处。在日内瓦设清算所，为各会员公司统一财务上的结算。

3. 中国与国际航空运输协会

我国现有17家国际航协会员航空公司，分别是（排名不分先后）：中国国际航空公司，东方航空公司，南方航空公司，前海南航空公司，上海航空公司，厦门航空公司，山东航空公司，深圳航空公司，中国货运航空公司，四川航空公司，国泰航空公司，港龙航空公司，澳门航空公司，中华航空公司，长荣航空公司，复兴航空公司，远东航空公司。

国际航空运输协会北京办事处成立于1994年4月15日。从最初的代理人事务办事处迅速成长为国际航协七大地区办事处之一，主管北亚地区事务。在民航总局及中外航空公司，尤其是会员航空公司的大力支持下，国际航协北京办事处各项工作开展顺利，为本地区航空业的发展做出了巨大贡献。

6.1.3 国际货运代理协会联合会

国际货运代理协会联合会（International Federation of Freight Forwarders Associations，FIATA）是一个非营利性国际货运代理的行业组织。协会于1926年5月31日成立于奥地利维也纳，总部现设在瑞士苏黎世。其任务是协助各国和地区的货运代理组织联合起来，在国际范围内保护货运代理的利益，代表参加联合国的贸易和发展会议及经济社会理事会。会员不仅限于货运代理企业，还包括海关、船舶代理、空运代理、仓库、卡车和集中托运业者等与国际运输有关的部门。作为世界运输领域最大的非政府间国际组织，国际货运代理协会联合会被国际商会、国际航空运输协会、国际铁路联盟、国际公路运输联盟、世界海关组织、

图6-3 国际货运代理协会联合会标志

世界贸易组织等一致确认为国际货运代理业的代表，并在联合国经济及社会理事会、联合国贸易与发展大会、联合国欧洲经济委员会、联合国亚洲及太平洋经济和社会理事会、联合国国际贸易法委员会中拥有咨询顾问的地位。国际货运代理协会联合会标志，如图6-3所示。

FIATA 会员分为四类：协会会员，代表某个国家或地区全部或部分货运代理行业的组织和在某个国家或地区独立注册的唯一国际货运代理公司，可以申请成为协会会员；企业会员，货运代理企业或与货运代理行业密切相关的法人实体，经其所在国家的一般会员书面同意，可以申请成为企业会员；团体会员，代表某些国家货运代理行业的国际性组织、代表与该联合会相同或相似利益的国际性货运代理集团，其会员在货运代理行业的某一领域比较专业的国际性协会，可以申请成为团体会员；荣誉会员，对该联合会或货运代理行业做出特殊贡献的人士，可以成为荣誉会员。目前，该联合会有 96 个国家和地区的 106 家协会会员，在 161 个国家和地区有近 6000 家企业会员，代表了全球 4 万多家货运代理企业、近 1000 万名从业人员。

目前，FIATA 设有航空货运、海关事务、多式联运 3 个研究机构，以及危险货物咨询委员会、信息技术咨询委员会、法律事务咨询委员会、国际事务咨询委员会、职业培训咨询委员会 5 个咨询委员会。每个研究机构还根据研究的题目分别成立了若干常设工作组。其中，航空货运研究机构下设国际航空货运协会事务工作组，海关事务研究机构下设进口税工作组和海关简化工作组，多式联运研究机构下设海上运输工作组、铁路运输工作组和公路运输工作组，另单设物流可持续发展工作组。

6.1.4 国际机场理事会

国际机场理事会（Airports Council International，ACI），原名为国际机场联合协会，总部设立在瑞士日内瓦，于 1991 年成立，1993 年 1 月 1 日更名为国际机场理事会。国际机场理事会是全世界所有机场的行业协会，是一个非营利性组织，其宗旨是加强各成员与全世界民航业各个组织和机构的合作，包括政府部门、航空公司和飞机制造商等，并通过这种合作，建立一个安全、有效、和谐的航空运输体系。国际机场理事会标志，如图 6-4 所示。

国际机场理事会的发展目标为：保持和发展世界各地民用机场之间的合作，相互帮助；就各成员机场所关心的问题，明确立场，形成惯例，以"机场之声"的名义集中发布和推广这些立场和惯例；制定加强民航业各方面合作的政策和惯例，形成一个安全、稳定、与自然环境相适应的高效的航空运输体系，推动旅游业和货运业乃至各国和世界经济的发展；在信息系统、通信、基础设施、环保、金融、市场、公共关系、经营和维修等领域内交流有关提高机场管理水平的信息；向国际机场理事会的各地区机构提供援助，协助其实现上述目标。

图 6-4 国际机场理事会标志

国际机场理事会目前有 5 个常务委员会，包括技术和安全委员会、环境委员会、经济委员会、安全委员会、简化手续和便利旅客流程委员会，分别就其各自范围内的专业制定有关规定和政策。国际机场理事会总部设在瑞士的日内瓦，于 2011 年夏搬至加拿大蒙特利尔。在摩洛哥卡萨布兰卡（非洲区）、中国香港（亚太区）、比利时布鲁塞尔（欧洲区）、巴拿马（拉丁美洲/加勒比地区）、美国华盛顿（北美区）设立 5 个地区办公室。目前，国际机场理事会成员包括 175 个国家和地区的 2500 个机场。

6.1.5　国际航空电信协会

国际航空电信协会（Society International De Telecommunication Aero-nautiques，SITA）是一个专门承担国际航空公司通信和信息服务的合作性组织，于 1949 年 12 月 23 日由 11 家欧洲航空公司的代表在比利时的布鲁塞尔创立。其主要职责是带动全球航空业使用信息技术的能力，并提高全球航空公司的竞争能力，不仅为航空公司提供网络通信服务，还可为其提供共享系统，如机场系统、行李查询系统、货运系统、国际票价系统等。SITA 经营着世界上最大的专用电信网络，由 400 多条中高速相互连接的 210 个通信中心组成。各航空公司的用户终端系统通过各种不同形式的集中器连接至 SITA 的网状干线网络。SITA 的网络由 4 个主要的系统构成，即数据交换和接口系统、用户接口系统、网络控制系统和存储转发报系统。

此外，SITA 还建立并运行着两个数据处理中心。一个是位于美国亚特兰大的旅客信息处理中心，主要提供自动订座、离港控制、行李查询、航空运价和旅游信息。另一个设在伦敦的数据处理中心，主要提供货运、飞行计划处理和行政事务处理业务。中国民航于 1980 年 5 月加入 SITA，实现其通信网络与 SITA 亚特兰大自动订座系统和 SITA 伦敦飞行计划自动处理系统相互连通。中国国际航空公司、中国东方航空公司、中国南方航空公司都是 SITA 的会员。

6.2　中国航空物流管理机构

作为国民经济和社会发展的重要行业和先进的交通运输方式，航空物流业伴随整个国民经济的发展而不断发展壮大。中国航空物流行业管理以《中华人民共和国民用航空法》为核心，覆盖行政规则、航空器、航空人员、空中交通管理、运行规则、运行合格审定、机场、经济与市场管理、航空安全信息与事故调查和航空安全保卫等民航业所有领域，并且政策体系不断完善。

民航系统由民航政府部分、民航运输企业、民航运输机场、空中交通管理机构、民航运输服务保障类企业、政府监管部门，以及参与通用航空活动的企事业单位及个人构成，经过一系列的体制和制度改革，基本形成了各子系统配置合理、有序分工的局面，与社会主义市场经济体制相适应的行业管理体制基本建立，为航空物流协调发展奠定了坚实基础。

中国民用航空业管理体系设计为三级管理，即中国民用航空局、民航地区管理局和省（区、市）航空安全管理办公室。

6.2.1　中国民用航空局

中国民用航空局（Civil Aviation Administration of China，CAAC），简称中国民航局。

2008年，国务院机构改革，组建交通运输部，将中国民用航空总局的职责整合划入交通运输部，组建国家民用航空局，由交通运输部管理。中国民用航空局是中国政府管理和协调中国民用航空运输业务的职能部门，对中国民用航空事业实施行业管理。中国民用航空局标志如，图6-5所示。

图6-5　中国民用航空局标志

1. 中国民用航空局的主要职责

在中国经济改革和对外开放以后的新时期，根据建设有中国特色的社会主义的总方针，中国民用航空局确立了新的职责，具体职责如下所述。

①研究并提出民航事业发展的方针、政策和战略；拟定民航法律、法规《中华人民共和国民用航空法》，经批准后监督执行；推进和指导民航行业体制改革和企业改革工作。

②编制民航行业的长期发展规划；对行业实施宏观管理；负责全行业综合统计和信息化工作。

③制定保障民用航空安全的方针政策和规章制度，监督管理民航行业的飞行安全和地面安全；制定航空器飞行事故和事故征候标准，按规定调查处理航空器飞行事故。

④制定民用航空飞行标准及管理规章制度，对民用航空器运营人实施运行合格审定和持续监督检查，负责民用航空飞行人员、飞行签派人员的资格管理；审批机场飞行程序和运行最低标准；管理民用航空卫生工作。

⑤制定民用航空器适航管理标准和规章制度，负责民用航空器型号合格审定、生产许可审定、适航审查、国籍登记、维修许可审定和维修人员资格管理并持续监督检查。

⑥制定民用航空空中交通管制标准和规章制度，编制民用航空空域规划，负责民航航路的建设和管理，对民用航空器实施空中交通管制，负责空中交通管制人员的资格管理；管理民航通信、航行情报和航空气象工作。

⑦制定民用机场建设和安全运行标准及规章制度，监督管理机场建设和安全运行；审批机场总体规划，对民用机场实行使用许可管理；实施对民用机场飞行区适用性、环境保护和土地使用的行业管理。

⑧制定民航安全保卫管理标准和规章制度，管理民航空防安全；监督检查防范和处置劫机、炸机预案，指导和处理非法干扰民航安全的重大事件；管理和指导机场安检、治安及消防救援工作。

⑨制定航空运输、通用航空政策和规章制度，管理航空运输和通用航空市场；对民航企业实行经营许可管理；组织协调重要运输任务。

⑩研究并提出民航行业价格政策及经济调节办法，监测民航待业经济效益，管理有关预算资金；审核、报批企业购买和租赁民用飞机的申请；研究并提出民航行业劳动工资政策，管理和指导直属单位劳动工资工作。

⑪领导民航地区、自治区、直辖市管理局和管理民航直属院校等事业单位；按规定范围管理干部；组织和指导培训教育工作。

⑫代表国家处理涉外民航事务，负责对外航空谈判、签约并监督实施，维护国家航空权益；参加国际民航组织活动及涉民航事务的政府间国际组织和多边活动；处理涉香港、澳门特别行政区及台湾省的民航事务。
⑬负责民航党群工作和思想政治工作。
⑭承办国务院和交通部交办的其他事项。

2. 内设机构

中国民用航空局设16个内设机构（副司局级）。

（1）综合司

综合司协助局领导处理日常政务工作，负责机关文电、会务、机要、档案、政务公开、保密、外事接待、新闻发布和信访等工作；承担重要文稿的起草工作。

（2）航空安全办公室

航空安全办公室的职能：组织协调民航行业系统安全管理工作；起草民航安全管理和民用航空器事故及事故征候调查的法规、规章、政策、标准及安全规划；综合协调民航飞行安全、空防安全、航空地面安全工作并监督检查安全工作部署的情况；组织协调国际民航组织安全审计及航空安全方面的国际交流合作事宜；组织民航事故调查员、航空安全监察员的专业培训和委任工作；指导民航行业安全教育培训和安全科技研究应用工作；综合管理民航行业航空安全信息，分析航空安全形势，发布安全指令、通报，提出安全建议和措施；按规定组织或参与民用航空器事故调查工作，指导民用航空器事故征候调查工作，监督检查安全建议落实情况。

（3）政策法规司

政策法规司的职能：组织起草民航行业发展综合政策；组织起草民航行业法律、法规和规章立改废草案；指导民航行业行政执法工作并监督检查；承办相关行政复议和行政应诉工作；负责民航监察员的基础法律知识培训、考核和证件管理工作；负责民航行业法律研究及信息收集工作，指导民航企事业单位的法律工作；负责国际民航法律事务，开展对外法律交流；办理民用航空器所有权、抵押权、占有权和优先权的登记及变更、注销工作，承担民用航空器国际利益登记的相关管理工作；负责民航行业体制改革工作和民航行业社团组织的管理工作；承办民航企业和机场联合、兼并、重组的审批和改制、融资的审核工作，受理民航企业、机场关于不公平竞争行为的投诉，维护民航企业、机场和公众合法权益。

（4）发展计划司

发展计划司的职能：负责起草民航行业规划、投资、外资、统计、价格、收费（不含行政性收费），以及节能减排的相关法规、规章、政策、标准，并组织实施；提出民航行业的发展战略、中长期规划，以及与综合运输体系相关的专项规划建议，按规定组织编制和实施有关专项规划；承担民航固定资产投资和建设项目管理、行业价格、收费管理，组织协调航油供应保障、行业统计有关工作；审核购租民用航空器的申请；监测行业运行情况；指导民航行业节能减排工作。

（5）财务司

财务司的职能：提出民航行业经济调节、财税等政策建议，拟定直属单位财务管理和会计核算规章制度、管理办法，并组织协调实施；监测和分析民航行业经济运行和效益，提出应对措施；负责民航部门预算和决算；承担机关和直属单位的政府采购、财务资金管理、资产管理、监督检查和绩效考核工作；承担民航政府性基金有关工作；负责航空公司涉及安全运行的财务保障能力考核工作。

（6）人事科教司

人事科教司的职能：拟定局直属单位人事、劳动、教育、科技工作的规章制度，并组织实施；承担机关及直属单位的干部人事、机构编制、劳动工资管理工作；按权限承担直属单位的领导干部管理工作；组织拟定民航行业特有工种职业标准，组织开展民航行业职业技能鉴定工作；指导民航行业人才队伍建设、直属院校教育、行业培训、科技和信息化工作，组织重大科技项目研究，承担民航行业职业资格有关管理工作；承担民航安全监察专员的日常管理工作。

（7）国际司（港澳台办公室）

国际司的职能：负责起草民航对外合作政策，承办民航国际合作、外事和对外航空权利谈判工作，承办中国内地与港、澳、台地区合作与交流的有关事务；承办外国和中国港、澳、台地区航空运输企业常驻机构及人员的审核工作。

（8）运输司

运输司的职能：负责起草民航运输、通用航空及市场管理、危险品航空运输管理、运输服务质量管理、民航消费者权益保护的相关法规、规章、政策、标准，并监督执行；规范航空运输市场秩序，监督管理服务质量；承担航空运输企业及其航线航班的经营许可管理工作；负责机场地面服务机构的许可管理；拟定并实施内地与港、澳、台地区的航空运输安排；组织协调重大、特殊、紧急航空运输和通用航空任务；承担国防动员有关工作；负责危险品航空运输的监督管理；规范通用航空市场秩序。

（9）飞行标准司

飞行标准司的职能：负责起草民航飞行运行、航空器维修、危险品航空运输和航空卫生政策及标准并监督执行，承担民用航空器运营人、航空人员训练机构及设备、民用航空器维修单位的审定和监督检查工作，承担民航飞行人员、飞行签派人员和维修人员的资格管理；负责飞行标准委任单位代表、委任代表、飞行标准监察员、局方委任代表的相关管理工作；审批机场飞行程序和运行的最低标准并监督执行；承担民用航空器型号合格审定中的运行评审工作，参与民用航空器的事故调查。

（10）航空器适航审定司

航空器适航审定司的职能：负责起草民用航空产品及民航油料、化学产品的适航审定管理及相应环境保护的相关法规、规章、政策、标准，并监督执行；负责相关产品的生产许可审定、合格审定或适航审定；承担民用航空器的国籍登记工作；承担民航标准和计量有关的工作。

（11）机场司

机场司的职能：负责起草民用机场的建设、安全、运营管理政策和标准并监督检查；

承担民用机场的场址、总体规划、工程设计审核工作,承担民用机场及其专用设备的使用许可管理工作;承担民航建设工程招投标、质量监督和相关单位资质管理工作,组织工程行业验收;承担民用机场应急救援、环境保护、土地使用、净空保护有关的管理工作;承担机场内供油企业安全运行监督管理的工作。

除此以外,中国民航总局还内设了公安局、空管行业管理办公室、直属机关党委(思想政治办公室)、全国民航工会、离退休干部局。

3. 民航地区管理局下辖航空安全监督管理局

中国民用航空局还下设华北地区管理局、东北地区管理局、华东地区管理局、中南地区管理局、西南地区管理局、西北地区管理局和新疆管理局共7个民用航空地区管理局,负责对辖区内民用航空事务实施行业管理和监督。7个民航地区管理局根据安全管理和民用航空不同业务量的需要,共派出40个中国民用航空安全监督管理局,负责辖区内的民用航空安全监督和市场管理,如表6-1所示。

表6-1 各地区管理局管辖的安全监管管理局

地区管理局	安全监督管理局	地区管理局	安全监督管理局
华北地区	北京、天津、河北、山西、内蒙古	东北地区	黑龙江、吉林、辽宁、大连
华东地区	上海、江苏、浙江、山东、安徽、福建、江西、厦门、青岛、温州	中南地区	河南、湖北、湖南、广西、海南、广东、深圳、桂林、三亚
西南地区	四川、重庆、贵州、云南、丽江	西北地区	陕西、甘肃、宁夏、青海
新疆管理局	乌鲁木齐、喀什、阿克苏(运行办)		

6.2.2 中国航空运输协会

中国航空运输协会(China Air Transport Association,CATA)是依据我国有关法律规定,以民用航空公司为主体,由企、事业法人和社团法人自愿参加结成的、行业性的、不以营利为目的、经中华人民共和国民政部核准登记注册的全国性社团法人。由9家单位发起,分别是中国航空集团公司,中国东方航空集团公司,中国南方航空集团公司,前海南航空股份有限公司,上海航空股份有限公司,中国民航大学,厦门航空有限公司,深圳航空有限责任公司,四川航空股份有限公司。中国航空运输协会标志,如图6-6所示。

图6-6 中国航空运输协会标志

1. 中国航空运输协会的性质

依据我国有关法律规定,以民用航空公司为主体,由企、事业法人和社团法人自愿参加结成的、行业性的、不以盈利为目的、经中华人民共和国民政部核准登记注册的全国性社团法人。

2. 中国航空运输协会的基本宗旨

中国航空运输协会的基本宗旨是遵守宪法、法律法规和国家的方针政策。按照社主义市场经济体制要求,努力为航空运输企业服务,为会员单位服务,为旅客和货主服务,维护行业和航空运输企业的合法权益,促进中国民航事业健康、快速、持续地发展。

3. 中国航空运输协会的工作方针

中国航空运输协会的工作方针是以党和国家的民航政策为指导,以服务为主线,以会员单位为工作重点,积极、主动、扎实、有效地为会员单位服务,促进提高经济效益,努力创造公平竞争、互利互惠、共同发展的健康和谐的航空运输环境。中国航空运输协会倡导的精神:诚信服务、创新进取。

4. 中国航空运输协会的目标任务

中国航空运输协会的目标任务是围绕国家改革发展大局,围绕企业经营的热点、难点,围绕维护会员单位合法权益,积极推进各项工作,坚定地走自立、自主、自律、自我发展的道路,以服务为本,把协会建设成中国航空运输企业之家、会员之家,以创新为源,把协会办成高效率、有信誉,具有国际影响的先进社团组织。

6.2.3 中国民用机场协会

中国民用机场协会(China Civil Airports Association,CCAA),简称中国机场协会,是经中国民用航空总局、民政部批准的中国民用机场行业(不含香港、澳门和台湾)唯一的合法代表。协会总部设在北京,现有96个会员机场,会员机场旅客吞吐量、货运量和航班起降架次均达到全国总量的99%以上。中国民用机场协会是由全国民用机场自愿结成的非营利性的行业组织。中国机场协会标志,如图6-7所示。

图6-7 中国民用机场协会标志

1. 协会的宗旨

①宣传、贯彻中国共产党和政府的路线、方针、政策、法律和行业法规。

②按照"共同参与、共同分享、共同成就"的指导思想,为会员提供交流合作平台,提出行业政策建议,推动我国机场管理和建设水平不断提高。

③阐述行业立场,表达会员心声,维护会员合法权益,成为中国机场界与政府、社会环境之间积极有效的沟通渠道。

④协助解决会员之间的矛盾和争议,和谐会员关系,促进行业自律和健康发展。

2. 协会的业务范围

①举办多种形式的与机场业务相关的交流活动。

②开展与机场业务相关的信息收集、分析咨询和评比服务。

③受政府委托,起草机场行业标准,推动新技术运用。

④根据机场行业发展实际和趋势,进行相关课题的调查研究,向政府有关部门提出政策或立法建议。

⑤组织开展与机场业务相关的国际交流与合作。

我国主要的通航国家和城市

一区(TC1)：我国通航的国家为北美的加拿大和美国。主要城市有温哥华 YVR、多伦多 YTO (YYZ)、旧金山 SFO、西雅图 SEA、洛杉矶 LAX、芝加哥 CHI 和纽约 NYC。

二区(TC2)：我国通航的国家主要为欧洲国家，也有少数中东和非洲国家，分别是英国、法国、比利时、西班牙、瑞典、埃及、以色列、土耳其和埃塞俄比亚。主要城市有伦敦 LON、巴黎 PAR、法兰克福 FRA、哥本哈根 CPH、斯德哥尔摩 STO、柏林 BER、马德里 MAD、苏黎世 ZRH 和开罗 CAI 等。

三区(TC3)：我国通航的国家主要为亚洲国家，也有少数大洋洲国家，它们是日本、韩国、越南、马来西亚、新加坡、印度尼西亚、澳大利亚等。主要城市有东京 TYO、大阪 OSA、福冈 FUK、长崎 NGS、新加坡 SIN、悉尼 SYD、雅加达 JKT 等。

6.3 中国航空物流企业

航空物流企业是航空器使用单位，即行业内通常所说的航空公司，属经营性实体，承运客、货、邮件、快递等运输任务，为社会机构和公众提供服务的企业。根据企业运输对象及运输飞机机型的不同，可以分为客货运混合航空公司和全货运航空公司。截至 2021 年底，我国共有运输航空公司 65 家。按不同所有制类别划分：国有控股公司 39 家，民营和民营控股公司 26 家。在全部运输航空公司中，全货运航空公司 12 家，中外合资航空公司 9 家，上市公司 8 家。其中国有控股航空公司包括中国国际航空公司、东方航空公司、南方航空公司等 39 家；民营和民营控股航空公司包括吉祥航空公司、春秋航空公司等 26 家；专门从事国内（含港澳台）、国际航空货邮运输业务的全货运航空公司包括中国国际货运航空公司、中国货运航空公司、顺丰航空公司等 12 家。

6.3.1 中国主要的航空运输企业

1. 中国国际航空股份有限公司

中国国际航空股份有限公司（Air China）简称国航，两字代码 CA，于 1988 年成立，总部设在北京，主要运营基地是北京首都国际机场和成都双流国际机场，是中国唯一载国旗飞行的民用航空公司。国航是中国航空集团公司控股的航空运输主业公司，与中国东方航空股份有限公司和中国南方航空股份有限公司合称中国三大航空公司。国航的企业标识由一只艺术化的凤凰和邓小平同志书写的"中国国际航空公司"及英文"AIR CHINA"构成。国航身为中国民航业发展的践行者、推动者、引领者，秉承凤凰精神，致力于打造完美航程，传递平安吉祥，创新进取，引领行业发展，打造"国家名片"。国航标志，如图 6-8 所示。

图 6-8 国航标志

国航承担着中国国家领导人出国访问的专机任务,也承担许多外国元首和政府首脑在国内的包机任务,这是国航独有的国家载旗航的尊贵地位。国航辖有西南、浙江、重庆、内蒙古、天津、上海、湖北、贵州和西藏分公司,华南基地及工程技术分公司等,国航主要控股子公司有中国国际货运航空有限公司、澳门航空股份有限公司、深圳航空有限责任公司、大连航空有限责任公司、北京航空有限责任公司等,合营公司主要有北京飞机维修工程有限公司。另外,国航还参股国泰航空、山东航空等公司,是山东航空集团有限公司的最大股东。

截至2021年12月31日,国航(含控股公司)共拥有以波音、空中客车为主的各型飞机746架,平均机龄8.23年;经营客运航线已达672条,通航国家及地区25个,通航城市151个,通过与"星空联盟成员"等航空公司的合作,将服务进一步拓展到195个国家(地区)的1300个目的地。

2. 中国南方航空股份有限公司

中国南方航空股份有限公司(China Southern Airlines)简称南航,两字代码CZ,成立于1991年,总部设在广州,主要运营基地是广州白云国际机场和北京大兴国际机场。南航选择木棉花作为航徽的主要内容:一方面是因为公司创立时总部设在中国南方地域广州,木棉花航徽既可以显示公司的地域特征,也可顺应南方人民对木棉花的喜爱和赞美;另一方面是以木棉花所象征的坦诚、热情的风格,塑造公司的企业形象,表示自己将始终以坦诚、热情的态度为广大旅客、货主提供尽善尽美的航空运输服务。南航标志,如图6-9所示。

图6-9 南航标志

南航是中国运输飞机最多、航线网络最发达、年客运量最大的航空公司,拥有厦门、河南、贵州、珠海等8家控股航空运输子公司,新疆、北方、北京等16家分公司,在杭州、青岛等地设有23个境内营业部,在新加坡、纽约、巴黎等地设有56个境外营业部。

2021年,南航旅客运输量达到0.98亿人次,连续42年居中国各航空公司之首。截至2021年12月31日,南航运营包括波音787、777、737系列,空客A380、A330、A320系列等型号客货运输飞机878架,是全球首批运营空客A380的航空公司。南航每天有3000多个航班飞往全球40多个国家和地区、224个目的地,航线网络1000多条,提供座位数超过50万个。通过与美国航空、英国航空、卡塔尔航空等合作伙伴密切合作,南航航线网络延伸到全球更多目的地。

3. 中国东方航空集团有限公司

中国东方航空集团有限公司(China Eastern Airlines)简称东航,两字代码MU,总部设在上海,主要运营基地是上海虹桥国际机场和上海浦东国际机场。2002年,以原东航集团公司为主体,在兼并原中国西北航空公司、联合原云南航空公司的基础上组建而成中国东方航空集团公司。东航以传统的红、蓝、白三色圆形为标识,核心元素"飞

图 6-10　东航标志

燕",承载对旅客和顺吉祥的祝愿,红蓝两色的燕子标识,更彰显东航"时尚、动感、活力"的国际化发展定位。东航标志,如图 6-10 所示。

东航是中国三大国有骨干航空公司之一,机队规模达 730 余架,是全球规模航企中最年轻的机队之一,拥有中国规模最大、商业和技术模式领先的互联网宽体机队。现主要从事国内和国际航空的客、货、邮、行李运输、通用航空等业务及延伸服务。借助"天合联盟",东航构建起以上海为核心枢纽,通达全球 175 个国家的 1150 个目的地的航线网络,年旅客运输量超过 1.3 亿人次。

4. 深圳航空有限责任公司

深圳航空有限责任公司(Shenzhen Airlines)简称深航,两字代码 ZH,成立于 1992 年,总部设在广东深圳,主要运营基地是深圳宝安国际机场。深航的标识是"民族之鹏",是中国传统文化和现代文化集合的图腾。图案和谐融汇,凝聚东方文化的精髓,体现果断进取的精神。深航标志,如图 6-11 所示。

图 6-11　深航标志

深航通过增资,国航持有为深圳航空股权由原来的 25%增至 51%,成为深圳航空的控股股东。至 2021 年年底,深航共拥有波音 737、空客系列飞机近 200 架。深航共经营国内、国际航线 250 余条,以深圳为主基地、全国八家分公司、六个基地为网络支撑,航线网络辐射中南、西南、华北、华东、西北等地区,年运输旅客量近 4000 万人次。目前,深航正重点打造国内高质量、先行城市快线,与国际以广深为核心,打造日韩、东南亚双扇形国际航线网络,通达亚洲,直达欧洲,拥有深圳直飞伦敦航线。

5. 春秋航空股份有限公司

春秋航空股份有限公司(Spring Airlines)简称春秋航空,两字代码 9C,成立于 2004 年,总部设在上海,主要运营基地是上海虹桥国际机场和上海浦东国际机场。春秋航空的标识运用了春秋航空的英文首字母"S"进行设计,采用了三个 S 相互重叠、交叉组合而成,表现出了互动、团结联结。春秋航空标志,如图 6-12 所示。

春秋航空是首个中国民营资本独资经营的低成本航空公司,也是首家由旅行社起家的低成本航空公司。截至 2021 年,春秋航空机队规模达 102 架。开通了往返于日本、韩国、泰国、马来西亚、柬埔寨等 10 余条国际及地区航线,以及北京、上海等国内航线,共 70 余条。

图 6-12　春秋航空标志

6.3.2　中国主要航空货运企业

国际上把货运航空公司主要分为三类:第一类是传统的混合承运人,这类航空公司既经营客运业务，也经营货运业务；第二类是全货运航空公司，这类公司专业经营定期货运航班和包机业务，典型的代表是卢森堡货运航空公司；第三类是一体化承运人，这类承运人与第一类和第二类不同，他们提供"门到门"的一站式服务，提供限时的保障服务，这类承运人在航空货运业异军突起，典型的代表是美国的联邦快递公司和联合包裹公司。

近年来，我国不断加大对航空货运业的政策支持力度和对外开放程度，推动了航空货运业快速发展，行业规模不断扩大，货运航空企业综合实力不断提高。特别是近年来，国内快递物流业高速发展，一些专业化的货运航空公司加速扩张，发展势头强劲。但是，目前我国还没有一家真正现代意义上的一体化航空物流公司，基本上还是传统的货运航空公司。

1. 中国国际货运航空有限公司

中国国际货运航空有限公司（Air China Cargo），简称国货航，由中国国际航空股份有限公司、中信泰富有限公司、首都机场集团公司共同投资组建，其前身是中国国际航空公司货运分公司，总部设在北京，以上海为货机主运营基地，是中国唯一载有国旗飞行的货运航空公司。2011年3月18日，中国国际航空与香港国泰航空以中国国际货运航空为平台完成货运合资项目。

截至2015年1月，国货航以北京、上海为枢纽，先后开通了从上海始发通往欧洲法兰克福、阿姆斯特丹，美国纽约、芝加哥、洛杉矶、达拉斯，日本东京、大阪及我国台北、成都、重庆、天津、郑州、南京、长春、沈阳等货机航班。同时，依托国航的全球航线网络，国货航在全球的空运航线达到332条，全球通航点达到166个。

国货航目前拥有8架B777F货机，3架B747-400F货机，4架B757-200SF，平均机龄12年。除此之外，国货航还独家经营中国国航全部客机腹舱。依托中航集团、中国国航的物流资源，以及与全球重要航空枢纽货站的紧密合作，国货航建立起了包括上海、北京、台北、法兰克福、阿姆斯特丹、洛杉矶、纽约、大阪等城市的全球货站保障体系，可为客户提供高品质的服务。

截至2020年6月，国货航共经营货运航线已达19条，其中国际航线13条、地区航线1条、国内航线5条；通航国家(地区)8个，通航城市21个（其中国际11个、国内10个）。同时，依托中国国航的全球航线网络，国货航在全球的空运航线达到773条。通过与星空联盟成员等航空公司的合作，将服务进一步拓展到193个国家的1317个目的地。另外，国货航在欧洲、美国、日本、亚太等全球各地，还拥有1400余条全球地面卡车航线作为货机和客机腹舱网络的补充，使货物快速通达全球各地。

2. 中国邮政航空有限责任公司

中国邮政航空有限责任公司，简称邮航，于1996年11月25日成立，1997年2月27日正式投入运营，是国内首家专营特快邮件和货物运输的航空公司。邮航总部设在北京，主运营基地为南京禄口国际机场，企业标识为EMS标志，体现了立体、方位的快速运输目标，寓意真诚服务社会和对速度、安全的追求。

目前，邮航以B757、B737机型为主的全货机机队规模达到33架，其中B757全货机 11 架，B737 全货机 22 架。采用以南京为中心轮辐式集散，在北京、上海、杭州、广州、深圳等重点城市开通点对点直达航线的运行模式；开通 47 条航线，连接国内外 33 个节点城市，形成覆盖华北、华东、东北、华中、华南、西南、西北 7 个地区及台北、首尔、大阪等的航线网络，在国内 300 余个城市间打造了 EMS 邮件"限时递"及"次日递"和"次晨达"等业务品牌，为中国邮政航空快速网提供了优质可靠的航空运力支撑，成为中国邮政 EMS 的核心资产、核心价值和核心竞争力。

根据邮航中长期发展战略规划，未来邮航将在中国邮政集团公司"建成世界一流邮政企业"发展目标引领下，认真贯彻落实"一体两翼"经营发展战略，建立一支不同运力级别的机队，以拥有 15 吨运力级别（B737 系列）及 28 吨运力级别（B757 系列）的机型为主，适时引进宽体货机开通欧美国际航线，做大做强中国邮政"寄递翼"，领跑亚洲快递货运航空，向着"求专、求精、求特色"的发展方向腾飞，建成国际一流、具有中国邮政特色的快递航空公司。

3. 顺丰航空有限公司

顺丰航空有限公司（以下简称"顺丰航空"）成立于 2009 年，是顺丰控股旗下货运航空品牌，总部位于广东深圳，另设杭州、北京两大航空基地协同运行，致力为顺丰提供安全高效的快件空运服务与定制化航空物流解决方案。顺丰航空是顺丰快递业务核心竞争力的重要保证，也是其品牌的有力延伸。

包机和机腹舱是顺丰集团主要的航空运输手段，顺丰航空拥有以波音 747、767、757、737 机型组成的全货机机队，自开航以来，机队规模始终保持平稳增长。截至 2021 年 10 月，投入运行的全货机数量已达 67 架。顺丰航空是目前国内运营全货机数量最多的货运航空公司之一。

6.3.3 航空公司联盟

航空联盟是两个或两个以上的航空公司之间所达成的合作协议。全球最大的三个航空联盟是星空联盟、天合联盟及寰宇一家。"星空联盟"主要占据着亚洲、欧洲和南美地区市场，"天合联盟"主要在北美地区"称霸"，而"寰宇一家"则在大西洋区拥有相当的优势。

1. 星空联盟

星空联盟（Star Alliance）是 1997 年正式成立的国际性航空公司联盟，总部在德国法兰克福，标识中星形图案的五个部分代表着五大创始航空公司：北欧航空、泰国航空、加拿大航空、德国汉莎航空和美国联合航空。

2021 年，星空联盟成员已发展到 26 家航空公司，是迄今为止历史最悠久、全球规模最大的航空联盟。星空联盟标语为"地球联结的方式（the way the earth connects）"。星空联盟成立的主要宗旨是希望借由各成员所串联而成的环球航空网络，提供乘客一致的高品质服务及全球认可的识别标志，并加强每个联盟成员在本地及全球所提供的服务及发展统一的产品服务。联盟成员航空公司涵盖全球五大洲的航线，将使星空联盟的全球航空网络更为广泛及完整。

2. 寰宇一家

寰宇一家（One World）是 1999 年正式成立的国际性航空公司联盟，总部初期设在加拿大温哥华，后搬至美国纽约。寰宇一家是由美国航空、英国航空、国泰航空、澳洲航空、原加拿大航空五家分属不同国家的大型国际航空公司发起成立的。

2021 年，寰宇一家成员已发展到 14 家航空公司，其联盟口号是"Travel Bright"。成员航空公司及其附属航空公司在航班时间、票务、代码共享、乘客转机、飞行常旅客计划、机场贵宾室及降低支出等多方面进行合作。

3. 天合联盟

天合联盟（Sky Team Alliance）是 2000 年成立的国际性航空联盟，总部设在荷兰阿姆斯特丹史基浦国际机场。天合联盟是由法国航空、达美航空、墨西哥航空和大韩航空联合发起成立的。

2021 年，天合联盟成员已发展到 19 家航空公司，其联盟口号是"我们更关注您！（Caring more about you!）"。联盟通过其伙伴关系向旅客提供更多的实惠，包括各成员间常旅客计划合作，共享机场贵宾室，提供更多的目的点，更便捷的航班安排、联程订座和登机手续，更顺利的中转连接，实现全球旅客服务支援和"无缝隙"服务。对其成员来讲，天合联盟则以低成本扩展航线网络、扩大市场份额、增加客源和收入而带来了更多的商机，并且可以在法律允许的条件下实行联合销售、联合采购降低成本，充分利用信息技术协调发展。

6.3.4 航空运输服务保障企业

航空物流系统除了航空物流企业、运输机场、空中交通管理部门三大运行系统外，还有包括航油供应、航材采购、航空信息、飞机维修，以及航空食品等服务保障类企业或机构。世界各国航空运输业的运行机制和管理体制有很大区别，所以各国的航空运输服务保障企业或机构各不相同。我国主要航空运输保障企业包括航空器材进出口企业、航空运输旅游信息服务企业、航油采购供应企业和飞机与发动机维修企业等。

1. 中国航空器材集团公司

中国航空器材集团公司（简称"中国航材"），是国务院国有资产监督管理委员会监管的中央企业，中国民航六大航空运输及保障集团之一。公司的前身是中国航空器材公司，1980 年 10 月经国家进出口管理委员会批准成立，是中国民航系统成立的第一家公司。2002 年 10 月，民航运输及服务保障企业联合重组，中国航空器材进出口集团公司作为六大航空及保障集团公司之一，经国务院批复正式组建。2007 年 12 月更名为中国航空器材集团公司，总部设在北京。

中国航空器材集团公司是专门从事飞机采购及航空器材保障业务的专业公司，是国内最大的、中立的、第三方航材保障综合服务提供商，在国际航空市场具有较高的知名度和良好的市场品牌形象，与国内各航空公司及波音、空客等国外飞机制造厂商保持着密切合作，具有遍布全国的航材分销网络，致力于优化行业航材资源配置、打造全行业的航材共享平台。

2. 中国民航信息集团公司

中国民航信息集团公司（简称"中国航信"），是组建于2002年10月的专业从事航空运输旅游信息服务的大型国有独资高科技企业，是隶属于国务院国有资产管理委员会管理的中央企业。其前身为中国民航计算机信息中心，至今已有30余年的发展历史。中国民航信息网络股份有限公司是由中国民航计算机信息中心联合当时所有国内航空公司于2000年10月发起成立，2001年2月在香港联交所主板挂牌上市交易。2008年7月，中国民航信息集团公司以中国民航信息网络股份有限公司为主体，完成主营业务和资产重组并在香港成功整体上市。中国航信集团公司资产总额173亿元（截至2015年年底），拥有5825人（截至2016年年底）的高素质员工队伍。中国航信总部设在北京，近60余家分子公司及非控股公司遍布全国及海内外，服务的客户包括30余家国内航空公司，200余家国内机场，为7000多家机票销售代理提供技术支持和本地服务。服务范围覆盖300多个国内城市、100多个国际城市，并通过互联网延伸至社会公众服务领域。

3. 中国航空油料集团公司

我国国内航油主要由中国航空油料集团公司（简称"中国航油"）供应。中国航油成立于2002年10月11日，是以原中国航空油料总公司为基础组建的国有大型航空运输服务保障企业，是国内最大的集航空油品采购、运输、储存、检测、销售、加注为一体的航油供应商。中国航油也是国务院授权的投资机构和国家控股公司试点企业，是国务院国有资产监督管理委员会管理的中央企业。

中国航油控股、参股20个海内外企业，构建了遍布全国的航油、成品油销售网络和完备的油品物流配送体系，在全国190多个机场拥有供油设施，为全球200多家航空客户提供航油加注服务，在25个省（区、市）为民航及社会车辆提供汽柴油及石化产品的批发、零售、仓储及配送服务，在长三角、珠三角、环渤海湾和西南地区建有大型成品油及石化产品的物流储运基地。中国航油已成为亚洲第一大航油供应商。2015年7月，以2014年营业收入2229亿元荣登《财富》"世界500强"第321位。中国航油2011年首次入榜，连续5年榜上有名。

6.4 航空物流法规

人类自出现航空运输活动以来，就一直致力于建立一套国际航空法规和国际航空运输管理规则，以确保航空运输安全和秩序、航空运输活动主体与当事国的合法权益及国际运输活动的健康发展而努力。

中国民用航空法律体系，分为法律、行政法规和民航规章三个层次，其中民航规章在整个民航法律体系中内容最广，数量最多。截至2021年，我国民航法规体系已有法律 1 部、行政法规和法规性文件 27 部、规章 115 部。

航空法的产生

人类于 1783 年在法国乘热气球飞上天空时，开始了航空活动。法国当局于 1784 年就颁布了法令：热气球升空必须由警察局批准。这可以算作是航空法的开端，说明从一开始，人们就意识到必须制定有关法律法规来管理航空活动，以保障航空活动有序、安全地运行。1903 年，飞机出现之后，航空器大量出现，随着飞行事故的发生、飞越国界的纠纷、地面财产和生命的丧失，欧美等发达国家的专家提出建立独立的航空法来处理这类问题。1914—1918 年的第一次世界大战中，航空业取得了飞跃的发展。战后，大量的航空器进入运输及邮政等各类民用系统，航空形成了一个具有国际性的新产业，急需一种相应的航空法规规范来处理国家领空主权、空中交通安全、地面设施管理、国家间权益交换等一系列国际和国内问题。1919 年在巴黎召开的国际会议上签订了《空中航行管理公约》（简称《巴黎公约》），它规定了国际航空法的基本原则，确立了领空主权原则。这个条约是人类历史上第一个关于国际航空法的多边条约，根据这一条约确立了领空主权原则并建立了常设管理机构——国际空中航行委员会，标志国际航空法的正式形成。不少国家签署了这一公约，依据公约的原则制定了国内航空法。在以后的四年中，召开过多次国际会议，签订了航空各方面的相应规范，建立了现代航空法的基本框架。第二次世界大战使国际政治格局产生了巨大变化，同一时期航空技术有了质的飞跃，航空业成为国民经济中的一个占有相当比例的部门，战前的各种条款已适应不了新的形势。1944 年，作为联合国大会的一项专门议题，芝加哥会议签订了《国际民用航空公约》（简称《芝加哥公约》）作为取代《巴黎公约》的新的国际航空法规，成为现代航空法的基础。根据这一公约成立了联合国下属的国际民用航空组织，构成现代世界民用航空的统一立法和管理体系。以《芝加哥公约》的原则规定为基础准则，在 1945 年之后直到现在的几十年中，航空法逐步完善，形成了一套完整的现代航空法。

（资料来源：李昂，降邵华等. 民航概论[M]. 4 版. 北京：中国民航出版社，2021.）

6.4.1　中国航空物流法规

1. 中华人民共和国民用航空法

《中华人民共和国民用航空法》（以下简称《民航法》）在 1995 年 10 月 30 日经第八届全国人大常委会第十六次会议审议通过，中华人民共和国主席令第 56 号公布，自 1996 年 3 月 1 日起施行。《民航法》是新中国成立以来第一部规范民用航空活动的法律，是我国民用航空发展史上的一件大事。《民航法》的颁布，对维护国家的领空主权和民用航空权利，保障民用航空活动安全和有秩序地进行，保护民用航空活动当事人各方的合法权益，促进民用航空事业的发展，提供了强有力的法律保障。

《民航法》共 16 章 214 条，除第一章总则和第十六章附则外，对民用航空器国籍、民用航空器权利、民用航空器适航管理、航空人员、民用机场、空中航行、公共航空运输企业、公共航空运输、通用航空、搜寻援救和事故调查、对地面第三人损害的赔偿责任、对外国民用航空器的特别规定、涉外关系的法律适用、法律责任分别做了规定。

(1) 领空主权

《民航法》规定中华人民共和国领土和领水之上的空域为中华人民共和国领空，中华人民共和国对中华人民共和国领空具有完全的、排他的主权，任何国家的飞行器进入我国领空必须接受我国政府的管理；其他民用航空器必须遵守我国《民航法》的相关规定。但是，《民航法》并未规定领空的上限，一般认为这一空间是海平面上限100千米。

为了对空域实施有效管理，《民航法》授权国务院和中央军委制定空域管理的具体办法。任何民用航空器在我国管制空域内飞行，必须接受我国空中交通管制单位管制和服务，遵守相应的飞行规则。外国民用航空器根据其国籍登记政府与我国签订的协定、协议的规定或经我国民航主管部门批准或接受方可飞入、飞出中华人民共和国领空或在中华人民共和国境内飞行或降落。

(2) 民用航空器

《民航法》第2、第3、第4章明确了对民用航空器的管理，包括民用航空器的国籍管理、适航管理及民用航空器的权利等。现代社会国籍的概念已经从自然人扩展到法人、船舶、航空器及一般财产。航空器的国籍是一国对航空器实施管理及外交保护的基本依据。我国《民航法》沿袭了《芝加哥公约》对于国籍的相关规定，不承认航空器具有双重国籍，并规定了航空器国籍登记的条件及航空器机身上涂绘国籍标志的要求。

民用航空器的权利包括民用航空器的所有权、抵押权、优先权和租赁权。民用航空器的所有权是指民用航空器的所有人对民用航空器的占有、使用、收益和处分的权利。随着航空事业的发展，航空器的所有权出现了新的形式。我国《民航法》规定，融资租赁期间，承租人依法享有航空器的占有、使用和收益权。抵押权不转移所有权，设置抵押权的目的在于担保债务的清偿，但抵押权限制了所有权的转让。我国《民航法》规定，未经抵押权人同意，抵押人不得将被抵押航空器转让给他人。优先权是指债权人向民用航空器所有人、承租人提出赔偿请求，对产生该赔偿请求的民用航空器具有优先受偿的权利。我国《民航法》规定搜救和保管维护单位对民用航空器具有优先受偿权。

航空器的适航管理是根据国家的有关规定，对民用航空器的设计、生产、使用和维修实施以确保飞行安全为目的的技术鉴定和监督。适航管理是政府行为，具有强制性和法规性。我国《民航法》仅规定了适航管理的证照制度的原则，适航管理的具体内容有一套严格的法规体系，包括法规层面的《中华人民共和国适航管理条例》和相关的规章构成。

(3) 航空人员

航空活动的专业性很强，合格的技术素质和严谨的工作作风是对航空人员的基本要求。我国《民航法》规定航空人员必须接受专门训练，经考核合格，取得国务院民航主管部门颁发的执照，方可担任其执照载明的工作。《民航法》特别强调了机长的法律地位和责任，从法律层面授予机长对航空器的操作权和最终处置权。

(4) 民用机场

《民航法》第6章对民用机场的修建、使用、环境和安保方面做了相关规定。民用机场须持有机场使用许可证方可开放,并规定了机场开放应当具备的条件。针对机场净空,《民航法》制定了严格的保护条款。

(5)航空运输

《民航法》第8、第9章和第12章对航空运输企业的组成、审定、运输凭证、承运人责任和赔偿等方面作出了相关规定。

(6)航空刑法

为保护民用航空运输安全,惩治罪犯,《民航法》第15章"法律责任"部分比照刑法的相关规定,界定了相应的法律责任。

2. 行政法规

民航行政法规是由国务院或国务院、中央军委制定的,有关民航行业管理的行政法规,具有低于法律、高于规章的法律效力,是规章的上位法依据。行政法规主要规范行政法律关系主体的职责、权限,明确行政管理的程序和基本原则,以行政强制力保障法律的基本原则得以贯彻实施。同时,涉及民用航空外的其他法律领域时,《民航法》不能起到普遍约束的作用,也需要由国务院单独或联合其他部门共同颁布法令。

截至2021年底,我国现行有效民航法律和行政法规28部,主要内容涉及民用航空器的国籍和所有权、民用航空市场管理、民用航空适航和飞行标准管理、空中交通管理、机场管理、民用航空器事故调查与援救等。

在空域管理和空中航行方面,不仅涉及民用航空器,也涉及军用航空器,因而这个领域抵押权不转移所有权,设置抵押权的目的在于就由国务院和中央军委联合颁布法规,如2007年修订的《中华人民共和国飞行基本规则》和2003年实施的《通用航空飞行管制条例》,对我国领空内的空域分类与划设、航路规定、飞行基本规则等都有涵盖各类航空器的详细规定,使我国领空中的空中航行有了统一的法律规程。

在航空运输法方面,我国从20世纪80年代之后开始了航空运输企业的改制,与之相适应的是,一批涉及民用航空市场管理的法规开始颁布实施,如《国内航空运输承运人赔偿责任限额规定》《民用航空运输不定期飞行管理暂行规定》《国务院关于通用航空管理的暂行规定》等。

3. 规章

《中国民用航空规章》(China Civil Aviation Regulations,CCAR),简称《航空规章》是由中国民航局制定的有关民航行业管理的规范性法律文件,在法律效力上低于法律和行政法规,规定实施民航行业管理的具体要求、办法和规定。我国从1987年开始制定《民航规章》,逐渐形成了较为完整的规章体系。现有民航规章15篇,400部,按照横向领域划分为下述15类。

根据2008年国务院大部制改革,中国民用航空局划归交通运输部管理,民航相关规章的立法主体也变成了交通运输部,自2016年3月交通运输部部务会议审议并原则通过《中国民用航空应急管理规定(草案)》等14项民航系统规章开始,以后的规章都以交通运输部名义对外发布。

第一编 程序规则(第1~20部)

第二编 航空器（第 21～59 部）
第三编 航空人员（第 60～70 部）
第四编 空域、导航设施、空中交通规则和一般运行规则（第 71～120 部）
第五编 民用航空企业合格审定及运输（第 121～139 部）
第六编 学校、非航空人员及其他单位的合格审定及运行（第 140～149 部）
第七编 民用机场建设和管理（第 150～179 部）
第八编 委任代表规则（第 180～189 部）
第九编 航空保险（第 190～199 部）
第十编 综合调控规则（第 200～250 部）
第十一编 航空基金（第 251～270 部）
第十二编 航空运输规则（第 271～325 部）
第十三编 航空保安（第 326～355 部）
第十四编 科技和计量标准（第 356～390 部）
第十五编 航空器搜寻援救和事故调查（第 391～400 部）

4. 其他规范性文件

规范性文件是中国民用航空局各职能部门为了落实法律、法规、民航局规章和政策的有关规定，在其职责范围内制定，经民航局局长授权，由职能部门负责人签署下发的有关民用航空管理方面的文件。规范性文件不属于法律范畴，但必须遵守法律、法规和民航规章的规定，不得与之相冲突。

根据民航总局 1995 年制定的《中国民用航空总局职能部门规范性文件制定程序规定》（CCAR-12LR），民航总局各厅、司、局、室可以制定民航行业管理的规范性文件，包括管理程序（AP）、咨询通告（AC）、管理文件（MD）、工作手册（WM）、信息通告（IB）、表格（CH）六类。

6.4.2 国际航空法

国际航空法是规范大气空间航空活动的一套规则，促使大气空间被有效地利用并使世界各国及其人民和航空从中受益。自 1919 年《巴黎公约》出现后，航空法历经百余年的充实修正，时至今日可以说没有航空法，就不可能进行正常的国际航空活动。

国际航空法按照调整范围的不同可以分为航空公法、航空私法和航空刑法三类。

①航空公法：以《国际民用航空公约》（简称《芝加哥公约》）为主，主要处理有关国家之间的国际民用航空关系和事务。

②航空私法：规定航空承运人之间或者航空承运人与其他航空法律关系主体之间权利义务关系的公约，以《华沙条约》为核心，包括之后的对该条约修改的各项议定书。

③航空刑法：处理航空器上或航空器地面场所的犯罪行为，以《东京条约》及随后的《海牙公约》和《蒙特利尔公约》为代表。

1. 《国际民用航空公约》

第二次世界大战即将结束时，当时的同盟国为确定战后国际民用航空的运行秩序，于 1944 年 12 月在美国芝加哥签订《国际民用航空公约》，该公约是国际民航组织（ICAO）管理国际航空运输活动的宪章性文件。1974 年 2 月中国承认《国际民用航空公约》，现在已有 150 多个国家获批加入了这一公约。该公约共 22 章 96 条。

《国际民用航空公约》规定了民用航空活动的若干原则和办法，目的在于使国际民用航空按照安全和有序的方式发展，并使国际航空运输业务建立在机会均等的基础上，健康和经济地经营。缔约各国应无保留地遵守该公约的规定。《国际民用航空公约》主要包括以下内容。

①主权原则：确定各国在其领土和领海上面的领空有排他性的主权。飞入和飞经本国领空的航班，要经过事先批准，否则不能飞行，各国为了本国的安全可以设空中禁区，飞入的外国航空器要遵守当地的法律。

②航空器的国籍：首先规定了航空器的定义，并要求航空器在所在国依据国内法登记并只能有一个国籍。登记国政府要保证民用航空器的使用条件以保证飞行安全，规定了各国的民航当局要给登记的航空器发适航证，给机组成员发资格证明（执照）。

③规定国际航空的统一标准：为使国际航行更为方便，在这部分中规定了简化海关、关税、移民、放行等方面的措施，后来在此条款的基础上制定了"国际标准及建议"的 19 个附件，对民航的各种技术规则做了详细规定。

④遇难的搜索救援和事故调查：规定了遇难的搜索救援是一种国际义务，并规定了对失事进行调查的国家、机构及程序。

⑤关于国际民航组织的章程条款：《芝加哥公约》属于航空公法，其调整范围只涉及缔约国之间的民用航空事务，关于各国间航空运输的权利，主要是如何安排国际航线的问题，在芝加哥会议上由于参会的国家之间矛盾很大，没有能够达成一个多边的共同模式。会议制定了"国际航班过境协定"和"国际航空运输协定"，但没有获得通过，从而国际航线的安排就留给各国政府双边的协定来解决。

2. 《华沙公约》

针对国际航班上如果出现了航空事故，在旅客或货物受损失的情况下，由于旅客或托运人与承运人的国籍不同，有关赔偿应该依据什么样的法律或规则，1929 年 10 月 12 日在华沙签订的《关于统一国际航空运输某些规则的公约》，简称《华沙公约》。该公约是第一个国际航空私法公约，就国际航空运输的定义、运输凭证和承运人的责任制度问题作了统一的规定。

《华沙公约》首先规定了运输凭证即旅客机票、行李票和货运单的国际统一内容、规格和作为运输合同的法律地位。其次规定了在事故中承运人负有责任。但承运人在证明他采取了必要措施后就没有责任，规定了赔偿限额，规定对每位死亡旅客的赔偿额为 12.5 万金法郎。丢失或损坏每件手提行李为 5000 金法郎。每千克托运货物或行李为 250 金法郎。同时规定了诉讼的法院和时限并声明《华沙公约》只适用于国际运输。

《华沙公约》经过 4 次修改，形成了包括《华沙公约》在内的 8 个文件，总称"华沙体制"。

3. 《东京公约》

从 20 世纪 50 年代起，开始出现了有组织的劫机、炸机等机上犯罪事件。为了制止针对民用航空器及机场的犯罪活动，并确定对犯罪的管理和处置办法，从1963年开始，先后制定了5个国际航空刑事方面的公约和议定书。

1963年制定了《东京公约》，全名为《关于航空器上犯罪及某些行为的公约》，公约确定在航空器上，航空器的登记国依据本国法行使刑事管辖权。但同时又"不排除依本国法行使任何刑事管辖权"，这种含糊的提法表示在航空器上的管辖权是航空器登记国的，而同时又给了落地、飞经国一定的管辖权。公约对机长的权力也作了规定，使机长肩负着与机上犯罪做斗争和处理的任务。

随后，针对在飞机上发生的犯罪行为，1970年制定了《海牙公约》，该公约确定劫机为国际性罪行，缔约国家要对这种罪行严刑惩处，当事国对罪犯可以起诉也可以引渡。1971年制定了《蒙特利尔公约》，它和《海牙公约》的目的是相同的，即制止对飞机的犯罪行为，制定的时间也是相近的，《海牙公约》是针对劫机的，《蒙特利尔公约》针对的是毁坏飞机、制造空中爆炸等行为的。这些公约对保障飞行安全、制止国际民航飞行的犯罪起了很大作用。与此同时，国际民航组织及各国政府制定了一系列的措施与法规，进行机场安全检查，设立机上警卫，对登机金法郎改变为国际货币基金组织规定的"特别提款权"，对物品作出限制等，这对预防和制止犯罪也起到了巨大作用。

 案例分析 6-3

货物损失赔偿范围与责任划分

青岛某货主将一批价值10000美元，共10箱的丝织品通过A货运代理公司办理空运经北京出口至法国巴黎。货物交付后，A货运代理公司根据行程出具了航空货运单一份。该货运单注明：第一阶段是由青岛到北京，承运人为B航空公司；第二阶段由北京到巴黎，承运人是C航空公司，货物共10箱，重250千克。B航空公司将货物由青岛运抵北京，1月3日准备按约将货物转交C航空公司时，发现货物灭失。B航空公司于当日即通过A货运代理公司向货主通知了货物已灭失。为此，货主向A货运代理公司提出书面索赔要求，要求A公司全额赔偿。

（资料来源：https://www.guayunfan.com/baike/898740.html.）

案例思考题：

（1）本案中，A货运代理公司和B、C航空公司的法律地位是什么？
（2）谁应当对货物的灭失承担责任？
（3）本案是否适用于《华沙公约》？
（4）通过案例分析，在航空运输中应注意哪些问题？

 本章小结

作为国民经济和社会发展的重要行业和先进的交通运输方式，我国航空物流业伴随整个国民经济的发展而不断发展壮大。特别是改革开放以来，航空运量持续快速增长，航线网络不断扩大，机队运输能力显著增强，机场、空管等基础设施建设取得重大进展，

管理体制改革和扩大对外开放迈出较大步伐。

航空物流业是一个国际性的服务行业,航务物流企业必须遵守相关的国际性航空公约和我国航空物流法律法规,在国内航空物流管理结构和国家航空物流管理组织的协调管理下蓬勃发展。

1. 简述国际主要的民用航空物流组织。
2. 简述我国航空物流管理机构及主要职责。
3. 简述我国民航法规体系的主要架构。
4. 讨论我国主要航空物流企业的职能。
5. 讨论《中华人民共和国民用航空法》的地位和作用。

第 7 章

航空物流控制

【本章概要】

随着航空物流的发展,航空物流企业已不再是简单地提供物流运输服务,整个行业已形成航空货运服务链条,航空物流是现代物流的重要组成部分。但是在当前的时代背景下,航空物流业面临的市场竞争环境极为复杂,传统的航空物流企业要想提升竞争力,就必须要对航空物流的成本、质量、安全等方面进行有效的控制与管理。

本章主要介绍航空物流成本及其构成,降低航空物流成本的方法及思路,掌握航空物流质量管理的原则,以及提高航空物流质量的方法,了解航空物流安全管理的重要性。通过对这些内容的学习,读者能够对航空物流成本、质量控制和安全管理有一定的了解。

【学习目标】

- 掌握航空物流成本的含义及构成;
- 掌握控制航空物流成本的措施和方法;
- 掌握航空物流质量管理体系;
- 了解航空物流成本控制的意义;
- 了解航空物流质量管理的原则和方法;
- 了解航空物流安全管理的意义和重要性。

强强合作降低航空物流成本

广州德信物流有限公司成立于 2003 年,是一家以航空货运为主营业务的空运物流公司。为了更好地节约货主的航空货运成本,提高货物到达的准点率,广州德信物流有限公司与中国国际航空公司进行了多方面接触,从深处去挖掘双方资源。现广州德信物流有限公司在广州到北京、天津、成都、重庆、贵阳等地的空运航线上有更多包舱,这势必将使货物从广州空运到以上几个城市的空运价格降低。另外,公司针对很多货主在"货到付款"运输时,反映货到目的地需加收除机场地面费之外的代理费用,公司将在部分航线上简化流程,收货方可以在机场直接提货,货主只需交纳空运费用及机场地面费(0.2~0.3 元/千克)就可以了(有些机场是按件数来收取,德信则通过使用大纤维袋包装来减少件数),从根本上降低了货主的物流成本。

(资料来源:http://www.gzdxwl.cn/newsitem/273065272.)

案例思考题：
（1）广州德信物流公司是如何降低空运物流成本的？
（2）通过案例分析有哪些降低航空物流成本的方法。

7.1 航空物流成本管理

航空物流成本是指航空物流企业提供运输服务所发生各种费用的总和。航空物流企业需要非常详细地了解成本信息，从而对航空物流企业生产进行科学的决策，并且科学地管理和控制物流成本也是提高航空运输业竞争力的主要途径和方法。

7.1.1 航空物流成本概述

1. 航空物流成本的定义

航空物流成本是货物从供应地向接收地流动过程中，涉及的如包装、装卸搬运、运输、储存、流通加工、航空物流信息等各个环节所支出的人力、财力、物力的总和，主要由人工费用、作业消耗、物品损耗、利息支出、管理费用等组成。了解航空物流服务发生的成本是航空物流企业进行决策的一个重要因素。

2. 航空物流成本的构成

航空公司是航空运输的最主要的经营主体，主要承担航空运输运营成本和载运工具拥有成本，航空物流成本主要包括显性成本和隐性成本。航空公司的显性成本在我国民航现行会计科目中，主要包括运输成本、销售费用、管理费用和财务费用，而隐性成本则是在相关财务报表上很难直接被捕捉到的，却又在实际运营中占据着较大份额的费用。根据当前较为科学的研究，可以将决策成本、文化成本、飞机维修的可靠性成本、文件资料处理和管理制度成本等成本定义为隐性成本。然而，为了便于在实际操作过程中，特别是在财务成本上更直接地控制，又可以将航空物流成本构成主要分为：航空燃油的成本，飞机拥有及维修成本，物流作业成本，人员成本，机场、营业部、仓储基础建设投资的成本，航线结构成本和机队结构成本。

（1）航空燃油的成本

航空燃油消耗是航空运输企业主要的成本构成要素，航油成本与飞机机型密切相关，不同机型的航油消耗不同。在运行过程中，每条航路上的消耗是不相同的，这与航线的航段距离、飞机重量、空中风的情况及巡航高变等有关。一般来说航油成本随油价的变化而变化，由于国内航油供应体制具有高度垄断性的特点，并且近几年世界范围内燃油价格上升，目前国内航油成本占航空公司总成本支出的30%左右。

（2）飞机拥有及维修成本

飞机拥有成本包括对飞机所有权及使用权的成本，这与飞机机型有关系。从机队的角度来分析，飞机维修成本被分为直接维修成本和非直接维修成本。直接维修成本包括针对机身、发动机和部件维修所需的人力成本和材料成本。非直接维修成本主要包括和行政管理、工程系统管理、质量控制等相关的管理成本，以及包括和工具、设备、厂房相关的成本。

（3）物流作业成本

利用飞行器实现货物空间位置转移的过程中，必然伴随着包装、装卸搬运、运输、储存、流通加工、航空物流信息等作业环节，航空物流作业成本与运输距离、装卸搬运设备、储存条件、包装合理化等因素相关。由于航空物流作业流程复杂，需要在各个主体之间连接，因此物流作业成本很难控制等问题非常常见。

（4）人员成本

为了以最低的物流成本达到客户。例如，所满意的服务水平，在对物流活动进行计划、组织、协调与控制的过程中所花费的成本。例如，进行有关航空物流活动产生的差旅费、办公费，从事航空物流工作人员的工资、奖金及各种形式的补贴等都可以划归到人员成本中。根据2021年南方航空公司的财务报告，其职工薪酬成本为202.69亿元人民币，约占总成本的17%。

（5）机场、营业部、仓储基础建设投资的成本

机场成本是指航空公司因为使用机场的跑道和候机楼设施而支付给机场的费用。为了招揽业务，各航空公司在每个城市都开设或大或小的营业部，而营业部的开设会带来一连串的成本支出，如航空公司本部售票处和派驻国内外销售机构人员的工资、福利费、制服费、业务费、广告费、运输费、保险费、租赁费、票证印刷费、驻外交际费、差旅费、办公费、水电费，以及设备折旧费、维修费等。

（6）航线结构成本和机队结构成本

航线、飞机是航空公司进行运输生产的最重要的资源，因此机队规划和航线规划是航空公司重要的战略决策之一。目前我国航空公司以大中型飞机居多，但中长航程的航线较少，而较小型飞机的折旧费用和维修费用都较高，使得利润率低下，因此造成大型飞机飞中短程航线，导致资源的浪费极大。同时我国大部分航空公司机型繁多，这使得资金和技术分散，维修费用也大幅增加，同时因为进口零部件的双重收费，也使得成本增加。

7.1.2 航空物流成本的分类

1. 按照能否归集到航线上可分为主营业务成本和期间费用

（1）主营业务成本

航空公司的主营业务成本是指航空公司的飞机在航班生产过程中发生的各种费用，主要包括运输成本和其他业务成本。运输成本由直接营运费和间接营运费构成。

①直接营运费。直接营运费的核算对象是航空公司直接为空中运输发生的基本运输成本，包括：空勤人员及飞行人员的工资、补助和飞行人员养成、训练费等直接从事运输业务的人工成本；航空器的折旧、维护成本；航空器在运营过程中发生各项消耗性支出等。直接营运费可以直接计入机型和航线成本，按机型、航线核算；对无法直接计入机型的成本，按照相应的分摊方式计入机型成本。

直接营运费包括：空地勤人员的工资、奖金、津贴及补贴、福利费，民航基础设施建设基金，航空油料消耗，飞机发动机折旧费，飞机发动机修理费，飞机发动机保险费，经营性租赁费，机场起降服务费，飞行训练费，货物邮件赔偿费和其他直接营运费用。

②间接营运费。间接营运费主要是指航空运输生产过程中实际发生的不能直接计入机型成本，须采用适当方法进行归集和分配的成本项目。主要包括运输生产部门（即飞行、客舱、机务维修、地面运输保障、飞行管理、运行质量管理、空勤培训等部门）为组织和管理航空运输生产发生的职工薪酬、固定资产（主要是地面设备设施）的折旧费、物料消耗、差旅费、制服费、劳动保护费、租赁费、水电费、地面运输费、办公费和其他服务费用等。

（2）期间费用

航空公司的期间费用是指本期发生的、不能直接归入某种航线产品的各种费用，包括管理费用、销售费用和财务费用等。

①管理费用。管理费用包括管理人员的工资和福利费、折旧、制服费、业务招待费、房产税、土地使用税、车船使用税、印花税、技术转让费、无形资产摊销、职工教育费、劳动保险费、坏账损失等。

②销售费用。销售费用主要包括航空公司销售部门的费用，以及驻国内外办事处的费用。包括航空公司本部售票处和派驻国内外销售机构人员的工资、福利费、制服费、业务费、广告费、运输费、保险费、租赁费、票证印刷费、驻外交际费、差旅费等，还包括客货代理手续费。

③财务费用。财务费用包括利息支出净额（利息支出减利息收入）、汇兑净损失（汇兑损失减汇兑收益）、金融机构手续费、调剂外汇手续费等。

2. 按照与业务量的相互关系可分为固定成本和变动成本

（1）固定成本

固定成本指成本总额相对稳定、不受业务量的变化影响的成本，如主营业务成本中的空地勤人员工资、奖金、津贴及补贴（固定发放部分），以及计提的福利费、空地勤制服费、高价周转件摊销、飞机发动机折旧费、飞机发动机大修费、飞机发动机保险费、经营租赁费（指以月为计算单位的经营性租赁费，如果租赁协议中签订的租赁协议按飞行小时计收，则将其列入变动运输成本）、飞行训练费、其他固定发生的直接营运费、间接营运费。销售费用中除航空公司支付给代理人费用之外的全部费用外，还包括航空公司本部售票处和派驻国内外销售机构人员的工资、福利费、制服费、业务费、广告费、运输费、保险费、租赁费、票证印刷费、驻外交际费、差旅费，以及管理费用和财务费用等。

（2）变动成本

变动成本在很大程度上是随着业务量变化而变化的，它承载货物所发生的费用，包括仓储包装、装卸、配载等费用，如航空油料消耗、航材消耗件消耗费、国内外机场起降服务费、国内国际航线餐饮及供应品费、计算机订座费、销售代理手续费和飞行小时费等。

3. 按照成本可控性的不同可分为可控成本和不可控成本

（1）可控成本

可控成本主要是指人们可以通过一定的方法使其按照所希望的状态发展的成本。航空公司的可控成本是指在相关范围内，与航空公司的经营管理相关的成本费用。如工资、奖金、津贴和补贴、福利费、制服费、国内国际航线餐饮供应品费、飞行训练费、客舱服务费、其他直接和间接的运营费，以及管理费用、财务费用、销售费用中的很大一部分。

（2）不可控成本

航空公司的不可控成本是指在相关范围内，与航空公司非可控因素相关的成本费用。如与航空公司非可控的航油价格相关的航空油料消耗，与航空公司非可控的购买飞机关税和增值税相关的飞机、发动机折旧费，经营性租赁费，高价周转件摊销，飞机发动机保险费，国内外机场起降服务费，计算机订座费等。

需要注意的是，固定成本与变动成本、可控成本与不可控成本都是相对的，是针对一定的时间范围而言的。

7.1.3 航空物流成本管理

1. 航空物流成本管理的定义

航空物流成本管理是指有关航空物流成本方面的一切管理工作的总称。具体是指在从航空物流系统的设计直至航空物流结算的全过程中，对航空物流成本的形成进行有效的计划、组织、监督和控制。成本过高是我国民航业经营的主要问题。成本过高会使航空物流价格过高，从而使民航业市场份额和营业收入偏低。因此，我国对航空物流成本加强管理和控制势在必行。

2. 航空物流成本管理的目的和意义

企业物流管理的目的就是降低物流总成本，寻求降低物流总成本和增强企业竞争优势的有效途径。物流成本已经成为企业应对市场竞争和维护客户关系的重要战略决策资源，对物流成本的研究就是为了掌控这一战略资源。因此，航空物流企业应当运用系统化的方法，对物流成本进行控制，优化物流过程，完善物流途径，再造业务流程，恰当选择物流模式，在降低成本与提高和满足服务之间寻求平衡点，在满足甚至高于客户要求服务水平的基础上寻求降低成本的方法。

航空物流成本管理的意义在于通过对航空物流成本的有效把控，利用物流要素之间的效益悖反关系，科学、合理地组织物流活动，加强对物流活动过程中费用支出的有效控制，降低物流活动中的物化劳动和活劳动的消耗，从而达到降低物流总成本，提高企业和社会经济效益的目的。

7.1.4 航空物流成本控制方法

航空物流成本的高低与结构受多方面因素影响，对航空物流成本控制，就是在物流过程中对物流成本形成的各种因素和形成条件按事先拟定的标准严格加以监督，发现偏差及时采取措施加以纠正,从而使物流过程中的各项资源的消耗和费用开支限制在规定的标准范围之内。航空物流成本控制的目的是降低航空物流企业的成本。

1. 航油成本控制

航空燃油消耗是航空运输企业主要的成本构成要素,一般随油价的变化而变化。近年来,随着世界范围内燃油价格上升,航油成本占到航空公司总成本支出的40%左右,已成为航空公司成本支出中最大的一项。同时,航油成本在航空运输企业成本构成要素中属于直接变动成本,与飞行时间高度相关,降低航油成本可直接降低航线保本点客座率和载运率,是航空运输企业控制成本、获取最大收益的重要环节。

加强运输的经济核算必须根据航线需要,认真分析,慎重决策,尽可能优化航线的布局。如采取轮辐式航线网络,因为该网络效率最高,飞机载运率大大提高,航空公司可以利用规模经济降低成本,提高飞机的利用率。尽可能选择同类节油型飞机,降低飞机运营成本。例如,东方航空公司安徽分公司现执管 MD-90 型飞机,比原来执管的 MD-82 型飞机性能优越,每小时节约油耗 350 升,每年节约航油成本约 2000 万元。

2. 机队结构成本控制

航空公司的机队是指航空公司所拥有的飞机总称,包括飞机的数量和不同型号飞机构成比例关系,即机队规模和机队结构。机队规模影响航空公司的运行利益,机队结构则直接影响航空公司的运行成本。机队规划是航空公司在拟定其市场计划时制定的,属于航空公司战略层次的规划。飞机购置成本的控制,可以从飞机购置方式、飞机选型方面着手,尽量采用合适机型,机型选择是航空公司根据各种飞机的容量、油耗等性能,以及将要开辟的航线和运力需求,选择即将购置或租赁的飞机类型,一般推荐使用单一机型。因为不同机型配备的航材、维修器材,以及飞行、机务和服务人员都不一致,无法通用。庞杂的机队结构会导致航空公司面临高额的航材、维修成本和人员薪资成本,无法实现这些与机型相关要素的规模经济性。

3. 机务维修成本控制

机务维修成本在航空物流成本中所占比重较高,维修技术水平和管理能力,将极大影响维修成本的支出。维修能力强,不仅能节约维修费用,而且能延长飞机的使用寿命、延长机队的更新速度。

航材成本是机务维修成本中的一大项,目前由于各种原因,国内航空公司的航材采购成本居高不下。为有效提高航材保证水平,降低航材成本,国内航空公司在航材采购时,可以按照"先近后远,先内后外"的原则,保证合理利用采购资金。同时,加强航材库存管理、提高科学管理水平,是航空公司控制航材成本的有效手段之一。

4. 航线结构成本控制

运营成本中最大的部分是飞行成本和维修成本(也就是飞机运行成本),约占到65%,国外低成本航空公司也占到了30%以上,所以进行运营成本控制,最主要的就是对航班进行优化,使得航线网络能够最大限度地使用飞行能力,挖掘运输需求,实现规模经济。优化的航线网络减少了平均燃油的消耗，能够较为合理方便地安排维修，降低飞机运行成本。

航空公司可以实行代码共享降低市场的开发成本。如果开发新的市场，将要投入人力、物力和财力，而且周期比较长，由于代码共享，双方在花费很少的情况下，可将市场拓展到对方的市场中。同时，在代码共享的航空公司之间，还可以进行联合销售，共用机场设施、地面服务等，这将减少直接运营成本，有利于公司增加利润。通过代码共享的方式合作，双方能够通过协调运营销售，优势互补，达到增加运量、降低成本、扩大市场占有率的目的。

5. 人力成本控制

在管理成本控制方面，航空公司主要通过加强信息系统的建设，提高信息资源开发利用效率和扩大信息资源开发利用范围，使航空公司能以低信息成本实现共享管理成本，并随着管理规模的扩大形成规模管理效应，以及实现人力资源的节约。

6. 物流成本控制

从整个流通过程看，控制航空物流成本不但是企业自身的事，还应该考虑降低从产品制造到最终用户整条供应链全过程的物流成本，物流管理水平的高低是影响物流成本的最直接因素。虽然管理本身不直接产生效益，但有效的管理可使各环节的工作质量得到提高，从而提升物流服务质量，物流服务的效率也随之增加。通过构筑物流信息系统，实时、精确、高效地完成对信息的处理，优化业务流程，提高了企业物流的反应能力。采用先进、高效的装卸搬运设备、合理的运输路线，减少库存点，维持适当的库存量，这些都对减少物流成本具有十分重要的作用。

7.2 航空物流质量管理

产品质量优先发展已经成为 21 世纪企业发展的重要命脉，它的根本关键就在于建立一种系统化的管理思想体系，在产品运输过程中采用科学管理方法与管理原则，提高服务质量。航空物流业在航空货运产业中扮演重要的角色，提供完善的服务并对物流全程进行管理。现如今，企业的质量管理体系也与产品运输过程联系起来，实现了质量管理体系建设与物流物联产业的强强联手，它旨在提高产品与服务质量，并为企业文化改造重组提供更持久的竞争能力。

7.2.1 航空物流质量管理原则

随着进出口贸易、跨境电子商务等行业的飞速发展，航空物流业得到了迅速的发展，但快速的发展也带来了更多的航空运输往来和供需矛盾，同时人们对航空物流也提出更多元化的要求。服务质量关系着企业的生存和长期发展，也是我国航空物流业快速健康发展的重要动力源泉。在 2000 版 ISO 9000 质量标准中，新增加了八项质量管理原则，它是新标准的理论基础，又是组织领导者进行质量管理的基本原则，对航空物流质量管理起着重要的指导作用。

1. 以顾客为关注焦点（中心）

顾客是接收产品的组织或个人，包括消费者、委托人、最终使用者、零售商、受益者和采购方、制造商、批发商、产品零售商或商贩、服务或信息的提供方等。"以顾客为关注焦点"，本质是以顾客的需求为关注焦点。顾客的要求是顾客需求的反映，包括明示的（明确表达的）、通常隐含的（双方理解、有默契的）和应履行的（法律、法规）。组织应理解顾客当前的和未来的需求，满足顾客的要求并争取超越顾客的期望。顾客是每一个组织存在的基础，顾客的要求是第一位的，组织应调查和研究顾客的需求和期望，并把它转化为质量要求，采取有效的措施使其实现。这个指导思想不仅领导要明确，还要在全体职工中贯彻。

伴随着贸易全球化进程的推进，以及我国航空运输业的快速发展，航空物流产业正呈现出迅猛发展的态势。与此同时，航空物流市场竞争日趋激烈，市场需求方即客户所追求的价值出现了一系列新的特征。客户资源是航空物流企业最终实现交易并获得现金流入的唯一入口，是实现企业利润的唯一来源，是企业生存的基础。在此背景下，"以顾客为关注焦点"显得更为重要。在交易前航空物流企业必须及时满足客户需求；在交易中航空物流企业必须重视下订单的方便性、订单满足率、订单处理时间、平均运送时间、货损率、按时交货率、订单跟踪、灵活性等要素；在交易后重视订单完成率、退货或调换率、客户投诉率、客户投诉处理时间等因素，这些都是以顾客为关注焦点的反映。

2. 领导作用

按 2000 版 ISO 9000 质量标准的规定，领导的作用主要是创造全员参与实现组织目标的环境。这里的"环境"是指一般的工作环境和人文环境。因此领导要掌握有关质量的法律法规、质量成本的基本知识、质量管理的基本原则、质量管理体系及其审核。

现在，许多航空物流企业面临人员服务意识不强、增值服务少、效率不高、配送时间较长、支出较高、成本控制能力不足等问题。作为航空物流公司，在发挥领导作用方面必须建立质量方针和质量目标，确保关注顾客要求，建立和实施有效的质量管理体系，确保应有的资源，并随时将组织运行的结果与目标比较，根据情况决定实现质量、目标的措施，以及持续改进的措施。在领导作风上还要求做到透明、务实和以身作则。

3. 全员参与

产品质量是组织各个环节、各个部门全部工作的综合反映。任何一个环节、任何一个人的工作质量都会不同程度地、直接或间接地影响产品质量。因此，应把所有人员的积极性和创造性都充分地调动起来，不断提高人员素质，使人人关心产品质量，人人做好本职工作，全体参与质量管理。只有全体职工充分参与，才能使他们的才干为组织带来最大的收益。所以要对职工进行质量意识、职业道德、以顾客为中心意识和敬业精神的教育，还要激发他们的积极性和责任感。经过全体人员的共同努力，才能生产出顾客满意的产品。

航空物流企业强调全员参与，即必须让每个员工参与质量管理，关心产品质量。必须让每个员工参与组织的各项管理活动，使他们与组织更加紧密地联系在一起，对组织产生认同感，从而热爱组织，使组织内部更加团结。而航空物流企业组织必须正确对待所有的员工，将员工视为组织最宝贵的财富，必须敞开员工参与的渠道，使员工能够将自己的意见和建议及时向有关领导或管理人员反映。必须给员工参与的机会，必须开展形式多样的群众性质量管理活动，如质量自检、互检活动、QC 小组活动等。

4. 过程方法

2000 版 ISO 9000 质量标准强调鼓励采用过程方法管理组织："本标准鼓励在奖励、实施质量鼓励体系以及改进其有效性和效率时，采用过程方法。"过程方法实际上是对过程网络的一种管理办法，它要求组织系统地识别并管理所采用的过程及过程的相互作用。过程方法的原则不仅适用于某些简单的过程，也适用于由许多过程构成的过程网络。

航空物流企业从事以空中货物位移为主的、衔接和参与陆运物流和水运物流的综合性物流服务，涉及运输、储存、装卸搬运、包装、流通加工、配送、信息处理等过程，具有快速、安全、准时的特点，同时又有分区域制定统一费率，按照不同重量等级、不同货物制定不同费率的特点。采用过程方法的原则要求航空物流企业简化过程，按优先次序排列过程，制定并执行，严格职责、关注接口、进行控制、改进过程，领导要不断改进工作的过程。

5. 管理的系统方法

针对设定的目标，识别、理解并管理一个由相互关联的过程所组成的体系，有助于提高组织的有效性和效率。这种建立和实施质量管理体系的方法，既可用于新建体系，也可用于现有体系的改进。

中国的航空物流企业资源整合水平较低并且业务网络布局速度慢，尤其是海外网点建设的速度更慢，因此贯彻管理的系统方法原则是必须为质量管理设定方针目标，建立相应的组织机构，形成管理的组织体系，对质量管理体系进行系统管理，注意从根本上解决问题，不断考虑组织新的目标或新的发展战略。

6. 持续的质量改进

持续的质量改进是组织永恒的目标。特别是在当今世界，质量改进更是组织生命力所在，不能荒废。在质量管理体系中，改进指产品质量、过程及体系有效性和效率的提高，持续改进包括了解现状，建立目标，寻找、评价和实施解决办法，测量、验证和分析结果，把更改纳入文件等活动。持续改进的根本目的是满足内部和外部顾客的需要，是针对过程进行的，其目的是提高过程的效率或效果，应不断寻求改进机会，而不是等问题出现再去抓机会。

航空物流企业既不是传统意义上的航空货运企业，也不是一般人简单理解的传统航空货运服务的延伸，它是现代信息时代的新兴行业，其运营模式是以信息技术为基础，以客户需求为中心，结合生产企业的供应链管理，配合生产厂商设计出以"一站式"和"门到门"服务为特征的一体化物流解决方案，为客户企业提供原料和产品的供应、生产、运输、仓储、销售等环节结合成有机整体的、优质高效的个性化综合物流服务。据调查，50%以上的客户对物流服务不满意，而且大多数都在酝酿更换物流服务商。因此，持续改善质量不仅可以提高产品的服务质量，降低成本，改进与顾客、供方、员工、所有者和社会包括政府的关系，促进相互的沟通，还可以清除工作场所的障碍，提高组织的竞争力，为员工做贡献、求进步、争先进创造机遇，从而形成新的组织文化，提高经济效益。

7. 基于事实的决策方法

对数据和信息的逻辑分析或直觉判断是有效决策的基础。以事实为依据做决策，可防止决策失误。在对信息和资料做科学分析时，统计技术是最重要的工具之一。统计技术可用来测量、分析和说明产品和过程的变异性，可以为持续改进决策提供依据。

物流企业在做出各种决策时，必须在适当的信息和数据来源基础上，持正确的态度进行科学分析，对决策进行评价并进行必要的修正。

8. 与供方互利的关系

通过互利的关系，增强组织及其供方创造价值的能力。供方提供的产品将对组织向顾客提供满意的产品产生重要影响，因此能否处理好与供方的关系，影响到组织能否持续稳定地提供顾客满意的产品。对供方不能只讲控制不讲合作互利，特别是对关键供方，更要建立互利关系，这对组织和供方都有利。

航空物流企业必须选择数量合适的供方，进行双向沟通，或者对供方提供的产品进行监视，鼓励供方实施持续的质量改进并参与联合改进，共同确定发展战略。比如，为其他企业提供物流解决方案或以外包合同的形式提供企业物流运作管理，包括流程、设施、人员及信息系统，涉及的物流模块包括订单计划管理、运输需求管理、仓储配送管理及反向物流管理。

7.2.2 航空物流企业全面质量管理

航空物流企业是专门从事货物运输的部门，作为国家第三产业中的公共服务业，航空物流业生产活动全面强调公共服务性的内容，面向全社会提供各种运输产品。客观讲，航空物流企业的服务特性决定了他们的运输质量，所以构建航空物流企业全面质量管理体系是非常有必要的。

1. 全面质量管理体系内涵

全面质量管理，是指在全社会的推动下，企业的所有组织、所有部门和全体人员都以产品质量为核心，把专业技术、管理技术和数理统计结合起来，建立起一套科学、严密、高效的质量保证体系，控制生产全过程中影响质量的因素，以优质的工作、最经济的办法，提供满足用户需要的产品（服务）的全部活动。简言之，就是在全社会推动下的、由企业全体人员参加的、用全面质量去保证生产全过程的质量的活动，而核心就在"全面"二字上。

2. 航空物流企业全面质量管理要求

全面质量管理是一种现代的科学管理方法，依靠科学的理论、程序、方法和手段，把航空物流企业的生产、运行的全过程和全体职工都纳入质量管理第一的轨道，其质量特性主要表现为安全、及时、服务周到和经济，而且比其他物流部门有更高的要求。航空物流企业全面质量管理的基本要求如下。

①教育全体职工树立"人民航空为人民"的思想,增强质量意识和竞争意识。
②坚持"保证安全第一""预防为主"的方针,进一步建立健全安全保证体系,确保空中和地面安全。
③运用全面质量管理的方法,结合专业技术,控制影响物流质量的各种因素。
④对运输质量进行定期的技术经济分析,提出改进措施。
⑤开展对客户的质量需求和服务质量改进分析,不断提高物流质量。
⑥掌握国家经济建设和人民生活的需要,了解国内外航空物流企业质量管理方法和水平,制订质量改进计划,改进和完善质量管理工作。
⑦航空物流企业推行全面质量管理,要与深化航空物流企业改革、开展双增双节、推进技术进步和组织航空物流企业升级活动等有机地结合起来。

3. 全面质量管理基础工作

全面质量管理的基础工作主要包括标准化、计量、定员定额、质量信息和质量责任制等。

①标准化和计量是质量管理的重要基础,是衡量产品质量和工作质量的尺度。航空运输企业要根据国家和民航局的规定,建立标准化和计量管理制度,严格执行国家和民航局颁发的标准,逐步建立起包括技术标准、工作标准和管理标准在内的航空运输企业标准化系统。要按照国家的有关规定和民航局的要求,逐步完善各项计量、检测手段,完成计量的定级、升级任务。
②要制定定员定额的管理制度,并严格管理。
③要建立信息管理制度,切实加强原始记录和信息管理,严格进行质量信息收集、反馈和分析处理。
④要在建立包括领导干部在内的岗位责任制的基础上,明确规定所属部门、单位、岗位在质量管理中的具体任务、责任和权限,形成严密、有效的质量责任制和考核制度。

7.2.3 航空物流企业全面质量管理实施

航空物流企业在产品运输过程中主要从产品运输策划、测量监控、服务质量控制等多个方面实现对产品运输的全面质量管控过程,主要从以下几个方面实施全面质量管理。

1. 产品运输策划

航空物流企业在运输之初要围绕产品建立产品运输策划机制,根据航空运输服务特点与服务过程有效控制产品运输要求,实现航空物流服务策划过程。在产品运输策划过程中也需要确定影响航空运输的相关内容,保障航空货运运输服务过程推进顺畅,并对服务与服务过程运行作业文件进行针对性分析。具体分析要点就是针对航空运输质量过程内容的分析,为了保证产品运输高安全性与高质量,专门设置航材库、货物仓库及机供品仓库,同时配备储存设施,按照要求进行入库检验,满足产品运输所需的一切温度、湿度、通风与清洁条件。做到对所运输产品内容的定期监控与记录,防止货物损坏、变质或者被误用等情况出现。再者要配备监视与测量装置控制体系,开展围绕产品运输过程的监视与测量活动过程,相应配备计量器具,建立卫生监测 QAR 分析系统,从各个方面保证产品航运运输安全稳定到位。

2. 产品运输测量监控

企业在针对航空物流服务方面需要建立航空物流服务体系,结合产品内容建立检验、验证与检查控制程序标准,同时构建验收放行资格与职责体系。在产品运输测量监控过程中要展开数据分析,体现测量监控过程的科学有效性。具体来讲,航空物流企业的质量管理委员会会专门制定一套数据分析基础方法,它能够汇总不同运输产品的质量数据展开全面分析,并做到每月面向航空公司通报运输产品质量,形成报表,建立产品质量评级,再制定一套质量数据分析方案,每月将所运输产品质量与运输过程质量数据汇总并上报地方及国家一级质量机构进行最后的审核。在数据分析方面,主要结合顾客满意度的发展趋势进行分析,围绕服务与服务保障过程中的质量特性变化趋势展开优化调整,为产品与服务代理过程相关信息建立新的质量成本变化分析体系,从经济效益方面分析其质量成本变化的细节与趋势。最后应用到数据分析结果评价质量管理体系,对其中所存在的现实重大问题进行分析纠正,寻找有关问题的更多修正可能性。在产品运输过程测量监控环节,总的来讲,就是要建立远程的质量监控方案,为公司营造一种激励改进的发展环境,在该发展环境构建过程中,要确立质量管理目标,明确产品运输质量管理的主要改进方向。最后通过航空物流企业的内部质量审核与大数据分析找到产品运输过程改进的契机,再做相关技术安排。例如,实施相关预防与纠正措施等,并在管理评审中分析评价改进成果,明确新的改进目标与决定。

3. 产品运输服务质量控制

航空物流企业在产品运输服务质量控制过程中会引入六西格玛工具,主要对产品运输到目的地后顾客的满意度进行评估,建立以产品运输质量和顾客满意度为主的质量评价体系。通过评价结果明确质量改进的重点,在基本明确顾客需求并结合企业实际发展情况的基础之上分析企业航空产品运输过程中需要改进的问题,详细分析问题症结,并提出解决问题的具体方法。

7.2.4 提升航空物流业服务质量的措施

服务质量是企业的生命线,也是我国航空物流业健康、快速、可持续发展的生命线。促进航空物流企业服务质量持续改进,需要企业自身强化内部服务质量的管理建设,建立健全完善的服务质量奖惩机制,促进自身服务质量的持续改善。同时,政府有关部门要从行业发展和行业竞争力的发展战略高度,建立健全行业规范机制,从而推动我国航空物流业的服务质量持续改进。

1. 完善运输业服务质量制度

完善相关运输业服务质量制度,建立健全服务质量控制体系,将制度制定与执行监督有机结合,保证工作人员依照规章制度行事,提供稳定、高质量的服务水平。同时,根据实际情况和时代发展要求,适时修改服务质量制度,为服务质量持续优化创造内在条件。服务质量制度的建立应以企业重点工作为中心,涵盖多方面因素,建成服务质量控制制度。通过服务标准化、规范化、具体化,提供稳定、高品质的服务质量,进而推动企业管理高效运行。此外,还要做好服务质量制度宣传和解读工作,让全体人员熟记于心,规范自身行为,实现航空物流服务质量持续性提升,促进航空物流业长期稳定发展。

2. 完善服务质量控制建设

航空物流业服务质量的持续改善除了依赖企业自觉,更要依赖有关政府部门日常的临时质量检查和常态质量考核机制。所以,企业内部应建立常态化质量控制机制,同时政府有关部门作为外部力量进行临时检查和常态化质量考核,以此不断提升企业服务质量。相关政府部门应加强日常临时质量检查与质量考核相结合的长期机制;企业内部建立质量控制机制,对客户的表扬和投诉事件及时进行处理。同时,对投诉的严重问题及时严肃处理,奖惩并行,多种管理方式协调配合,共同提高服务质量。

3. 采取现代化管理手段

航空物流企业要想在新时代背景下依然保持快速发展的势头,更需要顺应时代发展,改变传统的管理模式,积极引进现代化管理方式。企业要结合自身实际情况和管理需求,借鉴国内外成功管理模式,引进先进技术,如云计算、大数据分析技术等,探索适合自身发展和管理水平的企业管理之路,推动管理工作的顺利开展。企业管理人员需要根据企业员工的综合素质选择与之相配的管理手段,重视高水平、高素质工作人员的培养和提升,使其发挥带头作用,促进工作人员业务水平的提升,进而实现企业工作人员综合素质水平的提高。总而言之,航空物流企业在选择现代化管理模式时,需要结合企业自身发展状况及整体工作人员的综合素质,合理选择现代化管理模式,提升企业管理效率,使企业服务工作顺利且有序地开展,为企业经营效益的提升和社会效益的提高提供有效保障。

4. 健全客户反馈机制

航空物流服务业如何获取消费者的青睐、留住客户,进而在众多竞争者中脱颖而出,立于不败之地,这需要依靠建立良好的品牌口碑和个性化的服务。良好的品牌口碑是在客户一次次合作及消费者真实体验的过程中得出的反馈,个性化服务体现着工作服务人员的综合素质和专业能力,也直接反映出企业服务管理水平。因此,从民航主管部门到航空物流企业,都应当建立健全各种服务质量持续改进的反馈渠道,并鼓励消费者积极进行理性投诉。同时,应在服务过程中完善沟通流程,提高沟通效率,改善沟通效果。通过不断寻找服务质量与乘客的质量感知差距,推动服务质量持续改进。

5. 提升工作人员的服务意识

企业工作人员是最终落实企业服务理念的实践者,工作人员的服务意识水平和专业能力直接影响企业整体服务质量。民航运输服务又不同于其他一般性服务,其涵盖了诸多环节,只有整个过程的各个环节衔接流畅,最终才能保证消费者获得较好的舒适体验和较高的满意度。因此,提升广大工作人员的综合素质和服务意识对提升服务质量有着重要的意义。除此之外，在为消费者服务过程中，还要不断探索新的服务模式，克服过去的固化观念，顺应时代更新服务观念，抓住服务工作关键，细化落实服务措施，提供更优的服务产品，满足人们日益增长的消费需求和个性化服务需要。

航空物流服务质量标准是特定时期内国家和社会对服务质量的认识和要求，具有鲜明的时间性，也体现了相对的稳定性。但是，社会在不断进步，人们对服务质量的要求日益提高，一成不变的质量标准很有可能会成为服务质量持续改进的障碍。这就要求国家有关部门对服务质量标准有深刻的认识，通过采取科学有效的机制，定期对服务质量标准进行审查修订，使之及时客观地反映社会公众对航空物流服务质量的认知和需求，这也是促进我国航空物流服务质量持续改进的动力。

构筑航空物流业高效率、高质量发展生命线

2018年5月15日，《民航局关于促进航空物流业发展的指导意见》（以下简称《指导意见》）出台。该《指导意见》是民航抢抓航空物流业发展新机遇的现实任务，也是补齐民航行业货运发展短板的具体举措，对加快推进民航强国建设、推动经济结构转型升级、实现国家经济高质量发展具有重要意义。

民航业和物流业是支撑我国经济社会发展的战略产业。近年来，我国航空物流业取得了长足发展，但发展不平衡不充分的问题仍很突出，服务能力不强、运行效率不高、信息化和标准化建设相对滞后，与经济社会发展和人民消费需求仍有较大差距。随着电商、快递、冷链等现代物流市场的高速发展，航空货源结构性变化越发凸显，对航空物流服务的要求不断升级，迫切需要完善航空物流业发展政策，促进航空物流业发展。

《指导意见》明确，将坚持以供给侧结构性改革为主线、以客户为本的价值取向，聚焦影响航空物流发展的突出矛盾和瓶颈问题，抓住提质增效的"牛鼻子"，以创新体制机制为动力，着力提高行业服务质量和竞争力，促进航空物流信息化、专业化、网络化、社会化发展，构建高效、绿色、安全、可靠的航空物流服务体系，更好发挥航空物流推动临空经济发展的引擎作用，主动服务国家战略，满足人民美好生活对现代物流的需要。根据《指导意见》，航空物流业发展将坚持问题导向、重点突破，市场主导、创新驱动，标准先行、绿色发展，统筹协调、融合发展等基本原则，同时《指导意见》明确了到"十三五"末、2025年两个阶段，航空物流业发展的总体目标。

（资料来源：https://www.cata.org.cn/portal/content/show-content/18208/yjdt.）

7.3 航空物流安全管理

安全是航空物流企业一切工作的重中之重，必须始终坚持安全第一，预防为主的安全工作方针。当安全与效益发生矛盾时，一切以安全为主。随着新冠疫情常态化和大数据、云计算、电子技术等新型技术快速发展，航空运输安全工作面临着诸多新挑战、新情况。因此,航空物流企业应努力提高安全管理建设工作,积极构建安全管理体系,提高航空公司安全管理水平,以此来进一步提升航空物流的安全性。

7.3.1 安全

1. 安全的定义

安全是指客观事物的危险程度能够为人们普遍接受的状态(免遭不可接受危险的伤害)。安全是一种状态,即通过持续的危险识别和风险管理过程,将人员伤害或财产损失的风险降低至并且保持在可接受的水平或以下。(国际民用航空组织定义)

2. 安全目标

航空运输安全目标是杜绝运输飞行重大事故;在确保人、机安全的前提下,杜绝劫机、炸机事件发生;防止通用航空重大飞行事故;杜绝重大航空地面事故和特大航空器维修事故;运输飞行事故征候万时率不超过1.3。

3. 事故等级划分

中国民航局把运输企业事故等级划分为:一般差错、严重差错、事故征候、一般事故和重大事故等。飞行事故分为特别重大飞行事故、重大飞行事故和一般飞行事故三类。

①下列情况之一者为特别重大飞行事故:人员死亡,死亡人数在40人及其以上者;航空器失踪,机上人员在40人及其以上者。

②下列情况之一者为重大飞行事故:人员死亡,死亡人数在39人及其以下者;航空器严重损坏或迫降在无法运出的地方(最大起飞重量为5.7吨及其以下的航空器除外);航空器失踪,机上人员在39人及其以下者。

③下列情况之一者为一般飞行事故:人员重伤,重伤人数在10人及其以上者;最大起飞重量为5.7吨(含)以下的航空器严重损坏,或迫降在无法运出的地方;最大起飞重量为57~50吨(含)的航空器一般损坏,其修复费用超过事故当时同型或同类可比新航空器价格10%(含)者;最大起飞重量为50吨以上的航空器一般损坏,其修复费用超过事故当时同型或同类可比新航空器价格的5%(含)者。

7.3.2 安全管理

安全是航空物流业的生命线,安全是客观的、绝对的,而人们对安全的认识是发展的、相对的。这就要求安全管理也必须是发展的、渐进的。随着航空物流业的快速发展,安全管理面临严重挑战,传统的管理模式显然已经跟不上航空运输的发展,新的安全管理模式正以积极的、预防为主的形式被广泛应用,并取得初步效果。

1. 航空运输安全特征

①严峻性:时时面临安全问题,这个问题可能来自空中,也可能来自地面。

②国际性:民航代表国家形象,一旦发生安全事故,在国际社会影响很大。

③损失不可预见性:人员伤害,包括从业人员、旅客和第三方财产损失,包括航空公司、旅客财产和第三方财产。

④旅客高层次性（发展中国家尤为明显）：高端旅客出行多以飞机为主，特别是重要旅客。

⑤直接损失大，间接损失更大，统计结果，比例为1∶4。

2. 航空运输安全地位

安全是航空运输永恒的主题，是航空运输的主要属性。

①国家角度：发展民用航空的目的是增强综合国力，提高人民的生活水平。保证安全是国家管理当局的最主要的任务。民航局通过制定严格、适度的法规来保证航空运输健康、持续和快速发展。

②企业角度：办企业的目的是创造价值，产生效益（社会、经济），保证和提高员工的权益，获得最大的利润，发展壮大。保证安全是航空公司必须承担的社会责任，是企业运营的前提；提高经济效益是企业的内部行为，企业行为安全与经济效益不是一对矛盾关系，安全是大前提，是航空公司最大的社会效益，也是获得经济效益的保证，并且可以直接获得经济效益。

③个人角度：安全促进家庭稳定，从而促进社会稳定；安全能使人身心愉悦；安全能最大程度地节约生活成本。

3. 航空运输安全管理

保证航空运输安全的基本要素包括政府、制造商、使用与管理者及设备设施等。

①政府：制定法规和规章，对航空物流企业进行管理；以国家立法形式确立安全和安全管理主体，落实安全责任。

②制造商：完善的设计和制造，保证航空器合格和良好的适航性。

③使用与管理者：严格按章操作，随时进行监控，定期进行检查；严格执行飞行运行标准，保持空地联络，提供咨询服务，掌握基本信息。

④设备设施：严格维护（维修）标准，保持航空器的适航性和设备设施完好性。

众所周知，许多重大事故的起因都是人为因素造成的，因此，最关键的、最活跃的人是安全管理工作的难点。针对这个难点，航空公司对关键岗位、关键环节和关键人的管理尤为重视，除了加强安全教育之外，更重要的是抓严格按章办事、按程序操作及按制度检查。

中国民用航空危险品运输管理规定

《中国民用航空危险品运输管理规定》（CCAR-276-R1）经2012年12月24日中国民用航空局局务会议通过，2013年9月22日中国民用航空局令第216号公布。该《规定》分总则、危险品航空运输的限制和豁免、危险品航空运输许可程序、危险品航空运输手册、危险品航空运输的准备、托运人的责任、经营人及其代理人的责任、危险品航空运输信息、培训、其他要求、监督管理、法律责任、附则共13章145条，自2014年3月1日起施行。2004年7月12日中国民用航空局发布的《中国民用航空危险品运输管理规定》予以废止。

7.3.3 安全管理系统

安全管理系统（safety management systems，SMS)是通过对危险进行有效的管理来保证航空安全运行的主动措施，它是国际民用航空组织所倡导的管理安全的一种非常有效的方法，也是目前国际航空运输界力推的一种全新的安全管理系统。

航空安全管理体系的产生与发展

国际民航组织推行的航空安全管理体系（Safety Management System，SMS）是对世界航空运输业面对安全管理形势提出的一种新的管理模式，是航空安全管理发展的最新成果。世界航空在2005年下半年经历了"黑色8月"，国际民航组织宣布"世界民航安全持续改善"的状况中断，安全纪录水平又回到了世纪之初。根据统计，在那个时期，世界民航安全水平的发展趋势放缓，如何有效改善复杂的航空系统整体的安全水平，成为航空安全管理面临的问题。2006年3月20日至22日国际民航组织在加拿大蒙特利尔总部召开了民航局长全球安全会议，会议对航空安全的现状进行了评估，希望找出实现改善安全方面的方法，在会议上提出了实施SMS的应对策略。随着SMS的不断深入发展，加拿大运输部、美国联邦航空局、欧洲联邦航空局都推荐实施SMS。国际民航组织在其国际民用航空公约的附件6（航空器的运行）第30次修订中，对各缔约国提出了明确要求，2009年1月1日起，缔约国应要求航空承运人实施SMS。

我国也一直在积极推动民航SMS建设。早在2005年，民航局在民航航空安全工作会议上，就明确提出了"推进目标管理，建立和完善企业自我监督、自我审核、自我约束和自我完善的安全管理体系和机制"的要求，并把SMS建设纳入"民航'十一五'发展规划"中，标志着安全管理从被动模式转向主动模式。2008年4月29日，民航局飞标司下发咨询通告《关于航空运营人安全管理体系的要求》，在全行业范围推进SMS建设，要求各航空公司为此制定项目实施方案和推进路线图，计划于2011年1月1日前通过局方审定。同时，民航局也选择了一些单位作为开展SMS的试点，2009年3月23日，厦门航空公司成为中国民航首家获颁安全管理体系"运行规范"的公司。2010年被民航局定为"安全体系建设年"。

（资料来源：https://www.cata.org.cn/portal/content/show-content/16551/xhdt.）

1. SMS 的理念

SMS是一种有组织、责任和资源的，有计划、目标和措施并有可行性的，有实施进程、可调整变化的安全管理体系。其具体目标是：提高对安全的主客观认识，促进安全基础设施的标准化建设，提高危险分析和评估能力，加强事故防范和补救行动，维护或增加安全有效性，持续对内部进行事故征候监控，以及通过审计对所有不符合标准的方面进行纠正，对由审计形成的报告实施共享。

实际上 SMS 是一个安全基础运行系统，它要结合航空运输企业、员工和管理人员的共同努力来完成。

2. SMS 的实施

SMS 的核心行动包括制定政策、组织管理、实施程序、监督检查、安全审计和人员训练。SMS 倡导以系统化和积极主动的方式进行安全管理活动。例如，特别强调事故的预防，在真正出现危险或对安全产生负面影响之前发现威胁的存在，采取措施减弱危险程度和彻底消除隐患。

SMS 是一种全新的理念、体系和一种积极主动的事故预防方法。它的目标就是要在全球范围内减少事故率，实施安全法规和有效监察。SMS 涉及空管、机场、航空公司及所有与航空运输有关的单位。因此，国际民航组织也非常支持实施这个方法，并积极地推动和宣传。

3. 构建民航安全管理体系的措施

（1）明确民航安全管理水平

要想构建有效的民航安全管理体系，必须要明确民航安全管理的水平，做到对症下药，为其奠定一个良好的基础。现今来看，很多航空公司的人因数据、培训体制，以及相关的规章制度等方面都存在一些问题，这些问题直接影响民航企业的发展。但是很多企业在不断研究中已逐渐形成了自身独特的安全管理体系框架，不过只有得到相关的落实，在操作方面得到加强，才能真正实现其价值。

（2）实现一体化建设

目前对于民航安全体系的建设，相关研究人员进行了不断的研究，也出现了很多不同的安全体系，有安全管理体系、安全健康环保体系及保安管理体系等，这些管理体系在不断发展与完善中将会融为一体。并且很多航空企业在进行后期安全体系的建设时，都会借鉴这些体系。这也充分展现了民航企业安全管理体系在不断地发展及完善，在经过多个体系不断融合的过程中，逐渐形成自身完善的安全管理体系。安全管理体系的构建必须要结合企业的发展情况，实现多个体系兼容与一体化建设。

（3）做好安全文化建设

现今来看，很多航空物流企业在进行安全体系的建设中，仅仅是自顾自地进行规章及相关体系的建设。但是这种建设的方式存在较大的漏洞，无法将所有的问题结合起来，这样就导致安全体系在建设存在较大的滞后性。因此，企业在进行安全管理体系的建设中必须要充分结合时代发展的脚步，不断引进接受过良好培训的营运人员。同时，企业的领导要加强重视度，能够利用自身的言行来进行企业安全文化的培养，同时能够制定出一个全面的规划，以此为民航安全管理体系的构建提供动力。

（4）完善法律规定

安全管理法规是政府对民航安全管理的法律准则，同时也是企业进行安全生产及管理的重要依据。因此，相关的在职人员必须要明确自身的责任及权益，在民航生产中按照规定进行工作，最终实现安全生产。安全管理法规主要是有 5 个层次，即法律、法规、规章、规范性文件及工作制度。其具体的法规标准体系必须要根据国家、行业，及企业等几个方面进行构建发展,以此来使其适合于民航企业的发展需要,提升民航企业的安全管理水平。

我国在建设民航安全管理体系的过程中应严格按照国家对民航发展的基本要求,并且将国家的安全政策作为主要依据,进一步对民航发展的安全性建设进行完善,制定科学的目标和方案,减少当前风险因素的出现,确保民航事业的稳定发展。在对民航管理安全体系进行建设的过程中,不仅可以使安全管理体系在工作中更有效的发现航空运输工作中的主要风险和安全隐患,还可以通过这种方式对风险进行有效控制,实现对风险的遏制。此外,这一体系的建立还将在很大程度上提升对风险的识别、控制能力,确保民航安全管理体系作用能在实际工作中更好的得到落实,完善工作有效性,使这项工作向着更好的方向发展。

新加坡航空:创新服务出效益

新加坡航空公司凭借高水准的服务品质与营运表现,先后获得了100多项国际大奖,成为国际上声誉最好的航空公司之一。在美国《财富》杂志评选的"全球最受赞赏的公司"中,新加坡航空公司被公认为亚洲客户满意度最高的航空公司。不仅如此,新加坡航空公司还是一家利润颇丰的公司,其中一个重要原因是它在保持高品质的同时,实现了成本控制最低化。

许多人认识新加坡是从新加坡航空公司开始的。航班上那充满人情味儿的人性化服务,那身着纱笼装洋溢着浓郁狮城风情的空姐,给人留下难以忘怀的印象。但是可能许多人并不知道,新加坡航空公司的空姐不仅是一个全球性的行销标识,而且还是国际航空业认知度最高的形象之一。正是凭借着这一认知度,使得新加坡航空公司在同行业激烈的竞争中占有更多的优势。1993年,新加坡航空公司空姐形象的蜡像入藏世界著名的伦敦杜莎夫人蜡像馆,从而成为馆藏中第一个商业人像。这不仅是新加坡航空公司的骄傲,更是全球航空业界的骄傲。

1. 差异化战略降成本

近年来,国际航空产业不断经受着多重因素的打击,即使是在这样严峻的环境下,新加坡航空公司的表现也一直强于其他竞争对手。与整个行业相比,新加坡航空公司的利润一直高于行业内的其他竞争对手,显得极为突出。实际上,通过大量资金投入来提供卓越的客户服务似乎相对容易,但问题是如何在提供卓越服务的同时,保证低成本高效益。也就是说,怎样才能保证"差异化优势与成本领先优势兼具"战略的最大效益化,这对一般企业来说,如同鱼和熊掌一样很难兼得。然而,新加坡航空公司在实现差异化战略优势的同时,并没有以牺牲成本为代价。这主要得益于新加坡航空公司所具有的几个独特的战略优势,抵消了因为提供优质服务而造成的成本上涨:一是与竞争对手相比,新加坡航空公司的劳动力成本相对较低;二是新加坡航空公司飞行年限较短的机群不仅节省燃油,而且减少了维修费用;三是多元化、高效率的相关服务企业(维护、飞行餐、货运及机场服务);四是先进的技术手段(通过电话、网络和短信形式办理登机手续);五是公司内部的成本节约意识。

纵观新加坡航空公司的发展之路，不断提升适应市场的能力是其领先于业界同行的法宝。虽然新加坡航空公司是新加坡的著名品牌，也是国家航空公司，但新加坡政府曾多次公开强调，政府不会保护新加坡航空公司，新加坡航空公司必须力求提高自身的竞争力，继续在日益激烈的国际民航业市场中打拼，使自己始终立于不败之地。

2. 不断提高客户满意度

面对国际市场上强大的竞争对手，新加坡航空公司从一开始就走上了一条与众不同的发展模式——低成本运作和高客户满意度两者兼顾，由此带来高收益。

1965 年，新加坡航空公司一成立，就面临着开拓国际航线的巨大挑战，它们必须和强大的竞争对手争抢市场份额。面对这种情况，而新加坡航空公司能做的唯一选择就是创新。当时，在其他航空公司的飞机上点饮料和葡萄酒，看电视剧和看电影都是要收费的，而在新加坡航空公司的飞机上则是免费的，公司还率先推出了"视频点播"服务。此外，新加坡航空公司还推出一种独特的民族差异化体验。比如，新加坡航空公司乘务员的制服为纱笼装，就充分体现了新加坡的民族特色，这种特色服装受到了很多外国人的喜欢，使新加坡航空公司的乘务员形象几乎成了新加坡航空的品牌形象。

新加坡航空公司将客户服务设计和发展当作一个严肃并需要系统性程序来处理的问题，所有举措都由服务发展部门反复研究并仔细测试方可正式推出。它们并非在试验和犯错误的基础上不断改善服务，而是将决策基于对消费者预期和认知的仔细研究。新加坡航空公司将这种方法叫作"全面创新"，因为它将常规的主要服务措施与持续的改善相结合。对消费者生活方式趋势和预期的持续研究使新加坡航空公司的服务有着令乘客惊喜的突破性变化，而同时新加坡航空公司也努力以可负担的成本维持着乘客的满意度和忠诚度，从而实现了可持续发展。

新加坡航空公司的核心竞争力在于"低成本高效益的卓越服务"，这是由公司经营中的五大理念来实现的，即严谨的服务设计和开发，全面的创新，低成本高效益的理念，员工的全面发展，以及战略协同效应等。"低成本高效益的卓越服务"的核心竞争力及"追求卓越、安全、顾客第一、关心员工、正直、团队合作"的核心价值观已经深深地沁入每个员工心里，并在每个员工的行为中和企业运作中得以体现。这也就是为什么在大多数航空公司勉强维持短期生存的情况下，新加坡航空公司却获得了无人能比的领先地位。

3. 对员工进行通才式培训

新加坡航空公司对待人才的观念是招聘最合适的人才，留住最合适的人才，发展最合适的人才，并且通过适当的激励机制来鼓励员工的工作积极性。

在新加坡航空公司人力资源管理的背后，有五大必备要素：一是严格选拔和招聘员工；二是大力投资员工培训与再培训；三是塑造成功的服务团队；四是授权于一线员工；五是员工激励机制。

新加坡航空公司对机组人员的要求是必须"能够体察别人的感受"，所以在面试之后，通常只有大约 4% 的应征者会被录用。同时，新加坡航空公司比任何一家航空公司都更重视对一线员工的培训，新加入的空乘人员要接受 4 个月的强化训练班，飞行员要整整接受 29 个月的各种培训。而公司的每个主管也都经过相应的训练和轮岗，从市场部到创新产品部，再到工程部，这个过程一般都需要好几年，可以说人人都是"通才"。

此外，新加坡航空公司还着力培养员工的团队精神和完善内部激励机制。在薪酬问题上，新加坡航空公司的奖金制度是以公司的业绩为依托，根据公司的利润发放奖金。也就是说，员工的奖金都是一样的，当公司业绩好的时候，大家都会得到几倍于平时的奖金；反之亦然。所以公司员工人人当先，齐心协力，不仅仅是为公司，也是为自己。

面对航空运输业存在的诸多不确定因素，"新航"总是能够获得丰厚的利润，并在保存卓越的客户服务与成本效益两个方面之间取得技巧性平衡的经验，确实值得各个航空公司学习和借鉴。

（资料来源：周叶.航空物流管理[M]. 2 版. 北京：北京大学出版社，2018.）

案例思考题：

（1）结合案例，分析新加坡航空公司成功的原因。

（2）分析有哪些提升航空公司服务质量的措施和方法。

（3）结合案例，分析发展我国航空公司创新能力的途径和方法。

航空物流产业属于知识、技术密集型产业，持续的科技创新是航空物流产业形成和发展的内在推动力。经济的持续繁荣，全球经济一体化的进程加速了企业的竞争，企业非核心竞争力的外包加速了第三方物流的发展。商业经济对时效性的要求，产品生命周期的缩短，供应链成员对"零库存"的追求，为航空物流提供了广阔的市场空间。通过本章的学习，掌握航空物流成本管理的内涵和原则，了解航空物流质量管理和安全管理的相关内容，重点掌握控制航空物流成本的策略和方法。

1. 简述航空物流成本的定义及构成要素。
2. 分析控制航空物流成本的措施和方法。
3. 简述航空物流质量管理的内涵与原则。
4. 分析航空物流企业全面质量管理体系的意义。
5. 简述航空物流安全管理的意义和重要性。
6. 讨论全面质量管理在航空物流管理中的应用。

自学自测　扫描此码

第 8 章

航空物流信息管理

【本章概要】

信息技术是现代物流发展依存的手段和重要内容。航空物流作为现代物流体系的一部分,主要为客户提供快捷的物流服务。信息技术是航空物流企业实现快捷航空物流服务的重要保证,是航空物流企业获取竞争优势的关键。

本章主要介绍航空物流信息化的现状和发展趋势,掌握航空物流信息系统应用中常见的技术手段,掌握航空物流信息系统的概念及功能,了解航空物流信息系统的组成及架构。通过这些内容的学习,使读者能够对航空物流信息系统的相关概念和技术有一定的了解。

【学习目标】

- 掌握航空物流信息化的必要性;
- 掌握航空物流信息系统中常见的信息技术;
- 掌握航空物流信息系统的概念及功能;
- 了解航空物流信息系统的框架结构;
- 了解我国航空物流信息化的现状和发展趋势;
- 了解我国主要的航空物流信息系统。

上海"一市三场"格局下航空物流协同发展

上海是我国当前最繁忙、客货流量最大的航空综合枢纽之一,航空物流量一直保持迅速增长。面对航空客货不断增加的压力和溢出效应,以及长三角的优势地理位置和激烈的市场竞争,上海"一市三场"战略正式拉开序幕。

2020 年,上海最新规划在目前两个机场(上海浦东机场和上海虹桥机场)的基础上,在南通市再建一个新机场,从而形成"一市三场"的发展格局。

1. 现状分析

目前,上海两场的旅客吞吐量已经超过接待量 1.2 亿人次的极值,预计到 2035 年,上海浦东机场和虹桥机场将有 6000 万人次的旅客吞吐量溢出,而正在规划建设中的南通新机场能有效承接 4900 万人次的溢出,比 2020 年国内吞吐量排名第一的广州白云国际机场(4376 万人次)还要多,也略高于 2019 年虹桥机场的旅客吞吐量,相当于再造了一个上海虹桥国际机场。

新冠肺炎疫情对航空物流市场特别是国际航空物流的影响较小，国内各航空物流企业的货运业绩有不同程度的提升。在国际和地区民航客运市场不足的情况下，我国很多航空公司大力开展客改货业务，加大航空物流的投入，纷纷成立新的航空物流公司，加快了对国际或地区航空物流市场的争夺，但从航空货运飞机数量及市场份额来看，与国际竞争对手之间依然存在较大的差距。

截至2020年，国内全货运航空公司11家，从全货机数量规模来看，中国国内注册全货机的数量仅有186架，与国外行业巨头UPS（美国联合包裹运送服务公司）、FedEx（联邦快递）、DHL（敦豪航空货运公司）拥有的全货机数量相差很大。由此可以看出，国内航空货运基础设施水平离发达国家还有一段距离。

航空物流效率的高低不仅仅取决于空运，铁路、公路等地面运输方式能否有效衔接也是关键。各个环节之间信息传递的及时性、信息技术的应用都将直接影响到"智慧空运"目标的实现。

2. 信息化背景下，"一市三场"协同发展

航空物流的协同发展不仅能促进上海物流业的高质量发展，带动上海及周边经济的飞跃，更能给长三角地区整个航空物流业提供一个模范和标杆。

（1）打造具有跨界协调能力的上海国际航空物流协同枢纽

在上海"一市三场"发展的大框架下，在长三角世界级城市群和机场群的建设背景下，精心打造具有跨界协调能力的上海国际航空物流协同枢纽，加强区域协调和统筹兼顾，以"一市三场"为核心平台，以航空物流为发展主线，以物流产业链为协同纽带，不断完善航空物流服务体系，促进航空物流管理升级。在此基础上运用竞合价值网带动相关产业集聚发展，实现资源要素的最佳配置，最大程度地保证各机场的权益均衡、高效运作、分工协同与稳步增长，达到上海"一市三场"航空物流一体化发展的战略目的，进而推动长三角机场群与城市群的协同发展。

（2）立足国际物流服务功能开发来加强多式联运产品创新

为提高国际物流市场竞争力，可立足国际物流服务功能开发来加强多式联运产品创新：一是深度开发上海周边卡车航班业务，逐步形成辐射长三角的"空铁互转"电商专线，创新发展"一市三场"陆空联运服务产品；二是利用上海港口的天然优势，围绕价格和时间适中敏感的货物，创新发展"一市三场"海空联运服务产品；三是借助上海自贸区优势，依托浦东机场和虹桥机场的口岸功能，拓展国内转国际、国际转国际、国际转国内业务，创新发展"一市三场"空空联运服务产品。

（3）构建基于供应链服务水平提升的航空物流信息云平台

为加强各机场航空物流的协同管理，可围绕"一市三场"构建基于物流供应链整体服务水平提升的航空物流信息云平台，统筹战略规划、物流服务、业务衔接、金融服务及其他综合服务，打通"一市三场"的信息传递通道；同时以政策引导、品牌宣传、营销推广、会议论坛等多种形式，通过云平台积极营造机场各方沟通交流、商务合作、协同互补的开放氛围，建立高效畅通的合作机制。

（4）加大航空物流先进信息技术的应用

针对周边城市航空物流先进信息技术应用不足的问题，可以大力加强EDI、RFID、

GPS等技术的应用力度。利用EDI技术可以实现航空物流服务链不同主体之间信息的快速、准确传递，实现信息的跨系统、跨行业、跨地区的标准化电子传输；利用RFID技术可以实现航空货物分拣、运输及车辆监管、航空物流园区仓储管理、配送等各环节货主、运营商及监管部门的信息及时查询、动态管理等功能，达到信息共享，实现一体化物流服务；通过GPS技术可以实现航空货物在运输过程中的全程跟踪，实现"门到门"服务，提高航空物流企业的服务水平及客户满意度。总之，采用先进的物流信息技术，能将航空物流服务链的各成员信息有效整合，进而达到无缝衔接，实现全球航空物流相关信息的交换和共享。

（5）加大航空物流信息共享力度

航空物流信息协同既包括航空物流服务链各主体之间的信息协同，也包括航空物流各功能要素之间的信息协同，还包括航空物流硬件、软件之间的信息协同等。上海"一市三场"框架，辐射长三角周边城市，通过加大信息共享力度来提高航空物流服务链的整体绩效，实现信息资源的优化利用。

（资料来源：https://kns.cnki.net/kcms/detail/detail.aspx?dbcode=CJFD&dbname=CJFDLAST2022&filename=LTKJ202205024&uniplatform=NZKPT&v=-PsGD1phaB4h9SPnEhP0BCqcrhOpUR33KgDbmaMWtOYB94H1dxd7kF5lAU_J_dTA.）

案例思考题：

（1）上海市如何发展"一市三场"航空物流？

（2）航空物流信息化建设对促进"一市三场"协同发展有哪些作用？

（3）通过案例分析信息化平台建设对于航空物流业的发展起到的作用。

8.1 航空物流信息化概述

航空物流信息化建设是利用信息技术促进物流效率和服务质量的全面提高。信息化是现代航空物流的主要依托，是航空物流系统的灵魂，更是未来发展的趋势，对于提升航空物流效率、降低航空物流成本具有至关重要的决定性作用。

8.1.1 物流信息化的定义与类型

1. 物流信息的定义

物流信息首先是反映物流领域各种活动状态、特征的信息，是对物流活动的运动变化、相互作用、相互联系的真实反映，包含知识、资料、情报、图像、数据、文件、语言和声音等各种形式。它随着从生产到消费的物流活动的产生而产生，与物流的各种活动，如运输、保管、装卸、包装及配送等有机地结合在一起，是整个物流活动顺利进行所不可缺少的条件。例如，运输活动要根据供需数量和运输条件等信息确定合理的运输线路、选择合适的运输工具、确定经济运送批量等。装卸活动要根据运送货数量、种类、到货方式，以及包装情况等信息才能确定合理的组织方式、装卸设备、装卸次序等。同时，物流信息还包括物流活动与其他活动进行联系时所必需的各种信息，如商品交易信息、市场信息等，这些信息在整个物流链上流动，反映供应链上的生产厂家、批发商、零售商直至最终消费者之间的关系，是供应链协调一致、有效控制和快速反应的重要保证。所以，物流信息一般由以下两部分组成。

①物流系统内信息。物流系统内信息是指伴随物流活动的产生而产生的信息，具体包括物品流转信息、物流作业层信息、物流控制层信息和物流管理层信息等几个方面。

②物流系统外信息。物流系统外信息是指在物流系统外发生的与物流活动有关的各种信息，具体包括供货人信息、顾客信息、订货合同信息、交通运输信息、政策法规信息等。

2. 物流信息化的定义

物流信息化是企业信息的表现形式之一，目前还没有统一的定义。物流信息化是指广泛采用现代信息技术，管理和集成物流信息，通过分析、控制物流信息和信息流来管理和控制物流、商流和资金流，提高物流运作的自动化程度和物流决策的水平，达到合理配置物流资源、降低物流成本、提高物流服务水平的目的。物流信息化主要表现为物流信息的商品化、物流信息收集的代码化和数据库化、物流信息处理的电子化和计算机化、物流信息传递的标准化和实时化、物流信息存储的数字化等。

3. 物流信息化的类型

物流信息化包括物流设备的信息化和物流管理的信息化两类。物流设备的信息化是指条形码、射频技术、全球卫星定位系统、地理信息系统、激光自动导向系统等信息技术和自动化设备在物流作业中的应用。物流管理信息化是指物流管理信息系统、物流决策支持系统等信息系统在物流中的应用。一般来说，物流设备的信息化是物流信息化的初步应用，物流管理的信息化则是物流信息化的主体和标志。

信息时代的来临引起了物流的运作和管理改变，如今的"物"在流动的背后隐藏着更多的信息流。通过信息技术监测、控制物流运作中的几乎一切物流活动，从客户资料取得和订单处理、物流信息处理，到物流信息传递，信息和信息流可以渗透到每一个物流活动中去。因此，物流信息系统的建立是物流管理信息化的主要内容。通过物流信息系统来监督、控制、分析商流、物流和信息流的运作，其中包括以下几个方面。

①应用信息识别、采集、传输、加工和存储技术，对物流对象和物流运作的流程和管理信息进行收集和处理，实现物流信息管理的计算机化。

②借助于信息系统，最大限度地将物流中的运输、仓储、包装、装卸、加工及配送等多个环节整合在一起，实现功能一体化。

③在各功能一体化的基础上，进行系统外部整合，实现供应链物流的信息共享和决策优化，并为客户提供全方位的物流解决方案。

④在物流信息整合的基础上实现物流方案的拟定、物流过程的优化等决策支持。

在物流信息化的过程中，信息技术是实现现代化物流系统各项功能的工具，物流信息系统则是指挥、控制各种信息工具发挥作用的中枢神经系统。

8.1.2 航空物流信息化含义

航空物流信息化是以航空运输为主要运输形式，借助现代信息技术，连接供给主体和需求主体，使原材料、产成品从起点至终点及相关信息有效流动的全过程。它将运输、仓储、装卸、加工、整理、配送、信息等方面进行有机结合，形成完整的供应链，为用户提供多功能、一体化的综合性服务。航空物流信息化的主要表现为物流资料的销售、物流资料收集的编码和数码化、物流资料传送的实时和标准化等，以及建立最佳分配、智能运输、动态监测和存储、最佳配置及其他新的物流管理技术和物流模型。

航空物流信息化建设主要包括以下几个方面。第一，物流对基础环境建设的要求很高。比如，需要制定航空物流信息化的相关法律法规，开发航空物流信息化技术 R&D 等，以及通信和网络的建设，为航空物流信息化建设奠定基础。第二，物流公共信息平台的建设是一种共享服务和向各种用户系统提供信息的方式。物流公共信息包括物流业务活动和特定货物运输跟踪的监控平台及政府物流监管的信息平台，且每个信息平台的作用是不同的。第三，物流在企业内部信息系统建设中占有非常重要的地位。作为航空物流信息化建设的基础，内部信息系统的建设必须保证物流信息交换接口标准的统一，实现标准化作业。

随着经济全球化的进程，航空运输因其所具有的高速度、节约供应链运输总成本的优势，使其成为全球经济持续增长和全球物流市场健康发展的推动力量。

8.1.3 我国航空物流信息化现状分析

随着近年来中国经济的快速发展，我国航空的货运市场需求量不断增大。根据 2020 年全国民航工作会给出的数据，2020 年全国民航货邮运输量超过 752.6 万吨，运输总周转量超过 1292.7 亿吨千米，同比增长 1.9%和 7.1%。而伴随着我国航空货运市场需求量的不断增大，国际航空物流信息化程度快速地提升，我国传统的航空货运面临着向信息化转型的关键时期。然而，从我国航空物流信息化发展现状来看，我国航空货运依旧面临着发展不均衡、不全面、信息化程度低、仓储物流成本高、缺乏专业的物流管理人才等一系列问题，严重地影响了我国航空物流行业向信息化转型，导致我国航空物流领域在国际竞争中依旧处于下风，与国外先进的信息化航空物流管理依旧有不小的差距。

首先，没有一个坚强的指挥中心和内部有机连接的运行网络，就不会有成功的航空物流。真正的现代物流必须是一个指挥中心、利润中心，企业的组织、框架、体制等形式都要与一个中心相符。一方面，要求分部坚决服从总部，总部对分部有高度的控制力，分部在作业上做到专业化、流程标准化；另一方面，总部必须具有强大的指挥、设计能力，有对市场把握的高度准确性和控制风险的能力。要做到这一点，离不开对市场的迅速反应能力，必须以实现信息化、网络化做保证。在现代物流的管理与运作中，信息技术与信息网络扮演着一个非常重要的角色，甚至就是公司形象和核心竞争力的标志。因此，大型的专业物流企业通常都设有运作管理系统、质量保证系统、信息管理系统和客户管理系统。

其次,在物流信息系统建设上也明显滞后,主要表现在行业应用信息化的资金投入不足、能力低下、发展速度缓慢、应用范围狭窄。目前,国内有航空货运业务的 26 家航空公司中,拥有对外营销和管理职能系统的不过 10 家,并且尚无法实现全国航空货物站到站的信息检索和查询。在中国航空物流供应链中的航空公司、枢纽机场和大型货运代理都建有独立的货运信息系统,而小型航空公司、机场和大部分代理均没有建设货运信息系统。即使是已建设的信息系统之间也存在不兼容的问题,无法实现更大范围的信息共享,缺少全行业广泛互联的航空物流公共信息平台,严重制约了我国航空物流的发展和整体经济效益的提高。

8.1.4 我国航空物流信息化未来发展对策

1. 制定航空物流信息化统一标准,实现兼容一体

近年来,航空物流部门虽然开发了大量的应用软件,但程序之间存在差异和不兼容,由此便导致系统使用与信息传输无法正常进行,但是耗费在其中的人、物、财力资源却是无法挽回的。进行航空物流信息化发展的时候,必须着重思考关于"信息网"的内容,这样才能够设定出明确的标准。当标准之间出现问题时,便没有办法进行信息的交流与统一化网络的搭建,所以,开展航空物流信息化的建设过程中,必须高度重视通用化和标准化。在整个物流系统中建立统一的物流信息系统,对原有系统进行规范和完善,顺利实现各部分的大系统整合。

2. 引进并加大先进航空物流信息技术的应用

基于"互联网+"的大背景,物流信息化建设技术的研究与开发迅速发展,ITS、GSM、GIS 等高水平、高性能的物流信息技术应运而生,并在实践中得到广泛应用。现代信息技术的飞速发展使物流信息化取得了长足的进步,物流信息系统的信息采集、传输、处理和交换的频率也得到了显著提高。因此,关于航空物流的信息化建设,必须着重关注各类技术的使用,在逐步创新使用各类物流信息技术的基础上,推动整个信息体系的正常运转。

3. 加快航空物流信息化平台的建设

航空企业需要积极构建航空物流信息平台。企业方面需搭建起相应的互通信息平台。从当下物联网技术的发展来讲,航空物流平台的发展是必须借助先进技术的,由此才能更好地服务于物流信息化的发展。借助此信息平台,能够很好地加强内部各个环节间的沟通与信息交流,进而把处于多个区域当中的信息进行更好的综合与利用。除此之外,企业方面也需搭建起相应的航空物流协同信息平台。关于航空物流信息平台的建设,其属于大型的系统性工程,同时也直接影响信息系统后续的作用发挥。一般来讲,它具有信息咨询、用户权限、信息发布、数据提取、事务处理、系统接口等功能,可以最大限度地实现个性化优质服务,促进物流效率的提高。

4. 实现航空货运信息网络的实时化和智能化

航空货运信息网络正在向实时化和智能化方向发展。为了实现我国航空货运业信息

化水平的整体提升，更好地为我国航空物流业发展服务，需要尽快建立一个中性的、第三方的航空物流信息平台，实现货运量的实时智能监测与预警、货运信息的精准实时推送、货物的自动跟踪定位、货物与航班的自动匹配、货物的航线智能规划、货运作业的实时监控与信息感知等相关功能，从而实现航空货运信息的实时化和智能化，这也是我国航空物流信息化发展的必然趋势。

目前，空港物流的发展已形成布局网络化、运作高效性、业务综合性的特点。国内外空港物流越来越重视信息化手段，并倾向于为高科技产品和国际贸易提供服务，其综合服务功能逐步拓展，大大突破了传统的航空货运业务活动仅仅为货物的点对点运输及货物的中转功能，同时，有力地促进了机场行业和地方经济的发展。

南航荣获国际航协电子货运最佳发展奖

2017年7月18日，国际航协授予南航电子货运最佳发展奖，以表彰南航在电子货运特别是国际电子运单方面的快速发展。

从2009年10月10日率先推出中国民航首张国内电子运单至今，南航货运已共在国内13个出港航站、85个进港航站实施电子运单，超过10万票/月，高居全球前三，渗透率达56%；在国际23条航线实施电子运单，超过1万票/月，渗透率达58%，同比提升31个百分点。

以目前的电子运单量计算，南航每年可节省纸质运单超过100万份（国际运单一式12联，国内运单一式8联），将这些节省的纸质运单堆起来，高度相当于两个广州塔。不仅如此，南航的货运销售代理领单改单、退单皆可通过唐翼系统或电子邮件完成，告别了"跑腿时代"。自电子运单推广以来，南航货运多次对唐翼系统进行优化升级，实现与不同销售代理人和地面代理之间的数据交换。此外，自行开发了唐翼系统电子运单校验模块，实现对电子运单制单航程、专用特货码的自动校验和特殊操作要求的自动提示，避免了电子运单误用或错用。

由于电子运单的实施参与涉及航空公司、货运代理人、地面代理、信息系统提供商、海关、检验检疫等多方协作，南航货运针对不同地区量身定制电子运单SOP——标准操作流程，为各方提供统一的行动指南。以上海为例，他们制定的SOP详细规范了各方对电子运单的使用范围、操作要求和例外情况处置方案等，相比广州的单系统操作，实现唐翼系统与东航物流CCSP系统的无缝链接。在南航实施电子运单的航站，海关及检验检疫将电子放行信息发送给货站，货站收到电子放行信息后进行配载、提货操作，不仅比以前客户交单后才配载、提货更有效率，而且也更加可靠。

随着数据电子化为运单数据质量的监控提供了更佳便利的条件，南航货运将持续改善唐翼系统功能，通过系统手段实现自动化的运单数据校验，提高代理人运单数据质量，实现从"量"变到"质"变。

（资料来源：https://www.cata.org.cn/portal/content/show-content/17915/hyzx.）

8.2 航空物流信息技术

信息技术是航空物流企业实现快捷航空物流服务的重要保证，是航空物流企业获取竞争优势的关键。航空物流信息技术是指运用物流各环节中的信息技术，它是建立在计算机、网络通信技术平台上的各种技术应用，包括硬件技术和软件技术。航空物流信息技术包括条码技术、射频技术、EDI 技术、GIS 技术、GPS 技术和物联网等技术。

8.2.1 条码技术

1. 条码技术的概念

条码技术是在计算机的应用实践中产生和发展起来的一种自动识别技术，它是为实现对信息的自动扫描而设计的，是实现快速、准确而可靠地采集数据的有效手段。条码技术的应用解决了数据录入和数据采集的"瓶颈"问题，为现代物流管理提供了有力的技术支持。物流条码标准化在推动各行业信息化、现代化建设进程和供应链管理的过程中将起到不可估量的作用。

条码是由一组规则排列的条、空及其对应字符组成的标记，用以表示一定的信息。这些条和空组成的数据表达一定的信息，并能够用特定的设备识读，转换成与计算机兼容的二进制和十进制信息。一个完整的条码的组成次序依次为：静区（前）、起始符、数据符、（中间分割符，主要用于 EAN 码、UPC 码）、（校验符）、终止符、静区（后）。如图 8-1 所示。

图 8-1 条码结构

条码技术提供了对物流中的物品进行标识和描述的方法，企业可以借助自动识别技术、销售信息系统（POS 系统）、EDI 等现代技术手段，随时了解有关产品在供应链上的位置，并及时做出反应。当今在欧美等发达国家的供应链管理策略中，都离不开条码技术的应用。条码是 POS 系统、EDI、电子商务和供应链管理的技术基础，是物流管理现代化、提高企业管理水平和竞争能力的重要技术手段。

条码种类繁多，达 40 余种，常见的约有 20 多种。目前应用最为广泛的有交叉 5 码、39 码、UPC 码、EAN 码和 128 码等。近年来又出现了按矩阵方式或堆栈方式排列信息的二维条形码。若从印制条形码的材料、颜色分类，可分为黑白条码、彩色条码、发光条码（如荧光条码、磷光条码）和磁性条码等。不论哪一种条码，在设计上都有一些共同点：符号图形结构简单；每个条码字符由一定的条符组成，占有一定的宽度和印制面积；每种编码方案均有自己的字符集；每种编码方案与对应的阅读装置的性能要求密切配合。

2．条码技术的特点

信息输入技术可采用各种自动识别技术，作为一种图形识别技术，条码与其他自动识别技术相比有着以下特点。

①易于操作。条码符号的制作相对较为容易，扫描操作也较简单，不需要专门的培训。

②采集信息量大。利用条码扫描一次就可以采集十几位字符的信息，而且可以通过选择不同码制的条码来增加字符的密度。

③信息采集速度快。普通计算机的键盘输入速度是每分钟 200 个字符，而用条码扫描录入信息的速度可以是键盘输入的 20 倍。

④使用成本低。与其他自动化识别技术相比，条码技术仅仅需要一张贴纸和相对构造简单的光学扫描仪，成本低廉。

⑤可靠性强，利用键盘录入数据的出错率为三千分之一，利用光学字符识别技术的出错率大约为万分之一，如果采用条码技术扫描录入方式，误码率仅为百万分之一，首读率可达 98%。

3．条码技术在物流中的应用

当今的物流信息自动化管理系统要求高速、准确地对物流信息进行采集。要及时捕捉作为信息源的每一件商品在出库、入库、上架、分拣、运输等过程中的各种信息。条码自动识别技术由于其输入简便、迅速、准确、成本低、可靠性高等显著优点，被充分应用于物品装卸、分类、拣货、库存等各物流环节，使得物流作业程序简单而且准确。条码在现代物流中的典型应用有以下几方面。

（1）物料管理

对于生产型企业而言，物料管理是企业资源计划的重要内容。在物料管理中应用条码的好处是多方面的。首先，条码可以作为 WIP（work in process）状态的标识，准确地确定目前物料的消耗与供给情况；其次，条码对物料的标识为建立产品档案奠定了基础，通过条码反映的数据，管理者可以很容易地得知某一成品的关联件的来源与批次，这些数据可以作为物料管理的反馈输入，形成物料管理控制的闭环。在国内，条码应用于物料管理已经有很多成功案例，如上海大众等大型生产企业。

（2）作业管理

作业管理中对条码的应用主要体现在条码成为联系工作流程中各环节的工具。以仓储作业为例，验货、备货、分拣、上架等环节之间的联系是很复杂的。在传统的操作方式下，业务中心与仓储工作人员之间一般以纸面单据交流完成工作流的衔接。应用条码之后，可以借助无线局域网建立半自动化的作业管理方式。业务中心通过无线网络将业务指令直接下达给仓储工作人员，仓储工作人员通过手持终端接收指令，并扫描条码确认工作准确无误完成，同时，仓储工作人员的工作完成情况又即时传回业务中心得到确认。利用条码和无线网络可以大大提高工作效率，减少误操作。

（3）仓储管理

仓储管理实际上是条码应用的传统领地，其应用已经贯穿出入库、盘点、库存管理等多方面。在出入库过程中，条码既可以加快出入库的速度，又能减少出入库操作的差错。条码在仓储管理中带来的最大的变化是在盘点业务方面，传统的手工方式盘点一般是利用纸笔记录，效率不高，同时还存在数据失实的可能。在利用了条码后，就有可能采用自动化技术。例如，在某仓库中使用了手持终端，现在的盘点方式只需要利用手持终端扫描箱体，所有盘点数据都会记录在手持终端中，手持终端也会自动处理盘点重复等错误。手持终端数据可以很方便地导入管理系统中去。在库存管理中，条码的重要意义在于货位保证。物流管理系统在制订资源计划时，常常需要引用货位信息，但是传统方式下的货架操作，难以避免货物与货位信息的脱节，往往会出现物流管理信息系统指示在某处出库某样物品，但操作工将叉车开到货位后却发现并不存在这样的物品。条码技术不仅可以标识所有物品，而且可以标识货位，要求只有扫描了货位条码和货物条码后才能完成上下架过程，这样可以确保货物的货位信息准确。

8.2.2 射频识别技术

射频识别技术（radio frequency identification，RFID）起源于第二次世界大战的军事通信，在军事物流中起到了非常重要的作用。20世纪90年代中期，射频技术开始逐步应用于商业领域中，它非常适用于物流跟踪、运载工具、仓库货架及其他目标的识别等要求非接触数据采集和交换的场合，还可用于生产装配线上的作业控制。

射频技术是一种非接触式的自动识别技术，它的基本原理是电磁理论，利用无线电波对记录媒体进行读写。射频系统的优点是不局限于视线，识别距离比光学系统远，射频识别卡具有读写能力、可携带大量数据、难以伪造且具备一定的智能性。射频识别系统的传送距离由许多因素决定，如传送频率、天线设计等，射频识别的距离可达几十厘米至几米，且根据读写的方式，可以输入数千字节的信息，同时，还具有极高的保密性。

射频技术适用于物料跟踪、运载工具和货架识别等要求非接触数据采集和交换的场合，由于RF标签具有可读写能力，对于需要频繁改变数据内容的场合尤为适用。例如，在货物的远程跟踪系统中，安装在车站、码头、机场、仓库及公路或铁路关键点的射频读写器，可以自动读取所经过的货物或集装单元器具上的射频识别卡，并连同自身的位置信息一起上传至系统信息网络，可供货物的供需方、物流组织者及其他关系方对货物状态进行实时跟踪或控制。

8.2.3 地理信息系统

地理信息系统（geographic information system，GIS），是20世纪60年代开始迅速发展起来的地理学研究新成果，是由地理学、计算机科学、测绘遥感学、城市科学、环境科学、信息科学、空间科学、管理科学融为一体的新兴学科。它以地理空间数据为基础，采用地理模型分析方法，适时地提供多种空间的和动态的地理信息，是一种为地理研究和地理决策服务的计算机技术系统。

GIS 的基本功能是将表格型数据（无论它来自数据库、电子表格文件或直接在程序中输入）转换为地理图形后进行显示，然后对显示结果浏览、操作和分析。显示范围可以从洲际地图到非常详细的街区地图；显示对象包括人口、销售情况、运输线路及其他内容。

目前，GIS 具有非常广泛的应用，已经比较成熟地应用于军事、自然资源管理、土地和城市管理、电力、电信、石油和天然气、城市规划、交通运输、环境监测和保护、110 和 120 快速反应系统等。尤其是在企业物流过程中，GIS 技术发挥了极其重要的作用。完整的 GIS 物流分析软件集成了车辆路线模型、最短路径模型、网络物流模型、分配集合模型和设施定位模型等。它可以无缝集成到企业信息化的整体业务平台中，与企业的财务系统、销售系统、工作流管理系统、客户关系管理系统等融合，并且在底层数据库层面上实现数据的相互调用，当建立在网络架构上时则可以实现远程和分布式计算。

8.2.4　全球定位系统

全球定位系统（global positioning system，GPS）具有在海、陆、空进行全方位实时三维导航与定位能力。最早是由美国军方在 20 世纪 70 年代初从"子午仪卫星导航定位"技术发展起来的，是具有全球性、全能性（陆海空）、全天候性优势的导航定位、定时、测速系统。GPS 的显著特点在于：全球地面连续覆盖、功能多、精度高、实时定位速度快、抗干扰性能好、保密性强。

GPS 在物流领域可以应用于汽车自动定位、跟踪调度和陆地救援，用于空中交通管制、航路导航和监视，用于铁路运输管理和军事物流等方面。

①用于汽车自动定位、跟踪调度方面的应用。车载 GPS 产品是 GPS 技术的应用，通常是指安装在车辆上，可以确定车辆的位置，并结合通信模块把位置信息发送给服务中心的系统。车载 GPS 主要由 GPS 接收板、通信模块、天线和电路主板组成。GPS 车辆定位系统包括报警、反劫、查询、调度等功能。基于 GPS 的物流运输调度管理系统主要是通过调用 GPS 系统的 Web GIS 服务实现对车辆的监督、控制，优化运输线路，合理安排运输任务。

②用于铁路运输方面的管理。利用 GPS 的计算机管理信息系统，可以通过 GPS 和计算机网络实时收集全程列车、机车、车辆、集装箱及所运货物的动态信息，可实现列车及货物的追踪管理。只要知道货车的车种、车型和车号，就可立即从近 10 万千米的铁路网上流动着的几十万辆货车中找到该货车，还能得知这辆货车现在在何处运行或停在何处，以及所有车载货物的发货信息。铁路部门运用这项技术可大大提高其路网及运营的透明度，为货主提供更高质量的服务。

③用于军事物流。全球定位系统首先是因为军事目的建立的，在军事物流中应用相当普遍，如后勤装备的保障等方面。通过 GPS 技术及系统，可以准确地掌握和了解各地驻军的数量和要求，无论是在战时还是在平时，都能及时、准确地进行后勤补给。

8.2.5 物联网

物联网的概念最早于1999年由美国提出，即通过RFID、红外感应器、全球定位系统、激光扫描器、气体感应器等信息传感设备，按约定的协议，把任何物品与互联网连接起来，进行信息交换和通信，以实现智能化识别、定位、跟踪、监控和管理的一种网络。简而言之，物联网就是"物物相连的互联网"。

物联网在物流行业的集成应用主要有如下几个方面。

①产品的智能可追溯网络系统。目前在农产品、食品、医药、烟草等行业领域，产品追溯体系发挥着货物跟踪、识别、查询、信息采集和管理等方面的巨大作用，已经有很多成功的应用。

②物流过程的可视化智能管理网络系统。这是基于卫星定位技术、RFID技术、传感器技术等多种技术于一体，在物流活动过程中实现车辆定位、运输物品监控、在线调度与配送的智能管理系统，目前应用层次还不深，有待进一步发展。

③智能化的企业物流配送中心建设。基于传感、RFID、声、光、机、电、移动计算等各项先进技术建立全自动化的物流配送中心。借助配送中心智能控制、自动化操作，可以实现商流、物流、信息流、资金流的全面协同。

此外，基于智能配货的物流网络化公共信息平台建设，物流作业中智能手持终端产品的网络化应用等，也是目前很多地区推动的物联网在物流领域的应用模式。

在物流行业内，物联网在物品可追溯领域的技术与政策等条件已经成熟，应该全面推进；在可视化与智能化物流管理领域应该开展试点，力争取得突破，产生示范效应；在智能物流中心建设方面需要进一步强化物联网理念，推动物流与生产的联动；在智能配货的信息化平台建设方面应该统一规划，全力推进。

8.2.6 云计算与大数据

云计算的最终目标是将计算、服务和应用作为一种公共设施提供给公众，使人们能够像使用水、电、煤气和电话那样使用计算机资源。用户从"购买产品"转变到"购买服务"，他们不再直接面对复杂的硬件和软件，而是最终的服务。企业不需要拥有硬件设施，也不再为机房支付设备供电、空调制冷、专人维护等费用，并且不需要等待漫长的供货周期、项目实施等冗长的时间，只需要把钱支付给云计算服务提供商，人们将会得到需要的服务。

而大数据的目的是充分挖掘海量数据中的有效信息，发现数据中的价值，其处理对象是各种数据。大数据使得企业从"业务驱动"转变为"数据驱动"，从而改变了企业的业务架构。因此，云计算和大数据实际上是工具与用途的关系，即云计算为大数据提供强大的存储和计算能力，可以更迅速地处理大数据的丰富信息，并更方便地提供服务；而来自大数据的业务需求，能为云计算的落地找到更多更有价值的用武之地。

物流云计算服务平台是面向各类物流企业、物流枢纽中心及各类综合型企业的物流部门的完整解决方案，它依靠大数据及强大的云计算能力来满足物流行业的各环节所需要的信息化要求。物流云计算服务平台一般分为物流公共信息平台、物流管理平台及物流园区管理平台三种类型。物流公共信息平台针对的是客户服务层，它拥有强大的信息获取能力；物流管理平台针对的是用户作业层，它可以大幅度提高物流及其相关企业的工作效率，甚至可以拓展出更大范围的业务领域；物流园区管理平台针对的是决策管理层，它可以帮助物流枢纽中心、物流园区等管理辖区内的入驻企业，帮助它们进行规划和布局。

香港国际机场的无人驾驶物流车

2019 年 12 月 30 日，香港国际机场批量投入完全无人驾驶的物流车，迎来了"拿掉安全员"的重大技术进展，使之进入常态化运输工作，实现了航班旅客行李运输的完全无人化。这是全球首个在机场实际操作环境下运行的无人驾驶物流车常态化运营项目，也是首个无人驾驶物流车商业化的标志，它同时标志着无人驾驶物流车正式迈过了产品化的门槛。香港国际机场的无人驾驶物流车，如图 8-2 所示。

图 8-2　香港国际机场的无人驾驶物流车

无人驾驶物流车要实现大规模普及，必须解决的一个核心问题是如何"取消安全员"？即不配备监管司机，所有驾驶操作及周边环境监控工作均由系统完成。此举是无人驾驶物流车迈向大规模商业化的里程碑。只要有安全员在，都不能算是完全意义上的无人驾驶物流车，也无法真正为交通运输行业带来降本增效的作用。这也是对无人驾驶物流车系统安全能力的极致考验，因为随着系统复杂度的提升，系统的可靠性将下降，这是系统工程领域的共识，无人驾驶系统也不能幸免。

无人驾驶物流车有一套系统化的成熟安全体系来确保其作为一个整体进行安全地运行。这套体系还能确保即使无人驾驶系统中的某一个部件发生了故障，依然能够保证车辆行驶及其他交通参与者的安全，同时保障货物运输工作的高效完成。无人驾驶物流车是一项复杂的系统工程。为了实现"整车级"的安全运行，从车辆电子电气架构到车端系统本身，都实现了涵盖传感器、自动驾驶控制器、车辆电源、执行机构等部件的冗余。为了保证始终行驶在安全范围内期望的准确位置，无人驾驶物流车采用了多重融合的定位系统，即使在其中某一套定位子系统出现故障无法工作时，仍然可以通过其他异构的冗余定位手段确保车辆准确获取自身位置。在实际运行中，为了应对每个硬件、软件面临失效的可能，这一系统还设计了多个层次的失效监控和应对机制，可以全面处理硬件故障、执行器故障、供电故障、系统软件故障等无人驾驶物流车所有可能遇到的失效情况，并且按照失效的严重程度，对故障进行分级处理，使无人驾驶物流车始终保持安全平稳运行。

此外，根据应用场景的特殊性，如小障碍物（行李包）、临时施工区域、不同的拖斗数量等，无人驾驶物流车进行了针对性的感知算法优化，并通过深度学习进行训练和适应，从而进一步保障了无人驾驶物流车的全天候运营能力。针对一些极端情况，无人驾驶物流车还设计开发了完全独立的电子围栏控制系统（E-Fence），当无人驾驶物流车的主系统失控时，也可以依靠 E-Fence 将车辆及时刹停，从而保证无人驾驶物流车的安全，同时避免无人驾驶物流车驶出电子围栏范围，影响合作伙伴在其他区域的正常作业。

黑盒子是无人驾驶控制系统中一个独立的高可靠性的数据记录设备，它既可以用于技术开发时现场问题记录回溯，也可以用于异常碰撞事故发生后的过程追溯。它记录、存储和维护着无人驾驶物流车在自动驾驶过程中的全部原始环境感知数据和车辆运行状态数据，在碰撞场景重建时可用于追责和举证，也可作为后续系统优化升级的关键案例源，进而提高无人驾驶物流车后续防止该类事件发生的能力。

未来，相信无人驾驶物流车将在丰富的商业运营实践中不断完善安全设计，逐步走向成熟。现在"取消安全员"，既是对自动驾驶技术能力与信心的考验，也是通往规模化量产的"门票"。

（资料来源：刘武君，寇怡军.航空货运物流规划[M]. 上海：同济大学出版社，2020.）

案例思考题：

（1）结合案例分析，无人驾驶物流车在香港机场的主要作用是什么？

（2）分析采用无人驾驶物流车的优点。

8.3 航空物流信息系统

经济全球化、信息科技和电子商务的发展，航空客户对更方便的网上订舱、货物查询、网上清关、货库管理、客户快速响应、个性化服务管理和网上结算等航空物流服务要求不断提高，这就要求建立统一的功能齐全的信息交流平台，以便能对货物进行全程监控。市场需求的不确定性和双方信息的不对称性影响着航空物流供应链企业间的协调合作，也需要借助信息平台，使供应链成员之间充分地进行信息共享。国际航空物流迅猛发展及国际航空快递公司获得成功的重要原因之一就是拥有一个快捷、统一的公共信息平台。

8.3.1 航空物流信息系统概述

1. 航空物流信息系统的定义

航空物流信息系统是一个连接各类航空物流资源的综合化资源服务平台，它将航空运输公司货运系统、机场货站系统、代理公司货运系统等相对分散的子系统充分整合，为各供应链成员企业提供全面的物流服务。航空物流信息系统可以看作信息系统的一类，是指通过对航空物流信息的搜集、存储、加工处理、共享等来达到对航空物流和资金流的有效控制和管理，为企业提供航空物流管理活动中信息分析与决策支持的人机一体化系统。

航空物流信息系统的建立能够使供应链信息透明化，有助于航空物流企业实现广阔的航线网络和地面网络覆盖，形成密集的航班频率和充足的舱位配备，机场获得平稳传递和快速准确的吞吐量，货运分拣中心高速运作，从而满足对客户的快速响应和对大货主的个性化服务。

航空物流涉及地域广阔，需要面向国内外众多不同的航空企业、机场、代理、客户、银行、海关等相关部门。国外一些著名的航空快递公司依靠信息技术服务方面的优势，已经在中国市场取得了十分优异的成绩。目前，我国的航空货运公司除少数系统能够提供部分互联外，大部分系统都没有开放的互联功能，极大制约了企业运营效率的提高。尽管国内部分平台有面向全国的发展态势，但它们的运作是分散的，各有各的利益主张，彼此间的协调性比较差。《中国民用航空发展第十四个五年规划》指出，积极发展航空货邮运输，建立航空货运公共信息系统。建设功能强大的航空物流信息公共平台，提升我国物流企业的服务范围和能力是刻不容缓的任务。通过一个公共的航空物流信息平台，重组和集成机场、航空运输公司、货代、海关、检验检疫、承运人等主体，实现同一信息平台上协同作业的无缝隙对接，促进和加速航空物流业的整体信息化进程。

2. 航空物流信息系统的特点

航空物流信息系统既具有信息系统的共性，也具有独特的个性。

① 一体化。航空物流管理涉及地理上处于不同位置的很多法人企业和企业之间的各种业务交往，呈现出纷繁复杂的特性。航空物流信息系统通过信息的快速传递和共享，将这些企业和企业之间的各种业务从逻辑上进行集成，从而使分散和独立的企业和业务流程集成为一个一体化的逻辑整体参与市场竞争。

② 网络化。航空物流信息系统不再运行于单机上，而是向网络化方向发展。目前，基于互联网的航空物流信息系统将上下游企业和客户统一到虚拟网络社会上来，世界各地的客户足不出户，便能通过浏览器查找、购买、跟踪所需商品。

③ 模块化。航空物流信息系统是为航空物流管理服务的。在系统开发中，一般将系统划分为很多子系统，对应于相应的子模块，分别完成不同的功能。企业根据自身条件将不同的模块进行集成，这既满足了企业的个性化需求，又使上下游企业之间能够很容易地集成。

3. 航空物流信息系统的功能

航空物流服务的动态性、复杂性要求航空物流业与信息技术充分融合，同时，航空物流服务的多主体属性也需要借助信息技术进行有效的链接。因此，需要一个功能强大的物流信息系统在其背后支撑。航空物流信息系统通常具有以下功能。

（1）数据实时搜集和输入

航空物流信息系统借助于条码技术、RFID、GIS、GPS等现代物流技术，能够对物流活动进行准确、实时的信息搜集。另外，客户通过友好界面（如 EDI 系统客户端提供的表单）进行元素值的选择或填写，能够方便地完成物流与供应链活动中各种单证的输入和调用。

（2）数据传输

航空物流信息系统通过网络可以快速方便地将数据从一地传输到另一地，从而消除空间的阻隔，使得不同地区的供应链上下游企业，能够开展协调工作和各种业务活动。另外，航空物流信息系统通过 EDI 传输的是结构化的标准信息（如报文），这些信息能够在不同系统之间进行传输并得到自动处理，而不需要人为干预，可以极大地提高航空物流管理活动中的数据传输效率。

（3）数据处理

航空物流信息系统能够对数据进行处理，从中发现规律和关联，从而对物流活动进行预测和决策。除了统计分析外，航空物流信息系统还将各种信息技术集成起来，如数据仓库、数据挖掘、联机分析、专家系统等。

（4）数据存储

航空物流信息系统的存储功能既与输入直接相关，又与输出紧密相连，输入决定系统存储什么样的数据，存储多少。存储决定系统的输出内容和形式。另外，航空物流信息系统的数据存储功能能够打破时间阻隔，使用户方便地对历史数据进行查询，并为用户提供对未来进行预测的信息。

（5）数据输出

航空物流信息系统能够为用户提供友好的数据输出界面，如文字、表格、图形、声音等。随着多媒体技术的进一步发展，数据输出的形式将更加丰富和形象。

（6）控制功能

航空物流信息系统的控制功能体现在两个方面：一是对构成系统的各成员（如硬件、软件、人员、管理思想等）进行控制和管理；二是对数据输入、存储、处理、输出、传输等环节进行控制和管理。为了实现有效控制，系统必须时刻掌握预期要达到的目标和实际的状态，并通过反馈来调整相应的参数和程序，保证航空物流系统处于最佳运行状态，如缩短从接受订舱到发运的时间、提高运输效率、提高接受订舱的可靠性、防止发运出现差错、回复信息咨询等。

8.3.2 航空物流信息系统组成及架构

1. 航空物流信息系统的组成

航空物流信息系统是一个复杂的人机系统，一般由硬件、软件、信息资源、相关人员及物流业系列规章制度等共同组成。

（1）硬件

硬件包括计算机、必要的通信设施和安全设施等，如计算机、打印机、服务器、通信设施。它们是航空物流信息系统的物流设备、硬件资源，是实现航空物流信息系统的基础，构成了系统运行的硬件平台。

（2）软件

航空物流信息系统的软件层包含操作系统、通信协议、业务处理系统等，运行于底层的网络硬件设施与各种航空物流工具之上。航空物流信息系统的软件层把大量的事务性工作即工作流的问题交由计算机来完成，使人们从烦琐的事务中解放出来，有利于管理效率和管理水平的提升。

（3）信息资源

数字、信息、知识、模型是航空物流企业运作与管理的无形资源，属于信息资源。数据、信息存放在数据库与数据仓库中，它们是实现辅助企业管理和支持决策的数据基础。随着互联网的深入应用和计算机安全技术、网络技术、通信技术的发展，以及市场专业化分工与协作的深入，航空物流企业封闭式的经营模式将不断被打破，企业与客户之间将更密切地共享信息。因此，企业数据库的设计将面临采取集中、部分集中、分布式管理的决策。例如，航空物流知识存储于知识库中，而大量用于辅助决策的定量模型、运输路径的优化模型、库存模型、配载模型等则存储在模型库中。

（4）相关人员

航空物流信息系统的开发涉及多方面的人员，有专业人员、领导，还有终端用户，如企业的首席执行官、首席信息官、中层管理人员、业务主管、业务人员，而系统分析员、系统设计员、程序设计员、系统维护人员等是从事企业物流信息资源管理的专业人员。不同的人员在航空物流信息系统开发过程中起着不同的作用。对一个航空物流企业来说，应当建设什么样的专业队伍，取决于企业对航空物流信息系统的认识，和对航空物流信息系统开发的管理模式，如系统的开发方式等。随着数据库存储越来越多的与企业运作相关的内外部数据，为满足企业决策的需要，航空物流信息分析人员将成为企业急需的人才。

（5）航空物流管理理念、制度与规范

在航空物流行业，新的管理思想和理念不断产生和被赋予实践，如收益管理、供应链管理、第三方物流等。航空物流企业本身的决策者和管理者及客户所能接受和贯穿的管理思想和理念的程度，决定了航空物流信息系统的结构，是航空物流信息系统的灵魂。物流企业管理制度与规范通常包括组织机构、部门职责、业务规范和流程、岗位制度等，它是航空物流信息系统成功开发和运行的管理基础和保障，是构造航空物流信息系统模型的主要参考依据，也制约着系统硬件平台的结构、系统的计算模式、应用软件的功能。

2. 航空物流信息系统架构

航空物流信息系统架构从下向上分为标识层、采集层、传输层和业务层4个层次，如图8-3所示。标识层主要涉及对数据信息的标识，如条形码、RFID标签。采集层主要是航空物流所用到的数据采集设备，如RFID读写设备。传输层主要是物流信息的各种传输渠道。业务层包括物流业务操作、物流监控管理、物流战略决策和客户层4个层面。在整个物流信息系统中，常用的信息技术有射频识别技术、条码标识技术和GPS/GIS。其中，条码标识技术可以尽量减少手工处理，不仅方便货物交接清点，减少错误概率，而且可以加快货物交接和流通的速度。射频识别技术可以实现集装设备和货物的追踪管理、车辆智能调度和管理等工作,有效提高货运车辆计划控制和调度管理的实时性和准确性,提高航空物流效率。GPS 能够对航空运输货物进行跟踪查询。GIS 能够采集、处理、传输、存储、管理、查询检索和应用地理信息,实现设备管理、机场地面建设、飞机起降管理、航运能力和交通规则等管理。

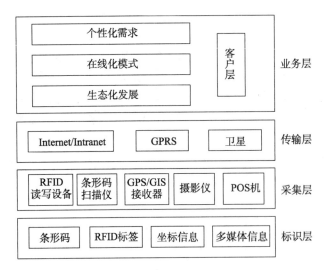

图 8-3 航空物流信息系统架构

航空物流功能架构如图 8-4 所示,主要包括业务层、管理层、决策层和客户层。

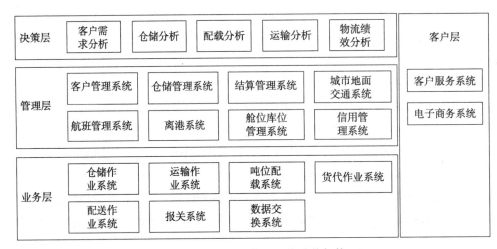

图 8-4 航空物流信息系统功能架构

① 业务层主要支持各航空物流主体的日常物流业务操作,减少手工劳动、提高工作效率,包括仓储作业系统、配送作业系统、运输作业系统、吨控配载系统、货代作业系统、报关系统和数据交换系统等功能。

② 管理层主要利用先进的信息化管理技术,实现仓储、地面运输、财务、航班等业务的管理功能。主要包括客户管理系统、仓库管理系统、结算管理系统、城市地面交通系统、航班管理系统、离港系统、舱位库位管理系统和信用管理系统等功能。例如,客户管理系统通过收集客户需求信息、记录客户购买信息、进行销售分析和预测、管理销

售价格、处理应收货款及退款等，实现对客户资料的全方位、多层次的管理，使各个环节实现流通机能的整合。仓库管理系统主要能实现存储管理、进出货管理、机械设备管理、分拣处理、流通加工、出货配送管理、货物追踪管理、运输调度计划、分配计划等内容信息的处理。

③决策层主要是利用数据挖掘、数据仓库等工具，或建立各类物流业务的数学分析模型，从供应链整体角度对物流业务进行优化分析，实现与合作伙伴的协同资源规划。包括客户需求分析、仓储分析、配载分析、运输分析和物流绩效分析等功能。

④客户层包括客户服务系统和电子商务系统等功能。客户服务系统提供多种方式的信息发布，包括 Internet、语音和触摸屏等，为客户提供如流程查询、在途查询、定制查询、实时跟踪、定制信息、咨询等服务。电子商务功能提供在线招标、运力交易和金融服务，进行公开透明的交易。

当然，为方便地从外界获得定期货运信息、变更信息、货物信息和客户信息，保证各航空物流主体集成为完整的系统，必须通过接口将各航空物流主体的功能有机地联系起来，将不同的信息通过接口转换为本系统可以处理的信息。因此，在技术架构中，必须设计好信息接口，尽量利用公共数据网的接口和标准协议，使信息交流和协议规范化、标准化。

吉祥航空与东航联合开发智慧物流系统

2021 年 2 月，吉祥航空旗下上海吉祥航空物流有限公司近日与东方航空信息部签署合作协议，双方将围绕 IFS 智慧物流系统开展物流解决方案与技术层面的合作，通过数字化赋能物流企业智慧管理能力，为上海吉祥航空物流的"喜鹊到"一站式航空物流平台提供更多发展机会。

IFS 智慧物流系统（intelligence freight system，IFS）基于航空货运数据中台进行进化而来，是面向航空公司货运营销业务的新一代管理系统，提供货运经营数字化管理和数据服务综合解决方案。此次上海吉祥航空物流与东航信息部围绕 IFS 进行开发合作，在不久的将来将 IFS 系统运用于吉祥航空的物流业务板块，配合"喜鹊到"平台提升货运营销业务的数字化管控水平。

上海吉祥航空物流有限公司总经理卢跃表示："此次签约是上海吉祥航空物流与东航信息部的首次合作，双方的充分信任为项目的顺利推进打好了基础。相信通过更多业务和技术的交流，将在未来更多领域内开展合作。"东航信息部总经理高志东说："东航集团与均瑶集团是战略合作伙伴关系，这一次的项目合作在 IT 领域是开端，双方将以此次合作为契机，立足各自优势，发挥战略协同，并期待在更多 IT 领域进行全方位的深度合作。"

自 2019 年 9 月均瑶集团与东航集团签署战略合作协议以来，双方按计划先后在国企混改、航班互售、代码共享、航材资源等多方面开展"股权+业务"深度合作。此次上海吉祥航空物流与东航信息部的签约也标志着双方在智慧物流与 IT 方面的进一步合作，加深双方互信、共同推进战略协同。

上海吉祥航空物流有限公司于 2020 年 7 月正式上线"喜鹊到"空运物流平台，为航空货运市场提供一站式"下单—运输"服务；该平台也是国内首家以航空公司为背景成立的一站式空运物流平台。借助"航空物流+互联网"概念与信息化手段，"喜鹊到"平台以吉祥航空、九元航空的航空货运业务为起步，利用互联网技术和信息系统直连对接货主与供应商，整合各类线上线下全流程服务资源，形成"发货—收货"的门到门全链路服务体系。上线半年以来，"喜鹊到"平台共完成物流运输超 33 万吨，实现交易额超 1 亿元。

（资料来源：https://www.cata.org.cn/portal/content/show-content/20026/hyzx.）

8.3.3 主要的航空物流信息系统

1. 面向航空公司的航空货运业务管理系统

面向航空公司的航空货运业务管理系统，针对的是航空公司的核心业务，是为航空公司提供整体解决方案的航空物流信息系统。这类信息系统全面支持以客户管理、运价管理为核心的市场销售信息化管理，支持进出港业务信息化操作及仓库业务信息化操作，满足航空公司一线业务操作人员的业务处理要求。同时，保证航空公司各基地、营业部的质量管理人员能够及时、准确和全面地监控业务进程，满足质量管理人员监控的要求。通过对外和对内信息交换的接口平台，这类航空物流信息系统可支持报文自动产生、接收和解析处理，满足国际化业务操作需要。

面向航空公司的航空货运业务管理系统的使用，可以帮助航空公司通过货运销售信息化提高货运市场销售能力，通过客户服务信息化提高客户服务水平，通过货运业务操作信息化提高业务操作效率，通过货运监控信息化提高业务质量控制水平，通过信息交换自动化提高货运业务协助水平，通过信息化降低风险提高货运决策分析水平。

2. 面向机场货站的航空货站业务管理系统

面向机场货站的航空货站业务管理系统会结合航空货站的业务特点，提供不同层次的、有效的、全方位的解决方案。该系统具有丰富的系统功能，可支持航空货站在国内、国际进出港、中转、仓库管理、航班管理、计费与结算、集控管理、统计及财务等各项业务。面向机场货站的航空货站业务管理系统能避免由于信息不能共享所造成的大量重复劳动、高差错率的现象，真正实现各岗位部门之间的协同工作及信息共享，优化企业的内部资源，提高业务数据的处理能力和管理水平。

3. 面向货运代理业务和第三方物流的航空物流业务处理系统

面向货运代理业务和第三方物流的航空物流业务处理系统是面向货运代理人的应用解决方案。这类信息系统不仅提供对代理人传统货运业务的支持，还提供对第三方物流业务的支持，同时，它还为代理人与航空公司、机场、制造企业的业务协作提供信息交换和管理方面的支持，提高代理人业务管理的信息化和标准化程度。面向货运代理业务和第三方物流的航空物流业务处理系统具有丰富的系统功能，支持单证管理、用户管理、客户管理、制单、运价维护、结算管理、仓库管理、派送管理、不正常业务管理、车队管理及物流管理等各项业务。

4. 货物跟踪与信息发布系统

货物跟踪与信息发布系统是面向航空公司、机场、货运代理等企业或部门，为他们所服务的货主提供多种形式的货物信息服务的信息系统。在处理企业和货主之间的信息交流时，这类信息系统提供 Web 发布、E-mail、SMS（short message service）等服务，以满足最终用户对于信息查询的要求。在应用中，货物跟踪与信息发布系统可以和其他航空物流信息系统实现连接。这样，货物跟踪与信息发布系统就可以和实际业务流程紧密配合，把货物的运输状态信息及时通知货主。根据实际要求，货物跟踪与信息发布系统客户端程序可以运行在相关的任何一个业务部门，货主可以得到有关的出港、配载、进港、中转等信息。短信息发布的主要功能就是在货物出港或进港的同时向货物收、发货人发送手机短信，使他们能够及时准确地获取信息，也可以利用手机点播功能给指定货主发送短信息。发送的内容有出港信息、进港信息和中转信息、航班信息、其他消息。就每一条短信而言，包括发送信息的企业名称、运单信息、航班信息、运输状态信息，短信语言可以是中文，也可以是英文。而电子邮件则以 E-mail 的方式提供货物的流向信息。

5. 货运电子商务系统

货运电子商务系统为航空公司、空港货站等航空物流企业提供一个电子商务平台。在这类航空物流信息系统中，企业是网上业务的管理者，他们的客户（包括货运代理人、老货主等）及各地分支机构、合作伙伴等是网上业务的授权用户，所有能够访问互联网的人是这类航空物流信息系统的普通用户。通过货运电子商务系统丰富完善的功能和安全可靠的机制，企业将满足普通用户对信息查询的需求，还可以使授权用户参与到企业的各项业务中来，达到企业与客户及合作伙伴的互动协作。从企业自身角度看，货运电子商务系统将企业的业务与管理系统拓展成为以 Internet 为疆域的企业信息系统。此外，货运电子商务系统还为企业之间的互联提供应用级服务接口。货运电子商务系统提供的核心业务和服务包括舱位销售子系统、货运业务处理子系统及信息服务等。

6. 货运运营决策支持系统

货运运营决策支持系统是面向航空公司、空港货站中高级管理人员的货运运营统计及分析系统。该系统界面友好，操作方便，提供表格分析和图形分析，既能进行货运总体宏观分析，又可进行具体货运微观统计显示，可以满足不同层次管理人员在决策时对货运运营数据分析的需求。它可从不同角度、不同层次对货运运营状况进行统计分析，货运运营决策支持系统通过时间序列分析、对比分析、趋势预测等多种分析预测方法对企业数据进行统计分析，并以表格和图形的形式直接展现给管理人员，从而使管理人员准确把握货运运营状况，为货运决策提供强有力的支持。

货运运营决策支持系统为宏观运营决策提供有力支持。借助于货运运营决策支持系统，企业管理者可以清晰、形象地了解企业的运行现状，以及利润增长点、核心竞争力在哪里，也可以看到企业的弱势与不足，以便采取相应的改进措施。在这些统计功能中，可以通过选择不同的参数和在树型结构菜单中选择所要统计的数据范围进行各项统计，可以实现从宏观到微观的平滑过渡，层层细分，从而得到不同层次的分析数据和相应的分析图形。

目前，我国在航空货运物流领域发展迅速，但一直未能建立起一个全国性的"航空货运物流信息平台"。近几年，在中国民用航空局、海关等相关政府机构的带领下，积极规划建设全国范围的"航空物流公共信息平台"。2018年，《民航局关于航空物流业发展的指导意见》（民航发〔2018〕48号）第六条"全面提高航空物流信息化水平"明确指出："建立公共信息服务平台，大力支持企业主导的市场化运营，广泛应用统一条码管理、射频识别等物联网技术，加强航空物流链主体单位信息化建设，建立开放的客户导向的航空物流公共信息平台，为航空公司、机场货站、货运代理企业、货主，以及海关、检验检疫部门等提供销售、订舱、结算、收发、跟踪查询、报关报检等全过程一体化服务。"未来十年，以顺丰为代表的全国性货运物流公司的航线网络的发展，必将带来一个航空物流信息化规划建设的新契机。

深圳宝安国际机场智慧建设领跑行业

2017年9月，深圳机场作为国内唯一代表，与国际航协签署了合作备忘录，正式参与"未来机场"项目试点工作。公司将携手国际航协，同阿姆斯特丹史基浦机场、伦敦希斯罗机场等全球一流机场共同研究"未来机场"发展方向，并在新技术应用、协同决策等方面展开探讨和合作，以提升航空旅客出行体验。因此，公司将全力推进"未来机场"（智慧机场）信息化项目建设工作，旨在重构ICT（信息和通信技术）基础设施和平台，完成深圳机场数字化转型和"未来机场"建设。按照"分步实施，稳步推进"的原则，公司拟于2019年底前完成深圳机场"未来机场"（智慧机场）信息化项目（一期）（以下简称"一期项目"）的建设，预计该项目总投资人民币24 106万元。

一期项目定位于打基础、建平台。重点建设ICT基础设施（网络、数据中心、通信）和基础平台（云平台、大数据、物联网、视频联网分析等平台），解决深圳机场现有信息化基础设施薄弱问题，并为后续建设打下坚实的基础。一期项目建成后，深圳机场ICT基础设施将进一步完善，形成弹性可扩展的云计算资源，结构合理、全面覆盖的有线无线网络，融合统一的通信系统，互联互通的企业服务总线，技术路线统一、使用与维护便捷的安防平台，能海量存储、分析和呈现大数据的智能数据中心，实现机场信息化的资源整合、数据整合、应用服务整合，支撑机场业务高效整合和重构，全面提升深圳机场运行效率、安全保障和服务水平，为全面应用创新奠定坚实基础。

2022年5月15日，由深圳机场集团主编的两部团体标准《民用机场机位资源智能分配系统建设指南》和《民用机场基于视频分析的航班保障节点采集系统建设指南》获中国民用机场协会批准发布，将于5月下旬正式实施。两项标准的出台，填补了行业智慧机场两项重要系统建设标准的空白，标志着深圳宝安国际机场（下称"深圳机场"）智慧机场建设从实践应用迈向标准化建设取得重要突破。

作为国内率先以数字化转型推进智慧机场建设的探索者，深圳机场经过三年多摸索实践，已基本完成数字化转型1.0规划落地，机场运行、安全、服务以及ICT基础设施建设等领域数字化水平显著提升，打造了智能机位分配系统等一批示范项目。

据了解，以人工智能、大数据、云计算等为代表的新技术应用目前在深圳机场安全、运行等领域均取得一定成效。此次两部标准相关的项目也是人工智能、大数据技术在航班运行保障中成功应用的实践。其中，深圳机场机位资源智能分配系统运用大数据和AI技术，可实现机位自动化、智能化分配，颠覆性改变了传统人工操作模式，千余架次航班机位分配仅需1分钟即可完成，该创新应用使得机场机位利用率、航班靠桥率两项指标显著提升。以深圳机场为例，该应用实施后，每年有上百万旅客不用再乘坐摆渡车，是以科技提升出行体验的成功实践范例之一，该项目获得了国际航协官方网站收录、展示。深圳机场航班保障节点采集系统则主要通过人工智能技术，可自动识别、采集飞机入离位、客舱门开关等多项航班保障关键节点数据，实现航班运行精细化管理。随着运行智能化水平提升，深圳机场航班运行保障效率也有显著改善，近两年航班放行正常率皆保持在92%以上。

（资料来源：https://www.cata.org.cn/portal/content/show-content/16731/hyxw.）

案例思考题：
（1）结合案例分析，"未来机场"具有哪些特点？
（2）分析信息化与航空物流业发展之间的关系。

航空物流产业作为临空经济的重要组成部分，其管理水平直接影响着临空经济的发展速度。要实现高效的航空物流管理就必须建立有效的信息化机制。随着信息技术的发展和普及，互联网技术在解决信息共享、信息传输、信息标准和信息成本等问题上有了长足的进步，物流信息可以广泛地成为调控和决策的依据。因此，加强物流信息管理信息化的建设是航空物流产业良性发展的基础，是临空经济发展之本。

1. 简述航空物流信息化的定义及功能。
2. 简述发展我国航空物流信息化的对策及措施。
3. 什么是条形码技术？条形码技术在物流行业中有哪些应用？
4. 简述射频识别技术的功能及应用。
5. 简述航空物流信息系统的概念及功能。
6. 简述航空物流信息系统的组成要素及框架结构。
7. 分析我国航空物流信息化的现状及发展趋势。

自学自测　扫描此码

第 9 章

航空物流业的发展

【本章概要】

2020—2022年的全球新冠肺炎疫情大流行,改变了航空产业的发展模式,以航空货运为代表的航空物流业发展迅速。中国的航空物流业起步较晚,但加入WTO之后发展速度加快。虽然受新冠肺炎疫情影响,中国航空物流业在2020年出现了小幅回落,但由于跨境电商等业务的推动,2021年得到快速复苏。美国是全球航空物流业第一大国,其高价值货物货值运输与全货机运输体系,值得我们借鉴。

本章主要介绍全球航空物流业的情况与趋势、中国航空物流业的发展情况与趋势、美国航空物流业的发展特点。通过这些内容的学习,使读者能够对航空物流业的发展有一个总体把握。

【学习目标】

- 了解全球航空物流发展的总体情况与趋势;
- 了解我国航空物流的发展现状与趋势;
- 了解美国航空物流的发展特点。

2019 年的全球航空货运业

根据国际航协数据,全球航空公司的机队规模从2014年的2.5万架增加至2019年的2.9万架,美国四大航空仍然占据榜首位置。2019年,全球航空运输业净利润达到259亿美元,这是全球航空运输业连续第十年盈利。

全球航空货运发展在2008年经济危机后进入低谷,2009年全球航空货物运输量下降8.9%,经过量化宽松政策刺激,2010年增速反弹至9.5%,但是2011—2012年基本处于徘徊状态,2013年起有所起色。2018年,货运量是自2012年以来首次出现负增长。货运需求年降幅3.3%,是自2009年全球金融危机以来的最大降幅。2019年,全球航空货运量进一步缩水,从2018年的6330万吨减少至6120万吨。不断加剧的贸易摩擦是导致全球航空货运量大幅减少的主要原因。

(资料来源:https://bg.qianzhan.com/report/detail/300/200318-4b26824b.html。)

案例思考题:

(1)2019年全球航空货运大幅减少的原因是什么?

（2）受疫情的叠加影响，全球航空货运发展前景如何？

9.1 全球航空物流业的发展

9.1.1 全球航空物流业总体情况

1. 整体呈现大幅度下降

2020年新冠肺炎疫情席卷全球，航空产业是受疫情影响最严重的产业之一。根据国际航协数据，如图9-1所示，2018年全球航空运输业（客运+货运）净利润为300亿美元，燃油价格上涨和世界贸易严重疲软致使航空商业环境不断恶化，2019年全球航空运输业净利润达到259亿美元，这是全球航空运输业连续第十年盈利。2020年，受新冠肺炎疫情影响，全球航空客运基本停滞，全球航空运输业净亏损达1264亿美元。

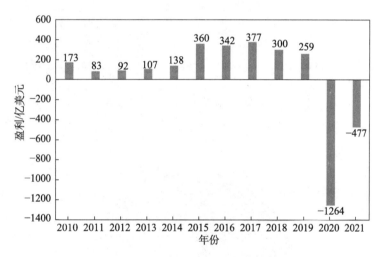

图9-1 2010—2021年全球航空运输业净利润情况

相比于客运，航空货运受新冠肺炎疫情影响相对较小。如图9-2所示，2010—2018年，全球航空货运总量整体保持上升趋势，2019年出现略微下滑，2020年受疫情影响，大幅下滑9.1%，为2009年全球金融危机以来最大跌幅，货运总量约为5572万吨。2021年全球航空货物运输量迅速恢复至6310万吨。

2. 区域市场发展情况

从货运吨公里区域占比来看，如图9-3所示，2020年，亚太地区保持了货运吨公里（FTK）的最大份额，为32.39%；北美和欧洲的货运份额分别达到27.88%和22.53%；中东航空公司的流量份额仍然稳定在13%左右；非洲和拉丁美洲的份额分别达到1.92%和2.40%。亚太、北美和欧洲占据全球航空货运80%以上的市场。

如图9-4所示，从航空货运区域需求来看，除非洲和北美之外的所有区域货运需求都在减少。疫情间美国强劲的财政刺激催生了对亚洲商品的进口需求，但这并没有使亚洲地区航空货运受益。由于亚太地区防疫措施严格，航空一度停飞，如图9-4所示，2020年航空货运吨公里数需求下降达14.8%。货运需求进而涌入北美市场，2020年北美航空货运吨公里需求在2019年下降2.9%的基础上实现逆势增长，涨幅达4.5%。此外非洲的货运需求增长1.8%，这是由于其封锁和控制措施不太严格；欧洲货运吨公里需求下降14%；拉丁美洲由于经济条件困难，运力紧缩尤为严重，下降幅度最大，达21.4%。

图9-2 2010—2021年全球航空货物运输量变化趋势图

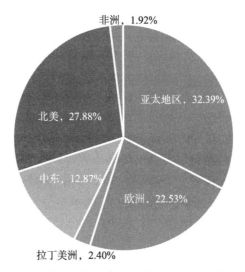

图9-3 2020年全球航空货运吨公里（FTK）分区域结构

3. 航空物流公司情况

从各大货运公司经营情况来看，如表9-1所示，2020年全球航空货运量排名第一和第二的联邦快递（FedEx）和联合包裹（UPS）均为北美企业，分别实现货运周转量

1 965 600万吨公里和1 437 100万吨公里。联邦快递和联合包裹已连续多年位列全球航空货运量排名前列，行业龙头地位稳固。前十名中有两家中国内地航空公司入围，分别是中国南方航空和中华航空，位列第九位和第十位。

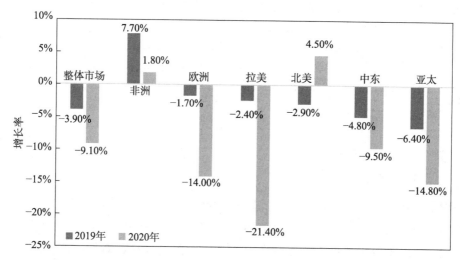

图9-4 2019—2020全球航空货运分区域吨公里（FTK）需求增长情况

表9-1 2020年全球航空货运量排名TOP10

排名	公司名称	货运周转量（万吨公里）	排名	公司名称	货运周转量（万吨公里）
1	联邦快递	1 965 600	6	大韩航空	810 400
2	联合包裹	1 437 100	7	卢森堡货运航空	734 500
3	卡塔尔航空	1 374 000	8	土耳其航空	697 700
4	阿联酋航空	956 900	9	中国南方航空	659 100
5	国泰航空	813 700	10	中华航空	631 700

9.1.2 全球航空物流业发展趋势

全球航空货运是国际贸易的派生性需求，也是其最重要的运输方式之一。随着全球供应链的发展和国际竞争加强，航空货运在经济发展中发挥着越来越重要的作用。新冠肺炎疫情发生以来，从防疫物资短缺、生产停摆，到"缺柜""缺芯""缺人"，全球产业链稳定和供应链畅通面临空前挑战，航空货运发展也迎来较大变化。

1. "客改货"业务火爆

疫情期间，全球民航客机大量停运，导致客机腹仓运力供给大幅缩减，全货机成为主要运力来源。2021年，受人员短缺、港口作业能力有限、作业周期变长、船期延误等因素影响，欧美进口港堆场、集疏运设备满负荷运行，供应链各环节周转较缓慢，进一步降低了有效运力供给，导致全球海运运价高涨，部分商家被迫选择航空货运，加剧了航空货运市场供需失衡。如表9-2所示，2021年1—11月，全球航空货运市场可用吨公里较2019年同期减少了11.5%，而货运吨公里则同比增长了6.7%，也因此导致全球航空市场"客改货"业务持续火爆。

表 9-2　2021 年 1—11 月全球主要区域航空货运发展情况（与 2019 年同期比较）　　%

	货运吨公里（CTK）变化	可用货运吨公里（ACTK）变化	载运率变化	载运率
全球	6.7	−11.5	9.6	56.3
北美	19.5	3.2	6.2	45.8
中东	11.0	−10.2	11.0	57.6
非洲	10.5	−15.9	11.3	47.4
欧洲	3.5	−17.5	13.1	64.6
亚太	−0.1	−18.5	11.8	64.1
拉美	−16.6	−33.2	8.9	44.4

2. 航空货运发展空间大

疫情是跨境电商等新兴业态繁荣发展的"催化剂"。与传统业态相比，新兴消费快速发展为航空货运带来更广阔的发展空间。后疫情时代，线上购物成为全球消费的大趋势，跨境电商迎来放量增长，医药、疫苗、生鲜冷链、供应链物流等需求快速释放，全球航空货运呈现良好发展势头。2021 年，由于基数效应消退，载运率同比增速回归常态，但绝对值自疫情暴发以来始终维持 50% 以上的高位，2021 年 1—11 月全球载运率高达 56.3%。

3. 航空运价持续走高

市场供求关系急速切换，在供需错配的大背景下，航空运价屡创历史新高，2021 年 12 月，中国香港至北美航空货运价格达 12.72 美元/千克，与 2019 年同期（3.62 美元/千克）相比增幅达 251.38%；中国香港至欧洲航空货运价格达 8.00 美元/千克，与 2019 年同期（3.15 美元/千克）相比增幅达 153.97%；法兰克福至北美航空货运价格达 5.21 美元/千克，与 2019 年同期（1.76 美元/千克）相比增幅达 196.02%，如图 9-5 所示。

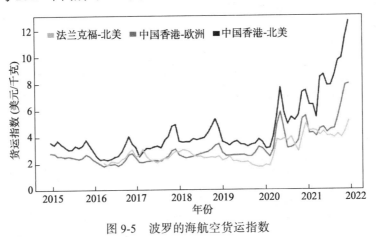

图 9-5　波罗的海航空货运指数

4. 航空货运与跨境贸易密切相关

航空货运一直以来都与宏观环境和跨境贸易发展密切相关，周期性较强。历史数据显示，航空货运与经济增长呈同向变化，且由于航空货运多针对高价值的高端消费品，需求弹性较大，一旦宏观经济下滑，居民可支配收入降低，其需求减少幅度往往较大，较客运市场而言更加脆弱。根据2022年1月世界银行发布的《全球经济展望》，随着2022年各国财政和货币支持政策陆续退出，全球经济增长或将显著放缓至4.1%，2023年进一步降至3.2%，与宏观经济同向变化的全球航空货运增幅或将有所放缓，如图9-6所示。

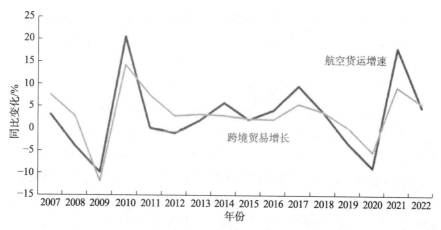

图9-6 全球跨境贸易与航空货运增速变化

9.2 中国航空物流业的发展

9.2.1 中国航空物流业的发展阶段

我国航空物流的发展，除了和我国的经济发展水平、经济结构、技术发展状况有关外，还与我国的经济体制变革有直接关系。按照我国经济的发展历程，新中国成立以来我国航空物流的发展大致可以分为三个阶段。

1. 计划经济下的航空物流

从新中国成立初期到20世纪80年代初改革开放前，这一阶段是我国实行计划经济体制的时期。国家的整个经济运行处于计划管理之下，国家对各种商品特别是生产资料和主要消费品，实行指令性计划生产、分配和供应，商品流通企业的主要职责是保证指令性分配计划的实现，节省流通领域的费用。政府虽然也在综合发展各种运输方式、合理布局物资储运点、建立合理库存、编制并不断修订主要物资的合理流向图、提倡综合利用各种运输方式及发展联运等方面提出了多种政策措施，但总体上看，我国航空物流业发展非常缓慢，特别是由于受到美国等国家的经济封锁，几乎不存在国际性的航空物流活动。

在这一阶段，资源分配和组织供应是按行政区划分进行的，航空物流活动的主要目标是保证国家指令性计划分配指标的落实，航空物流业的经济效益目标被放到了次要位置。航空物流环节相互割裂，系统性差，整体效益低下。中国航空物流业在1952—1976年，经历了5个周期波动，均处于大起大落中，航空运输总周转量增长率的峰谷落差均超过40%，而这种大起大落均与剧烈的社会变动及政治运动有关。

2. 有计划的商品经济下的航空物流

从改革开放到20世纪90年代中期。十一届三中全会以来随着改革开放步伐的加快，我国开始从计划经济向市场经济逐步过渡，即从计划经济向以计划经济为主、市场经济为辅，计划经济和市场经济相结合的体制转变。市场在经济运行中的作用逐步加强，我国的经济运作从产品经济逐步向商品经济过渡，国内商品流通和国际贸易也在不断扩大，航空物流业开始受到重视和发展。1980年3月5日，中国民航局从隶属于空军改为国务院直属机构，为中国航空物流的发展提供了有利的体制条件。1985年10月，民航局、国家工商局发布了《关于开办民用航空运输企业审批程序的通知》，而在这前后，地方航空公司开始进入人们的视野，1984年7月，厦门航空有限公司成立，成为第一家由中央和地方合资的航空公司。这些改革探索是有计划的商品经济的要求。

这一阶段，航空物流业开始注重经济效益，航空物流活动已不仅仅局限于被动的仓储和运输，而开始系统运作，即考虑包括包装、装卸、流通加工、运输在内的航空物流系统整体效益，按系统化思想，推出了仓库一次性作业、集装单元化技术、自动化立体仓库、各种运输方式综合利用和联合运输等系统应用形式，用系统思想对航空物流全过程进行优化，使航空物流总费用最低。这一阶段，航空物流的经济效益和社会效益有所提高。

3. 现代航空物流发展阶段

社会主义市场经济体制建立中的我国现代物流发展，即从提出建立社会主义市场经济体制到现在。1993年，党的十四届三中全会通过了《关于建立社会主义市场经济体制若干问题的决定》，我国加快了经济体制改革的步伐，经济建设开始进入了一个新的历史发展阶段。1993年我国国内生产总值与货物进出口贸易总额分别为35 260亿元和1957亿美元，2009年分别增长至343 464.7亿元和22 075.4亿美元。伴随着经济的快速发展，我国航空物流业的发展也进入了快车道。1993年我国航空货运量与货物周转量分别为69.4万吨和16.61亿吨公里，2009年分别增长至445.5万吨和126.23亿吨公里，分别增长了5.4倍和6.6倍，年均分别增长了11.56%和12.67%。

1992年以来，我国航空物流业在投资准入政策上也在不断地向市场化方向迈进。1993年《开办航空运输企审批基本条件和承办程序细则》出台，该细则对开办公共航空运输企业审批的基本原则、应具备的条件、经营许可证颁发和管理等作出了更为明确的规定，有力地促进了当时我国航空物流业的发展。在各地政府的牵头下，不到5年时间，10余家地方航空公司如雨后春笋般涌现，航空公司所有制单一化的结构被打破。

由于航空物流业的特殊性，长期以来，我国的航空公司是不允许任何民营资本进入的，所以当2005年《国内投资民用航空业规定（试行）》和《公共航空运输企业经营许可规定》颁布之后，因其鼓励民营资本进入航空物流业，而被视为中国航空物流业打破垄断的标志之举。新法规实施之后：一方面使航空物流企业能够更多地吸收和统筹利用各方资金；另一方面对那些愿意关注、参与航空物流业的投资者和经营者来说，也是一个难得的契机。到 2006 年年初，我国民营航空公司已经增长到了 14 家。

外资的进入经历了一个逐步放宽的过程。1994 年 5 月，民航总局与原外经贸部联合发布《关于外商投资民用航空业有关政策的通知》，允许外商以合资、合作或参股方式设立航空运输企业，为外资的投资准入奠定了初步的法规基础。2002 年，为了适应加入世贸组织和深化体制改革的新形势，鼓励外商投资，民航总局与原外经贸部和国家发展计划委员会一起制定了新的《外商投资民用航空业规定》。新规定与原有政策相比，在外商投资中国民用航空业的范围、方式、比例、管理权等方面又进一步做了放宽。

随着我国航空物流业准入政策的不断放松，国内民营资本和外资进入我航空物流业的热情高涨。2005 年以来，我国航空物流业进入了快速发展的时期。此外，科学技术的发展，新型飞机的出现，信息技术的广泛应用和管理水平的提高，促使飞机利用率、客座率、载运率和劳动生产率的提高、飞机燃油率和成本下降，使航空运价整体处于下降趋势。航空运价的下降，进一步推动了我国航空物流业的发展。

9.2.2 中国航空物流业总体发展情况

1. 货邮运输量

近年来，随着我国航空货运行业的发展，我国民航货邮运输量不断上升。如图 9-7 所示，数据显示，我国民航货邮运输量由 2017 年的 705.9 万吨增长至 2019 年的 753.1 万吨。2020 年，受新冠肺炎疫情的影响，我国民航货邮运输量出现小幅下降，货邮运输量降至 676.6 万吨，同比下降 10.2%。2021 年我国民航货邮运输量为 731.8 万吨，同比增长 8.2%。

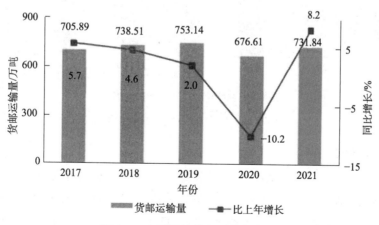

图 9-7 中国民航货邮运输量变化

2. 货邮运输结构占比情况

如图 9-8 所示，2021 年我国民航货邮运输量 731.8 万吨，同比增长 8.2%。从国内外航线来看，2021 年中国国内航线货邮运输量 465.1 万吨，占比最大，达 61.5%。国际航线货邮运输量 266.7 万吨，占我国民航货邮运输量的 38.5%。

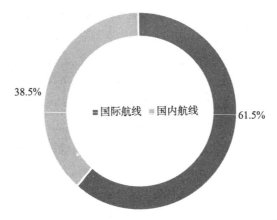

图 9-8　2021 年中国民航货邮运输量占比情况（按国内外航线）

3. 货邮周转量

数据显示，中国民航货邮周转量由 2017 年的 243.6 亿吨公里增加至 2019 年的 263.2 亿吨公里，2020 年我国民航货邮周转量出现下降，降至 240.2 亿吨公里；2021 年我国民航货邮周转量 278.2 亿吨公里，同比增长 15.8%。国内航线完成货邮周转量 70.59 亿吨公里，比上年增长 4.0%。其中：港澳台航线完成 2.29 亿吨公里，比上年增长 10.8%；国际航线完成货邮周转量 207.57 亿吨公里，比上年增长 20.5%，如图 9-9 所示。

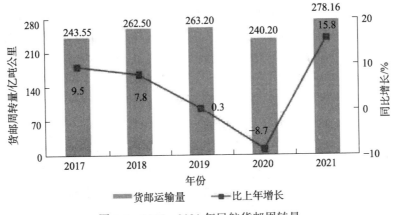

图 9-9　2017—2021 年民航货邮周转量

4. 货邮吞吐量

近几年，我国民航运输机场货邮吞吐量逐年增多，但 2020 年受新冠肺炎疫情影响，民航运输机场完成货邮吞吐量 1607.49 万吨，同比下降 6.0%。数据显示，2021 年，我国民航运输机场完成货邮吞吐量 1782.8 万吨，同比增长 10.9%。2022 年 1—2 月，我国民航运输机场完成货邮吞吐量 258.0 万吨，同比下降 4.2%，如图 9-10 所示。

5. 货邮吞吐结构占比情况

2021 年我国民航运输机场完成货邮吞吐量 1782.8 万吨，同比增长 10.9%。从地区分布来看，2021 年中国东部地区机场完成货邮吞吐量 1298.8 万吨，占比高达 72.9%。

西部地区、中部地区、东北地区机场货邮吞吐量分别为 159.0 万吨、272.4 万吨、52.3 万吨，占比分别为 15.3%、8.9%、2.9%，如图 9-11 所示。

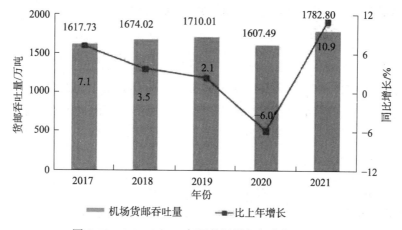

图 9-10 2017—2021 年民航运输机场货邮吞吐量

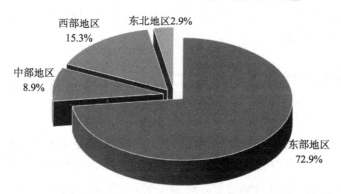

图 9-11 2021 年民航运输机场货邮吞吐量按地区分布

6. 运输航空企业数量

截至 2021 年年底，我国共有运输航空公司 65 家，比上年底净增 1 家。按不同所有制类别划分：国有控股公司 39 家，民营和民营控股公司 26 家。在全部运输航空公司中，全货运航空公司 12 家，中外合资航空公司 9 家，上市公司 8 家。

9.2.3 中国航空物流业存在的问题

1. 主体服务能力有待加强

我国航空物流企业全货机规模偏小，专业化、全链条服务仍滞后，海外服务保障支撑不足，国际全货运网络尚未实现自主可控，不能较好地满足跨境电商、冷链运输等新兴消费需求，与先进制造业等协同联动性不够。航空货运代理企业在货源组织能力、服务质量等方面与国际水平相比存在较大差距。

2. 基础保障能力略显不足

我国大多数机场货运基础设施投入重视程度不够、设计理念滞后，货运保障能力不强，装备智能化、自动化程度不高，机场地面保障服务对物流发展支持偏弱，尤其对医药、冷链生鲜、快递、电子产品等货物的专业化保障短板突出。专业性货运机场尚处空白。国内多数枢纽机场货运航班在白天时刻获取难度较高。

3. 数字化水平不高

行业指标体系不完善，信息化水平参差不齐，部分航空机场信息化建设滞后、能力缺失。航空物流各主体信息系统相对独立，数据接口、格式及信息交换标准未统一，"信息孤岛"现象严重；与航空物流发展联系密切的多个部门之间尚未建立数据共享机制，没有实现数据互联互通，不能有效支撑物流链条化运营和监管。

4. 营商环境有待改善

符合航空物流发展规律的法规标准体系尚未形成，航空物流安全、特种货物运输服务、新业态等法规需要完善，新技术应用、多式联运等标准亟需建立。部分单位未能对航空物流创新发展实施包容审慎监管。部分口岸服务能力不足，通关效率不高。部分地区对航空物流认识不足，政策执行不到位，未形成促进航空物流发展的体制机制。行业内外与央地财经等政策协同不够，尚未形成合力。

9.2.4 中国航空物流业发展趋势

1. 跨境电商发展提升航空物流市场空间

受益于我国制造业的规模优势和比较优势，国内消费升级的需求驱动，电子商务的基础设施完备，海外零售市场较低的电商渗透率，以及国家层面政策推动等因素，未来一段时期内我国跨境电商市场仍处于高速增长期。一方面，航空物流具有快速化、安全性高等特点，可满足跨境电商消费者日益提高的时效性要求，航空物流"垂直化整合"的趋势符合跨境电商"全球买、全球卖"的消费特征；另一方面，跨境电商对跨境物流网络服务覆盖能力和时效保障能力也提出了更高要求，推动跨境物流相关基础设施和配套保障的发展和完善，因此，跨境电商的蓬勃发展将为航空物流带来大量的市场需求，催生潜力巨大的跨境电商物流市场发展。

2. 居民消费升级促进快递冷链业态发展

2016 年以前，我国航空物流以普货、航空邮件运输等为主，普货运输占整个航空货运市场份额的 70%以上。自 2017 年至今，受电商平台、快递包裹、冷链生鲜等新型航空运输业务的发展，以及国家政策大力扶持等相关因素驱动，快递与冷链业务成为现阶段航空物流市场的主体。2017—2019 年，我国快递业业务量年均增长率保持在 26%以上，呈现逐年递增百亿量级的发展态势，2019 年，全国共完成快递件 635.2 亿件，业务量已超过美、日、欧等发达国家经济体总和，占全球包裹量超过 50%，连续 6 年稳居世界第一。2017—2019 年，我国冷链物流市场年均增长率为 17.5%，规模持续扩大，2019 年市场规模已达到 3391 亿元。随着中国生鲜、电商市场规模稳步增长，以及居民消费能力、食品安全意识的不断提高，冷链下游应用市场的需求将不断释放，冷链物流将由起步阶段进入快速上升通道,未来的市场空间巨大。

3. 新型供应链加速航空物流业升级转型

未来物流企业间的竞争实质上是供应链之间的竞争,而构建自主可控供应链的核心内容是搭建高效便捷、通达通畅的物流供应链体系。近期,国家陆续出台了供给侧结构性改革及推进供应链创新与应用等多项政策与措施,将加快推进航空物流业的资源整合,加速推动航空物流业的转型升级。通过优化业务结构和业务布局,实现以客户需求为中心、与上下游制造企业及商贸企业的深度融合,实施以"一站式""门到门"服务为特征的一体化物流解决方案,为企业客户提供从原料到产品的供应、生产、运输、仓储、销售等环节相衔接的高质量全流程物流集成服务。

4. 大数据、区块链推动航空物流提质增效

航空物流在运输过程中产生了大量信息数据,并且通过与供应链各环节参与方之间合作内容与形式的不断丰富,进一步增加了信息与数据量,进而形成了具有大量信息的大数据。随着业务量的快速增长,航空物流业面临端到端业务执行透明度的监督问题,以及有效数据信息的提取问题。因此,大数据、云计算、区块链等技术应用将成为今后航空物流技术发展的重点方向之一,深入研究如何利用大数据技术集成全行业航空公司电子货运所涵盖的相关数据信息,让航空公司和机场同时共享货物信息。此外,区块链技术自有的去中心化、智能合约及分布式数据库等属性,可推动物流活动中不同合作伙伴建立安全有效的信任机制,加快这一技术在航空物流领域的应用,将有助于航空物流降低成本、提高效率。

9.3 美国航空物流业的发展

20世纪70年代后,制造业升级与航权自由化推动了美国航空物流的大发展。2019年美国航空货运市场规模达3011亿元,是中国市场的2倍。美国航空货运步入成熟期,运价趋稳,周转量增长平稳。2009—2019年,美国航空货运周转量复合增速为3%,小于中国的8%;货运吨公里价格CAGR为-1%,降幅也明显小于中国的-4%。分市场看,2019年内线/外线周转量占比分别为22%/78%,运输量占比分别为54%/46%;2009—2019年内线/外线周转量CAGR分别为3.2%/3.3%,收入CAGR分别为5.0%/0.9%,美国航空货运内外线均已进入平稳增长期。综合来看,美国航空货运的量价都显著高于中国,且美国航空货运公司在国际市场上的份额和议价都强于中国。

9.3.1 美国航空物流业发展特点

美国制造业中的高价值产品占43%,每吨货运对应的GDP是中国的4倍,高端制造业支撑起了庞大的美国航空货运市场。从运输方式看:一方面,更专业的运输工具和更一体化的履约模式,让美国航空物流商更有能力为高端制造提供优质服务,从而形成议价能力;另一方面,美国政府致力于利用其贸易地位进行航权谈判,第5和第7航权

为物流商建设海外枢纽及全球性货运网络铺平了道路。

1. 高价值货物货值运输

如图9-12所示，单吨货值达4.5万美元，高价值货物货值占比达66%。商流决定物流，只有高价值货种才能享用航空货运的效率。航空货运的物流费用率较其他运输方式的差距较小，但成本和效率高很多。从美国数据来看，航空货运费用率约为4.4%，甚至略低于公路货运（5.9%）和水运（5.4%）。但航空货运的效率高，对应成本也更高：据美国交通统计局数据，航空货运内线吨公里价格是公路货运的6.8倍、本土水运的47.8倍；在跨洋跨海运输方面，空运具有更加难以被替代的高效率。据Seabury数据，航空货运中高科技货物的价值份额约为重量份额的3倍。美国制造业中的高价值产品增加值占43%，支撑起了庞大的航空货运市场。美国制造业增加值中，工业制品、电子产品、运输工具、精密仪器等高附加值品类占比达43%，美国每吨货运对应的GDP为8220元，而中国每吨货运对应的GDP为2093元；根据BTS数据及我们测算，美国航空货运高价值货物货值占比达66%，整体单吨货值高达4.5万美元。从主要的跨境市场来看，美国空运进口的高价值产品占比更高。2020年美国从东亚进口空运货运量是对东亚出口的1.6倍，其中计算机、电子产品等高附加值产品的重量份额达52%。

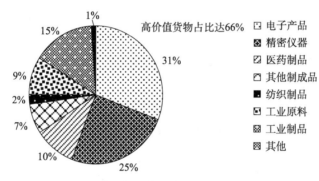

图9-12 美国航空货运高价值货物货值比例

2. 全货机运输体系

客机腹舱载货能力远小于全货机，且难以匹配高端空运需求。以B777-200系列飞机为例，该系列客机腹舱总容积为100～110ms，载货量仅为20吨，且货舱门尺寸较小，更适合运输行李物品及小件散货；而B777-200F全货机总容积达640～910 ms，载货量可达100吨，能运载大体积大重量机械电子产品。航空货运需求往往在周末达到高峰，或在对价值链影响最小的时段下进行配送，仅依靠腹舱运力将在货运高峰时期造成运力短缺。区域方面，客机航线根据客运需求确定，无法充分覆盖货运需求地。

美国具有专业化的全货机运输体系，全货机周转量占比达79%。如图9-13所示，具体来看，美国航空货运中79%的量由全货机承运，国内/国际航线的全货机占比分别为90%/73%，远高于中国和全球平均水平。美国"9·11"恐怖袭击之后，美国联邦运输安全管理局针对客机航班实行安保管制，多数低成本航空均实行腹舱不载货政策。对比来看，美国全货机数量1173架，是中国的5.8倍。结构上，美国的全货机配置均衡，宽体机数量为 446 架,略高于窄体机、半宽体机数量;中国航空机队以窄体机为主,聚焦中短程的国内航线。

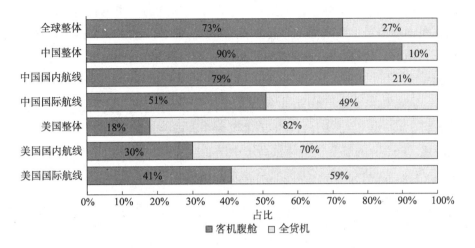

图 9-13 中美全货机对比

美国航空货运以专业化的物流商为主导,门到门履约能力强。物流商的地面网络强于一般航空,订单更容易掌握在控制全链路的第一和"最后一公里"的物流商手中,因此,物流商在门到门履约上具备优势。美国国内航线中 FedEx 和 UPS 合计份额达 63%,国际航线中 FedEx 和 UPS 合计份额达 20%(占美国航空的 42%)。从全货机的运营主体看,截至 2021 年 11 月,美国的 FedEx、UPS、Amazon 三家物流商,占美国全货机运能的 70%。

3. 航权自由化

美国航空自由化改革的主要目标为强化美国承运人的国际竞争力、整合国内和国际航空运输市场、增加航线数量。在具体谈判方面:美国在 20 世纪 80 年代初期首先从议价能力较弱的国家入手推进航空自由化,如荷兰、比利时等首先接受了美国的自由化立场,开放了第 5 航权;到了 80 年代中期,约 70 个国家接受了这一立场;进入 90 年代后,美国进一步推进"开放天空模式",主张开放所有航线、在所有航线上不限制运力和运次、推出无限制的第 5 航权、允许代码共享及联盟行为等。在 1995—2005 年间,美国与包括欧盟成员国在内的 67 个国家签订了"开放天空模式"的双边协定。

在打通航权的基础上,美国航空物流商完成了全球机场枢纽布局。枢纽是网络化运营的又一个核心要素。美国国内拥有专门的货运机场,货邮吞吐量前三的机场均为专业的货运机场,美国机场货邮吞吐量的 CR5 达 46%;海外方面,美国积极获取第 7 航权,龙头物流商如 FedEx、UPS 都已在各大洲布局了国际货运网络枢纽。

9.3.2 美国航空物流业重点企业情况

FedEx、UPS、Atlas 分别是美国航空货运的三家龙头,2021 年在美国周转量市占率分别为 29%、21%、13%。FedEx 和 UPS 均受益于美国产业升级和制造全球化,国际

2B 物流是它们近 20 年的增长核心；Atlas 则抓住了电商的快速发展，和美国军方、亚马逊形成紧密合作，成功越过行业周期波动。参考三家巨头的经验，我们认为，中国航空物流的空间也在国际 2B 物流，率先布局国际 2B 物流的公司具有更大的成长潜力；然而，想要在国际市场上后来居上，需要有可靠的"拳头"产品，在国内市场建立品牌壁垒的航空物流商有望在国际市场大展宏图。

1. FedEx

FedEx 以航空快递起家，2020 年航空业务收入 2344 亿元人民币，是全球最大的航空物流运营商。FedEx 创立于 1971 年，主要为个人或企业提供快递、快运、供应链服务。直观对比，FedEx 的航空货运吨数高于中国航空总和，其中"门到门"服务占 79%，快递包裹占 74%。FedEx 50% 以上的航空业务为制造业服务，它是美国产业升级和制造全球化的典型受益者。

FedEx 的国际 2B 物流在中国"入世"后迎来大爆发：2000—2010 年，跨境航空占航空业务的收入比重提升至 43%，收购 TNT 后占比超过了国内航空；航空快运占航空业务的收入比重提升至 20% 以上，吨数占比最高可以达到 36%。2010—2020 年，大包裹（单票 8 千克以上）占航空快递的比重提升至 70% 以上，带动航空快递均重大幅提升至 13.6 磅（6.2 千克）。

2. UPS

UPS 在 1982 年涉足航空物流，2020 年航空业务收入达 1989 亿元人民币，是全球第二大航空物流运营商。UPS 创立于 1907 年，以邮件快递起家，主要为个人或企业提供快递、快运、供应链服务。对比 FedEx，UPS 的航空业务收入规模略低，主要差异在于 UPS 的航空快运收入规模较小。值得注意的是，2009 年以前，UPS 航空业务利润率显著高于 FedEx，2009 年以后利润率和 FedEx 趋同。

事实上，UPS 的航空业务也显著受益于制造全球化。2000 年以后，国际业务为公司贡献了主要的利润增量，尤其是头 10 年，UPS 的跨境航空占航空业务收入的比重从 25% 提升至 44%。2020 年，国际航空的利润已经和国内航空＋陆地业务的利润相当。国际航空的高利润率为 UPS 渗透国内航空提供了保障。

3. Atlas

阿特拉斯环球航空（Atlas）以飞机租赁起家，2020 年净利润为 4.9 亿美元，已成为世界最大的波音 747 货机运营商。Atlas 创立于 1992 年，为航空货运上游企业，主要为客户提供包机及货机租赁服务。公司主营业务收入从 2004 年的 14.1 亿美元发展到 2020 年的 32.1 亿美元，CAGR 为 5.3%；对应净利润从 0.5 亿美元增长到 3.6 亿美元，CAGR 为 13.0%。迄今公司已经成为了世界上最大的波音 747 货机运营商，在 2020 年国际航协《世界航空运输统计报告》中周转量排名第 12 位。Atlas 的成功既受益于航空货运行业的快速增长，又与其自身业务布局密切相关。

2009 年之前，公司一方面受益于航空货运行业快速增长，另一方面政府包机业务为其提供良好的抗周期性。例如，2001 年全球经济衰退时，Atlas 政府包机业务反而高增。2009 年后，美国航空货运步入低速发展的成熟期，仅提供干线运输服务的 Atlas 也难逃瓶颈期。然而，公司自 2016 年起与电商平台展开的深度合作帮助其突破了这一瓶颈，并重回增长。Atlas 为亚马逊提供的飞机数从 2017 年年初的 2 架增至 2020 年年底的 27 架；又在 2020 年与菜鸟合作，为其提供专用飞机数从 3 架增加到 2021 年 11 月的 5 架。受益于电商业务放量，2016—2020 年包机业务和湿租（ACMI）时长分别增长 78%/57%，在美国航空货运内/外线周转量份额分别从 2016 年的 5%/5%提升至 2020 年的 10%/7%。

广州航空物流产业联盟正式成立

2021 年 12 月 8 日，广州航空物流产业联盟成立大会在广州空港经济区顺利举行，标志着广州大力支持航空物流企业加强紧密合作、推动创新发展进入一个新的发展阶段。组建广州航空物流产业联盟，是广州大力推进航空物流业高质量发展、加快建设现代流通体系的重要举措，对促进航空物流产业转型升级、做大做强航空物流产业、推动航空物流技术创新等具有重要意义。

近年来，广州国际航空枢纽能级不断提升，航空物流产业加速集聚发展，这有赖于机场枢纽发展强劲、腹地经济支撑有力的区位优势和产业基础。2020 年，白云机场旅客吞吐量位居全球第一，货邮吞吐量位居全国第二、全球前列，白云机场口岸空运进出口货值达 3569.3 亿元，跨境电商进出口业务量已连续 7 年蝉联全国空港第一。截至 2021 年 12 月 5 日，白云机场口岸跨境电商年进出口总值首次突破 1000 亿元。《中国临空经济发展指数报告》显示，2019 年、2020 年、2021 年，广州空港的高质量发展协调性指数、国际开放指数、协调性发展指数分别位列全国第一。

广州航空物流产业联盟的成立非常必要、正当其时，不仅可以聚集航空物流全产业链重点企业优势、强化"枢纽+通道+网络"的航空物流网络体系协同效应，还可以在大力推动航空物流业融合发展下，促进有关交通运输、仓储物流、邮政服务等方面的物流技术向标准化、现代化、国际化方向发展，对于围绕头部企业战略布局形成产业生态圈内"上下游、左右岸"协同发展新格局具有十分重要的意义。

（资料来源：https://baijiahao.baidu.com/s?id=1718646857332551245&wfr=spider&for=pc.）

案例思考题：

（1）什么是航空物流产业联盟？

（2）广州航空物流业快速发展的原因是什么？

受新冠肺炎疫情影响，全球航空客运市场大幅回落，但航空货运市场发展快速。中国的航空物流业经历了计划经济、有计划的商品经济和现代航空物流三个发展阶段。随着中国跨境贸易的不断发展、居民消费的不断升级和新一代数字技术的不断进步，航空物流业呈现出新的发展趋势。美国航空物流业的发展，与其占领制造业高附加值环节有关。另外，全货机运输体系和航权自由化也是驱动美国航空物流业发展的重要因素。

1. 分析全球航空物流的发展趋势。
2. 分析我国航空物流业发展的问题与对策。
3. 分析美国航空物流业发展的典型经验。

自学自测　　扫描此码

第 10 章

通用航空物流

【本章概要】

通用航空是民用航空的重要组成部分。随着我国低空空域管理改革的不断深入,与通用航空器的不断发展,通用航空物流在短途客货运输、应急救援等方面体现出巨大的发展空间。通用航空物流有其特殊性,目前在我国仍以客运为主。无人机物流是将人工智能技术、通用航空与物流活动有机结合起来的新生事物。

本章主要介绍通用航空的内涵与发展现状、通用航空物流基本概念与分类、通用航空短途运输的现状、无人机物流的概念与分类。通过对这些内容的学习,读者可以对通用航空物流有一个基本了解,理解通用航空物流发展的重要意义,从而增强对航空物流的认知。

【学习目标】

- 了解通用航空的内涵与发展;
- 掌握通用航空物流的概念与特点;
- 了解通用航空短途运输的情况;
- 掌握无人机物流的内涵与分类;
- 了解无人机物流的典型应用。

内蒙古 2021 年通用航空短途运输飞行全国第一

通用航空产服网信息显示,2021 年,内蒙古通用航空短途运输飞行小时为 4114 小时,占全国总量的 21.19%,全国排名第一。

内蒙古面积广阔,空域资源良好,在全国具有发展通用航空得天独厚的条件。2011 年 4 月,国家民航局正式批准根河机场为拓宽通用航空服务领域试点。同年 9 月 15 日,根河林业机场通航短途运输实现首飞,在全国率先实现了通用航空短途运输零的突破。2016 年 1 月 31 日,作为华北地区第一家按照通用机场标准建设具有短途运输功能的机场,乌拉特中旗机场实现了顺利首航,标志着通用航空短途运输服务拓展到内蒙古自治区全境。当年,内蒙古也成为了全国首批两个通用航空发展示范省之一。

为了更好地满足通用机场所在地区人民群众的出行需求,2017 年一系列措施将通用航空短途运输融入航空运输的大网,实现了"全网通"。2019 年 12 月,乌拉特中旗通用机场年旅客吞吐量突破 1 万人次,成为全国首家年旅客吞吐量突破 1 万人次的通用机场。

借助"十四五"时期民航"干支通、全网联"的政策利好，2021年"互联互通"在内蒙古应时而生。"互联互通"更多地实现盟市支线机场间的航线直通，开辟"支线+支线""支线+支线+首府呼和浩特""支线+支线+区外重点城市"等多种联通方式。同时，争取通用机场能够开通到周边更多支线机场的短途运输飞行，为选择通用航空短途运输的旅客提供更多的出行机会。

（资料来源：https://baijiahao.baidu.com/s?id=1729164531369064350&wfr=spider&for=pc.）

案例思考题：

（1）通用航空短途运输有哪些模式？

（2）内蒙古通用航空短途运输快速发展的原因是什么？

（3）通过案例分析通用航空物流的发展前景。

10.1 通用航空概述

10.1.1 通用航空内涵

1. 通用航空

ICAO公约附件6中对通用航空的定义为：通用航空是指商业空中运输或如农业、建筑、摄影、调查、观测和巡逻、搜索与救援、空中广告等空中作业飞行之外的飞行活动。美国联邦航空局（FAA）认为，除持有美国联邦航空局颁发的"方便和必须"合格证的航空公司及使用大型民用飞机的民航公司所经营的空运以外的一切民用航空活动都属于通用航空范畴。俄罗斯联邦《航空法典》第三章第二十一款第三条规定：通用航空是指非商业航空运输和航空活动的民用航空活动。2003年1月10日，中华人民共和国国务院、中央军事委员会令第371号公布并于2003年5月1日起施行《通用航空飞行管制条例》，该条例第三条对通用航空的定义是："所称通用航空，是指除军事、警务、海关缉私飞行和公共航空运输飞行以外的航空活动，包括从事工业、农业、林业、渔业、矿业、建筑业的作业飞行和医疗卫生、抢险救灾、气象探测、海洋探测、科学实验、遥感测绘、教育训练、文化体育、旅游观光等方面的飞行活动。"

通用航空是民用航空的重要组成部分，通用航空的出现与发展离不开民用航空。第一次世界大战期间，飞机在战争中开始得到应用，大量的航空科研机构及飞机制造商开始出现，但此时通用航空的发展并不明显，通用航空活动局限于冒险家的冒险活动或者飞机爱好者的业余活动。第二次世界大战的爆发再一次推动了航空工业的发展，飞机的性能及数量大幅提高，通用航空也得到了迅猛发展。最初，通用航空主要应用于农业，所用飞机也主要为战后的小型飞机，之后逐渐应用于空中浏览、公务出行等方面。随着直升机进入通用航空，通用航空业务范围进一步拓宽，包括石油勘探、空中吊挂、山区救援等。20世纪60年代后，通用航空逐渐成为一种全天候的实用运输方式，通信导航成本逐渐降低，在全球经济繁荣发展的带动下，也衍生了大量面向轻型航空器运营的风险投资商，随着跨国公司的出现，公务航空也得到了巨大的发展。

2. 通用航空产业

通用航空产业，即从事通用航空飞行活动的各种经济部门和经济活动的总和。广义上是指通用航空器制造、运营及支撑运营的综合保障和服务业的总和，包括核心产业、关联产业；狭义的通用航空产业仅仅指通用航空核心产业。通用航空产业是包括通用航空器研发与制造、通用航空机场建设与运营、通用航空人才培养与培训、通用航空服务与综合保障等庞大的产业体系。

10.1.2 通用航空器

1. 通用航空器的特点与分类

（1）通用航空器的特点

通用航空器是通用航空领域使用的各类航空器，是通用航空作业活动的载体和工具。通用航空器的范围广，数量巨大。除去民用运输航空器之外的所有其他民用航空器都可以归为通用航空器。全世界通用航空器总共30多万架，约占民用航空器总量的90%。

通用航空器的特点有：种类繁多，差异显著；数量庞大，型号众多；任务多样，环境复杂；用途广泛，作用巨大；技术独特，自成体系。

（2）通用航空器的分类

通用航空器可以按照技术特点和性能特点、适航标准及用途等进行分类。按技术特点分为：固定翼飞机（通用飞机），直升机（非运输类），公务机（喷气公务机和涡桨公务机），其他旋翼航空器（旋翼机、多旋翼航空器），动力伞、滑翔伞和伞翼机（软翼），滑翔机、动力滑翔机，新能源航空器等。其中，固定翼飞机约占通用航空器总数的2/3以上，是主要的通用航空器类型，广泛用于通用航空各个领域。

公务机中，喷气公务机是主流机型，占绝大多数；涡桨公务机是占少数的非主流机型。公务机性能高，技术复杂，属于最高端的通用航空器类型，主要用于公务航空。直升机具有小场地垂直起降，悬停、超低速、超低空飞行和机动等独特飞行特性，可以执行很多特殊固定翼飞机难以完成的飞行任务，极大地拓展了航空器的应用范围，在通用航空领域得到了广泛应用。

2. 通用航空器应用领域

通用航空器广泛用于交通运输、农林牧渔业、工业、文化体育卫生旅游业、教育培训、公益飞行和准军事领域。

（1）交通运输类

交通运输类主要业务包括私人飞行、公务飞行、短途客货运输/邮政快递、政府飞行等。

公务包机是指用于执行公务飞行、包机飞行任务的固定翼飞机，按照市场定位可以分为三类：高端公务机、中低端公务机和空中出租车。其中，高端公务机是多发涡喷公务机，这类机型性能优越、可进行远程跨洋飞行，机体宽大舒适、内装豪华，价格通常在 1.5 亿元以上，常作为大型企业首脑、超级巨星、政府高官及高端包机使用；中低端公务机多采用涡喷发动机或涡轮螺旋桨发动机，可进行中短程飞行，价格从数千万元到上亿元，在国外多用于企业管理人员公务出行，国内低端公务机尚不多见；空中出租车主要是小型单发活塞螺旋桨飞机或直升机，用于短途飞行，价格较低，目前国内尚未开展这类业务。

短途飞行主要是指用于执行通勤飞行任务的航空器，具体是指座位设置（不包括驾驶员）为 19 座或以下，最大审定起飞重量为 8618 千克或以下，用于非特技飞行的螺旋桨驱动的多发动机飞机。通勤飞机大多采用双发涡桨发动机、可收放式起落架、下单翼布局，这类机型巡航速度不高、飞行距离一般在 500 千米以内。通勤飞行多用于地形条件恶劣、不便于发展陆路交通的地区，开展点对点的穿梭往返。

（2）作业类

作业类是指工业、农业、林业、渔业、矿业、建筑业等的通用航空器应用，包括海上石油服务、巡线（电力、石油管线）、农林作业（播种、喷洒肥料和农药、灭虫等）、渔场监测、航拍航测、遥感物探等。

（3）文旅类

文旅类是指通用航空器在文化、体育、卫生、旅游、教育等方面的应用，包括特技飞行表演和比赛、展示飞行、航空体育运动、医疗救护、体验飞行、空中观光、新闻采访、影视制作、广告宣传、飞行培训、教育训练等。

通用航空器的其他应用，还包括灭火、抢险救灾、气象探测、人工降雨、科学实验、飞行校验等的公益飞行，缉毒缉私、边境巡逻、海上监测、交通指挥、执法、反恐等的准军事领域飞行。

10.2　通用航空发展现状

10.2.1　国外通用航空发展现状

美国是通用航空最发达的国家，美国巨大的市场需求，成熟的空中交通管理服务，星罗棋布的通用航空机场，大量的通用航空飞机及飞行员，促使美国通用航空获得了很好的发展。多年来，美国的通用航空发展一直稳居世界第一的位置。美国偏远地区和小型社区通用航空客货运输是交通的唯一选择，雇员超过 120 万人，对 GDP 贡献超过 1500 亿美元。截至 2019 年底，美国共拥有通用航空飞行器 213 375 架，其中活塞机机型最多，为 142 295 架，约占美国全部通用航空飞行器的 66.7%；第二为试验机，达 27 755 架，约占美国全部通用航空飞行器的 13.0%；第三为涡轮喷气机，达 14 970 架，约占 7.0%；第四为旋翼机，达 9925 架，约占 4.7%；滑翔机、轻型机、轻型运动机数量较少，约占 8.6%。美国拥有 19 750 个机场，其中私人民用机场数量达到 14 120 个，包括直升机场 5425 个，水上机场 290 个，普通机场 8405 个等，飞行员人数约为 63 万人。目前美国有 3750 家左右的固定基地运营商（FBO）。FBO 提供的服务包括停场服务、加油服务、维修服务，有的 FBO 还提供飞行服务，帮助客户制订飞行计划，提供气象信息等。除此之外，FBO

还提供与通用飞机相关的辅助服务，包括行李装卸、航空器除冰、航空餐饮服务、盥洗室服务、休息室服务、航空器清洁服务、客舱物品供应服务等。上述服务统称为专业服务，是围绕着通用飞机运行提供的服务。FBO 还围绕着客户开展一些服务，为飞行爱好者和航空旅游提供地面服务、代理服务、托管服务、飞行培训服务等。

加拿大是世界通用航空发达国家之一。截至 2019 年，加拿大通用航空器 36 880 架，休闲飞行员占据飞行员总人数的 2/3，航空器占注册飞机总数的 3/4。加拿大通用航空于 1975 年前后开始进入成熟期，其成长期发展模式为典型的国家政府扶持和引导培育，具有以下特征。

① 加拿大运输部管理所有机场建设与运营，机场为联邦政府所有，出租给私人、机场机构和运营管理机场的政府机构。

② 大力培养飞行员。二战后到 20 世纪 50 年代，加拿大政府专门拨付资金支持飞行培训，向每个获得私人驾照的飞行员支付学习费用的 1/3，为通用航空发展提供了充裕的人才支持。

巴西与我国同属"金砖国家"，经济发展水平比较接近。截至 2019 年，巴西共有 19 590 架航空飞行器。其中，10 342 架私人飞机、635 架轻型机、2305 架轻型运动机，以及 1358 架空中计程飞机，在巴西通用航空中，商务飞行占据 70%以上的比例。

英国民用航空局统计数据显示：2013 年，英国拥有 19850 架通用航空飞机。其中，固定翼通用飞机 10 306 架，超轻飞机 3832 架，直升机 1247 架。英国是全球第五大经济体，拥有欧洲最大的航空网络，也是全球第三大航空网络，仅次于美国和中国，伦敦是欧洲私人航班最多的城市。2019 年，英国有 206 家航空公司，2400 个航空组织，运输机场约 60 座，有 600 座以上的存量机场设施，其中多是一战、二战留存机场。英国通航每年对英国经济贡献值 30 亿英镑，占英国 GDP 的 0.21%。在就业贡献上，英国通用航空行业直接支持 3.8 万个工作岗位，相当于英国所有就业的 0.12%，其中 9700 个与飞行直接相关，其余与制造业相关。

德国民用航空局统计数据显示：近 10 余年以来，德国通用航空飞机数量保持在 2 万架以上。2018 年德国拥有 21 064 架通用航空飞机，其中固定翼通用飞机 8330 架；直升机 728 架；热气球飞机 1080 架；滑翔机 7304 架。

澳大利亚通航产业在 20 世纪 50 年代到 90 年代经历了一个高速发展的时期，通用航空及竞技航空工作占据了澳大利亚所有航空飞行时间的 66%。澳大利亚共有 1 万余架航空器注册为通用航空飞行器，拥有 700 多家通航运营商，营业额在 10 亿美元以上。

新西兰是世界上飞行器拥有率最高的国家之一，新西兰人口 400 多万，却拥有 760 多架直升机。新西兰通航包括农业、林业、观光旅游、运动及休闲、航空培训等项目，在 1916 年创立了世界上第一个飞行员培训学校。

10.2.2 我国通用航空发展现状

1. 我国通用航空发展历程

通用航空产业链涵盖航空制造业、维修及零部件加工业、金融保险业、航空器运营服务及航空保障服务等多个领域。国际经验表明，通用航空产业投入产出比为1∶10，就业带动比为1∶12。以美国通用航空产业为例，美国通航一年的产值为1500亿美元，提供了126.5万个就业岗位。通用航空产业作为国家重点扶持的新兴产业，将成为中国新的经济增长点。中国通用航空发展经历了3个阶段（图10-1），目前我国正所处第三阶段中。

图10-1 我国通用航空发展历程

（1）市场培育期

市场培育期以完善传统作业市场和健全相关政策法规为主。随着国家经济的发展、人均收入的提高，私人娱乐飞行、短途客货运营、飞行培训等"新兴市场"开始起步。

2008年中国通用航空飞机缺口达到166架份，分别用于人工降水（54架）、电力作业（30架）、航空护林（25架）、航空摄影（20架）、海事监察（17架）、港口引导（10架）、石油管道巡逻（10架）。

（2）2011—2015年快速发展期

随着刺激政策出台，以及机场、空管和航油等配套设施逐步完善，市场容量呈现突破性的发展，同时也极大地激发培训市场的需求。由于细分市场较为成熟，外资品牌通航飞机在头两年占据大半江山；随着国产通用飞机制造商与外方合作，逐步积累并逐步推出新品，国产航空制造后来居上。

（3）2016—2022年稳步增长使其逐渐步入成熟市场

"新兴市场"开始成熟，市场需求开始向高峰冲刺。此时中国通用飞机市场与国际接轨。

2. 我国通用航空运营情况

（1）通用航空企业数量

截至2021年年底，获得通用航空经营许可证的传统通用航空企业599家。其中，华北地区121家，东北地区49家，华东地区157家，中南地区140家，西南地区78家，西北地区33家，新疆地区21家。

截至2021年年底，获得通用航空经营许可证的无人机通用航空企业12 663家。其中，华北地区1888家，东北地区1004家，华东地区4363家，中南地区2459家，西南地区 1489 家，西北地区 969 家，新疆地区 491 家。

（2）机队规模

2021 年年底，通用航空在册航空器总数达到 3018 架，其中，教学训练用飞机 1077 架。

（3）通用机场

2021 年，净增通用机场 31 个，全国在册管理的通用机场数量达到 370 个。

（4）飞行小时

2021 年，全国通用航空共完成飞行 117.8 万小时，比上年增长 19.8%。其中，载客类完成 2.0 万小时，比上年下降 19.1%，载人类完成 10.7 万小时，比上年增长 17.0%，其他类完成 59.1 万小时，比上年增长 27.0%；非经营性作业完成 46.0 万小时，比上年增长 14.4%。

（5）无人机情况

截至 2021 年年底，全行业无人机拥有者注册用户达 78.1 万。其中，个人用户 71.8 万个，企业、事业、机关法人单位用户 6.3 万个。全行业注册无人机共 83.2 万架。截至 2021 年底，全行业无人机有效驾驶员执照 12.08 万本。2021 年，参与民航局无人机云交换系统的无人机飞行小时共有 143.6 万小时。

（6）通用航空作业情况

通航现有的运行种类包括一般商业、农林喷洒、旋翼机外载荷、训练飞行、空中游览、私用大型、航空器代管业务等（图 10-2）。其中，从事训练飞行的比重最大，其次是空中游览和农林喷洒。

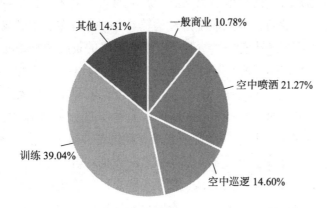

图 10-2　通用及小型运输航空公司运行种类对比

10.3　通用航空物流

10.3.1　通用航空物流概述

1. 通用航空物流

通用航空物流是指使用各类通用航空器，按照已开辟的飞行路线，执行除公共航空运输之外的短途运输、应急救援及快递、生鲜运输配送等的物流活动。参考物流的功能要素，通用航空物流由于其特殊性，主要的功能是运输、配送。基于我国通用航空的发展现状，目前我国的通用航空物流，主要集中于短途运输。通用航空物流网络，是指由通用航空器、通航机场、货运站、转运站等节点组成的网络。

结合通用航空物流的定义，可总结出关于通用航空物流网络的以下特点。

①节点类型特殊。与普通物流网络不同，通用航空物流网络中的节点是通用机场的配套物流节点，目前国内尚未有通用机场配套物流节点作为节点的物流网络。

②机动灵活、快速高效。由于通用飞机相较于执行公共运输飞行的飞机而言，客座量小、体型较小，使其能够深入普通飞机无法到达的国内偏远落后的陆路、水路交通不发达的地区。

③运输半径短。《通用航空短途运输暂行管理办法》规定通用飞行器的航线距离原则上不得超过 500 千米。相比于普通的飞机而言，航线距离大大缩短。

④运载量小。由于通用航空飞行器相较于普通飞机而言外形较小，乘客座位数较少，剩余存储空间少，因此单次飞行运载量较小，在非紧急救援情况下需要运输高附加值的小件包裹及生鲜产品方能盈利。

2. 通用航空短途运输

通用航空短途运输是指从事通用航空服务的企业通过使用 30 座以下（包括机组人员在内）且满足民航局的适航管理规定的民用航空器，提供的短距离定期载客运输飞行服务活动，短途运输航线的距离在原则上不得超过 500 千米。通用航空短途运输起源于美国，其被称为通勤航空，指利用小型飞机开展定期或不定期的航空运输服务，主要服务于勤务、商务和公务旅行。通用航空短途运输具有"小机型、小航线、小航程"的特点，是偏远地区百姓高效的出行方式，是干支航空网络的重要补充，也是发展航空强国的必经之路。2021 年全国民航工作会议提出，要推动构建"干支通、全网联"的航空运输服务网络，通过构建"干支通、全网联"的航空运输网络，拓展网络覆盖，努力借助通用航空增强网络通达性，推动构建"以国内大循环为主体、国内国际双循环相互促进"新发展格局，满足国家基本航空服务需求，促进各地经济社会发展。

通用航空短途运输相比其他交通运输方式：一方面，运行速度快，能够显著减少旅客出行的时间成本，提升区域之间的通达性，改善交通运输服务水平；另一方面，建设成本少，可减轻政府财政负担，尤其是政府对交通基础设施的投入。此外，通用航空短途运输还具有市场匹配的灵活性，可跟随航线网络的演变、市场成熟度的不断提高及区域客流季节性变化，增减航线和调节航线密度，也可随流量变化实时匹配不同机型，从而有利于交通运输市场的细分及差别运价的实施，满足不同旅客的出行需求。为解决边远地区普通居民出行难的问题，国际上已经有许多国家和地区采用通用航空短途运输的方式，为当地居民提供方便、快捷的基本航空服务。例如，美国联邦政府出台的基本航空服务计划（EAS）、欧盟提出的公共服务计划（PSO）及澳大利亚政府制定的远程航空服务补贴计划（RASS）等。

3. 发展通用航空短途运输的意义

（1）有利于区域生产要素的聚集和扩散

通用航空短途运输作为航空运输体系的重要组成部分，是经济发展与交流的重要纽带，对于促进区域协调发展具有重大意义。通用航空短途运输网络构建，有利于促进和扩大人流、物流、技术流和知识流等在区域中的集聚和扩散。通过通用航空短途运输这一新的交通方式，将各种新型生产要素与本地原有产业有机整合，可改变区域内部的产业结构，带动通用航空产业发展，拉动区域经济快速增长。

（2）有利于区域城市群空间布局的演进

通用航空短途运输网络构建对城市群间的辐射引力产生影响，进而影响区域城市群的空间布局。通用航空短途运输的网络化布局能增强城市群间的空间引力，极大地压缩城市群之间的时空距离，使城市群之间的联系更加紧密，城市之间的经济联系强度得以不断提升，相互依赖性也逐渐增强，迫使城市群之间的空间引力增强，从而有利于区域城市群的发展。

（3）有利于区域"核心—边缘"自组织演变

通用航空短途运输是解决邻近市县间的基本出行需求，其网络化发展可促进区域交通经济带的形成，带动城市规模不断扩大。通用航空短途运输网络的布局改变区域可达性格局，提升区域城市之间的可达性，使得区域城市体系结构逐渐向"多中心层域式、网络状一体化"的方向演变。

10.3.2 通用航空短途运输情况

1. 美国通用航空短途运输情况

近10年，美国国内通用航空短途运输飞行小时数呈稳定增长趋势且受国家经济因素的影响较小。美国通用航空短途运输企业之间的竞争并不显著，市场供需趋于平衡。开展通用航空短途运输业务的企业在美国135部规章运营商中占比超过50%，截至2019年9月30日，获得美国联邦航空管理局（FAA）颁发135部运行合格证的运营商共54家，其中：59%的运营商提供通用航空短途运输服务，共计32家；仅7%的运营商提供通用航空货物运输服务，共计4家，如图10-3所示。

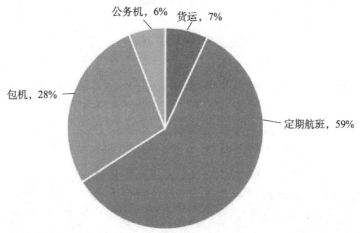

图10-3 美国135部运营商企业主营业务分类

从美国通用航空短途运输来看，有许多值得我国学习的经验并可以应用到通用航空物流节点的建设及发展中，具体如下。

（1）政府补贴是通用航空物流业发展从无到有的必要条件

通过政府补贴的方式，鼓励通用航空运营商在国内交通不便、经济欠发达的地区开展通用航空短途运输的同时，也开发、培育市场需求，进而实现补贴的逐渐退出。

（2）国家层面为政策的制定与施行提供充分的保障

全国性的补贴机制构建及其他支持手段需要强有力的部门牵头与监督。在美国是由联邦政府发起补贴政策，国家运输部执行并监督，整个执行过程公开透明。

（3）通用航空短途运输与特色产品的结合提高飞机的利用率

飞机每小时的运营成本分为固定成本和变动成本，增加每年飞行小时数可降低变动成本。纵观通用航空短途运输企业的业务范围，在航空器用于通用航空短途运输的闲暇时间，航空器被高效地用于包机、货运、低空游览、旅游产品、即时快递等高附加值的飞行作业。在提高飞行器利用率，尝试多种业态经营的同时降低成本。

（4）与运输网络的融合是偏远地区开展通用航空短途运输的基本要求

改善地面交通不便地区的交通体系，满足当地居民出行与特色农产品运输，是美国开展通用航空运输的初衷。将通用航空运输方式与公、铁、水、空、管道等其他方式结合起来，能够大大提高运输效率。

（5）完善的基础设施体系为通用航空短途运输的蓬勃发展奠定基础

空域、机场、低空管理是开展通用航空短途运输的基础设施。目前，美国已经把发展通用航空运输作为架构世纪空中高速路的规划、新的民航运输发展战略，并认为是高速交通运输方式的第四次革命。

2. 中国通用航空短途运输情况

我国通用航空短途运输发展较快，已由"从无到有"发展到"初具规模"。但区域间存在较大差异，即使在已开通短途运输航线的省份之间也存在着较大的差异，大多数省份就目前来说，尚不具备构建通用航空短途运输网络的条件。

（1）整体情况

2020年，我国当年投入短途运输的航空器数量较2019年增长了16架，航线数量增多28条。受新冠肺炎疫情影响，虽然飞行小时数增加了1600小时，但载客人数减少7000人次。此外，机型统计中首次出现直升机，国产飞机Y-12F也正式开展短途运输业务。2020年全国累计共有89个机场开通了通用航空短途运输航线，包括33个通用机场、46个支线机场和10个干线机场，其中，通—支类型的航线数量超过支—支并成为最多的航线类型，占航线总数量34.67%，通用机场的作用越发明显；此外2020年还首次开通了干—干类型通用航空短途运输航线，至此，实现了六种航线类型的全覆盖。全国通用航空短途运输航线累计达到75条，同比增长60%。全年共有28家通用航空企业开展短途运输业务，较2019年新增14家通用航空企业，同比增加78%。

（2）短途运输航空器情况

①机型数量。2020年，参与短途运输业务的通用航空器累计56架，较2019年增加16架，增长率为40%；共涉及10个机型系列，较2019年增加了3个机型系列。机

型统计中首次出现直升机,国产飞机 Y–12F 正式开展短途运输业务。CESSNA 208B 和 PC-12 两款机型数量的增长速度明显加快,高于所有机型的平均增长率。其中,国产飞机 Y12F 选择在黑龙江首次开展短途运输业务,首次增加直升机机型 S-76C++并选择在浙江省运行。

②各机型飞行小时。2020 年,56 架通用航空器共完成短途运输飞行 14 604.74 小时,虽受疫情影响,但较 2019 年仍增长 12.18%;平均每架飞机年度飞行 260.80 小时,较 2019 降低 19.92%。

CESSNA 208B 和 PC-12 的总飞行小时数已经连续 3 年呈递增趋势,但单架平均飞行小时数仍未超过 300 小时;B300 和 DHC-6-400 飞机的飞行小时数总量明显降低,分别较 2019 年降低 43.42%和 87.81%;国产飞机 Y–12 系列飞机和 EMB-505 的飞行小时数稳步增加;新增固定翼机型 Y12F 和直升机 S-76C++的飞行小时数分别突破 400 小时和 100 小时,而新增固定翼飞机 C90GTI 和 P2006T 的执行情况却不尽如人意,飞行小时数仅分别为 21 小时和 5 小时。

③各机型载客量。2020 年,通用航空短途运输旅客运输总量为 56495 人次,较 2019 年减少 7013 人,同比下降 11%。2020 年短途运输旅客运输总量排名前三的地区分别为华北地区、西北地区和西南地区,但华北地区和西南地区同比均有所下降;华东地区载客量增长明显,同比增长 584%;新疆地区载客量下降最为显著,同比下降 87%。以上变化趋势与各地区的飞行小时数变动趋势一致。

旅客运输量排名前三的机型分别是 CESSNA 208B、PC-12 和 B300,其中 B300 机型的载客总量同比明显降低,下降 44%。其余机型中,DHC-6-400 机型的载客总量骤降,锐减近万人;国产机型 Y–12 系列飞机的载客量则在逐步上升;直升机 S-76C++的载客量达到近 2000 人。

(3)短途运输航点机场情况

①航点机场类型数量。短途运输航点各类机场的数量连续 3 年增长。2020 年,全国累计共有 89 个机场开通了通用航空短途运输航线,包括 33 个通用机场、46 个支线机场和 10 个干线机场;支线机场占比 52%,同比降低 9 个百分点,但依旧是保障通用航空短途运输航线的主力。除新疆外,各地区开通短途运输的机场数量已连续两年增长。2020 年,华北地区的机场数量最多;华东地区的机场数量赶超东北地区,排名第二;新疆地区则减少了 3 个机场。

②航点机场类型区域分布。2020 年,开通短途运输的支线机场数量最多的地区依旧是华北地区,除新疆维吾尔自治区外,其余地区开通短途运输航线的支线机场数量同比增加或持平;所有地区开通短途运输的通用机场数量同比增加或持平,华北地区排名第一;所有地区开通短途运输的干线机场数量同比增加或持平,华东地区数量最多。2020 年,在全国开通短途运输航线的省份中,内蒙古自治区是使用通用机场和支线机场均为最多的省份,山东省和广西壮族自治区是使用干线机场最多的省区。

(4)短途运输航线情况

①航线数量区域分布。2020 年,全国通用航空短途运输航线累计达 75 条,同比增长 60%。除新疆维吾尔自治区外,各地区通用航空短途运输航线数量均有增长,华东地

区增速最快,同比增长240%。华北地区连续三年为开通航线数量最多的地区。

2020年,4个省份在2018—2020年首次开通通用航空短途运输航线,共计9条。至此,全国拥有通用航空短途运输航线运行经历的省份累计达24个。除新疆维吾尔自治区外,其余各省份的短途运输航线数量均有所增长,浙江省、山东省的航线数量增幅较为明显。内蒙古自治区成为连续三年开通航线数量最多的省份。

②航线类型区域分布。2018—2020年,各类航线数量持续增长,支线机场一直是保障短途运输航线的主力军,始发或终到支线机场的短途运输航线数量占比从未低于75%。

2020年,通-支类型的航线数量超过支—支,成为最多的航线类型,占航线总数量34.67%,通用机场的作用越发明显。2020年,首次开通了干—干类型通用航空短途运输航线。至此,实现了六种航线类型的全覆盖。

(5) 短途运输企业情况

①通用航空短途运输企业航线数量。2020年,共有28家通用航空企业开展短途运输业务,包括8家通过联合运营模式开展经营活动的通用航空企业,较2019年新增14家通用航空企业,同比增加78%。通用航空短途运输航线数量累计75条,内蒙古通航、河北中通航&华夏通航联合体的航线数量并列第一,亚捷通航的航线数量排名第三;只开通1条短途运输航的公司也有不少。

②通用航空短途运输企业飞行小时数的区域分布。2019年飞行小时数排名前三的内蒙古通航、河北中通航和新疆通航的小时数在2020年均有所下降,但内蒙古通航的飞行小时数依旧遥遥领先其他企业。其余通用航空企业中大部分的飞行小时数均明显增长,江西快线的飞行小时数净增长近1000小时;成功通航首次开通短途运输航线,飞行小时数便突破了700小时。

在2020年开展航线运行的通航企业中,大部分企业的飞行小时数较2019年有所增长,且主要飞行地区明显。总飞行小时数排名第一的内蒙古通航,主要飞行小时数集中在华北地区,占总飞行量的95%。亚捷通航虽然新增三个飞行地区,但飞行小时数仍集中在2019年已有飞行记录的华北地区。成功通航首次开展短途运输航线,飞行小时数便突破了700小时。河北中航通航只在西北地区的飞行小时数超过2019年,其余三个地区下降明显。众翔通航和榆树通航的年度飞行小时数不足10小时,部分企业执飞航线的稳定性和持续性尚待提高。

10.4 无人机物流

10.4.1 无人机物流概述

1. 无人机

无人驾驶飞机,简称"无人机",英文缩写为"UAV",是利用无线电遥控设备和自备的程序控制装置操纵的不载人飞机,或者由车载计算机完全或间歇地自主操纵。无人机按应用领域,可分为军用与民用。军用方面,无人机分为侦察机和靶机。民用方面,"无人机+行业应用"是无人机真正的刚需;目前在航拍、农业、植保、微型自拍、快递运输、灾难救援、观察野生动物、监控传染病、测绘、新闻报道、电力巡检、救灾、影视拍摄等领域的应用,大大拓展了无人机本身的用途,发达国家也在积极扩展行业应用与发展无人机技术。从技术角度来看,无人机可以分为:无人固定翼飞机、无人垂直起降飞机、无人飞艇、无人直升机、无人多旋翼飞行器、无人伞翼机等。

2. 无人机物流

无人机物流是以使用无人机为主体的技术方案,对从供应地到接收地的实物进行规划、实施和控制。通俗地说,就是以无人机为主要的工具开展物流活动,或者是物流活动中借助无人机实现关键的任务。它的本质就是以现代化的生产方式发展生产力,它是物流业自动化和智能化发展的必然结果。

3. 无人机物流分类

(1) 无人机运输

无人机运输是指以无人机为运输工具来进行运输的一种物流活动。根据运输距离和运载重量,将大载重、长距离的称为无人机运输,小载重、短距离的称为无人机配送。无人机运输是航空货运的一种,是对低空空域的有效利用,不依赖地面交通,与地面运输形成互补。与地面交通和人力快递相比,无人机货运具有低人力占用、高效率、低成本及某些条件下不可替代的"可达性"等优势。无人机运输线路通常为100~1000千米,以吨为单位,可持续几个小时。其应用范围包括:地区运输(固定航线,固定班次,标准化运营管理),边境哨所,海岛等物资运输,物流中心等。

(2) 无人机末端配送

无人机末端配送,又称无人机快递,是应用无人机满足物流终端配送环节的客户要求的物流活动。无人机末端配送的特点是小载重、近途、迅捷、到门、到家等,侧重于对最后几公里的末端用户的服务。无人机末端配送系统的核心构成包含以下方面。

①快递无人机。以多旋翼无人机为例,承担任务的无人机具有按既定航线自主飞行、人工控制飞行和定点悬停等多种飞行模式。无人机通过蜂窝网络、无线电通信技术等与调度中心、物流集散点等进行数据传输。

②智能快递盒。智能快递盒的功能有盛放和保护快件包裹、通信和记忆、身份识别及方便自动装卸等。

③集散分点(或快递柜)。集散分点主要作为收货点,其主要功能是无人机起降,装卸,签收核对,无人机的简单安检和维护,无人机临时停放,快递充电,异常快递仓库等功能。

④集散基地(配送中心)。集散基地主要作为发货点和无人机的运维中心,主要功能是无人机保管、日常维护和安检维修,无人机起降和货物装卸。

⑤调度中心和飞行服务中心。这些中心对整个运营进行指挥、调度、服务、监测和控制,以及空域管理协调等。

(3) 无人机救援

在自然灾害和公共卫生突发事件发生后,运用无人机进行灾情信息获取、地质勘测、应急物资配送等方式进行救援,无人机救援能够在危险环境下完成人工救援不能实现的救援工作,为救援工作做出了贡献。

（4）无人机仓储管理

在仓储管理方面，无人机可以对管理的货物进行检查、巡视、盘点。不仅降低了管理成本，最重要的是提高了仓储管理的效率。像大型的高架仓库、集装箱堆场、散货堆场、货栈堆场通常会采用无人机进行仓储管理。

4. 无人机物流特点

（1）方便高效，超越时空

相比于地方运输，无人机具有方便高效、节约土地资源和基础设施的优点。在一些交通瘫痪路段、城市拥堵区域，以及一些偏远地区，地面交通无法畅行，导致物品或包裹的投递比正常情况下耗时更长或成本更高。在某些环境和条件下，只有无人机运输方式才能实现"可达性"，这是其他方式无法替代的。并且物流无人机通过合理利用闲置的低空资源，可有效减轻地面交通的负担，节约资源和建设成本。

（2）成本低，调度灵活

相比于一般的航空运输和直升机运输，无人机运输具有成本低、调度灵活等优势，并且能够弥补传统的航空运力空白。随着航空货运需求量逐年攀升，持证飞行员的数量和配套资源及飞行员和机组成员的人工成本等成为航空运输发展的制约因素。而无人机货运的成本相对低廉，且无人驾驶的特点能使机场在建设和营运管理方面实现全要素的集约化发展。

（3）人机协同，破解劳动力短缺难题

人口老龄化问题几乎影响着全世界，每逢节假日和物流高峰期，人工短缺和服务水平降低的问题往往会暴露无遗。无人机号称"会飞的机器人"，如果能在盘点、运输和配送等物流环节加以合理的开发利用，并辅以周密部署和科学管理，就能衔接配合好其他作业方式，通过协助人力发挥"人机协同"效应，可以产生最佳效益。

（4）产能协同和运力优化

在科学规划的基础上，综合利用互联网和无人机、机器人等技术和方式，进而实现产能协同和运力优化。为处理一些快速交货和连续补货的订单，亚马逊、沃尔玛等企业在建设先进的信息系统、智能仓储系统，以及优化业务流程的基础上，还规划了智能、高效的无人机城市配送中心（如亚马逊的无人机塔）及"无人机航母"（空中配送基地）等，如表10-1所示。

表10-1 无人机物流优势

优势	应用场景	评估	代表企业
低成本（配送）	乡村地区、电商配送	成本节约60%~70%	京东、亚马逊、迅蚁等
低成本（支线运输）	四五线城市货运	与有人飞机相比，在机组人员、造价和配套设施等方面成本低	朗星、顺丰、帆美等
机动灵活（支线运输）	四五线城市货运	和有人飞机比，减少了机组人员和配套设施等方面的制约	朗星、顺丰、帆美等
高效率（配送）	配送和综合物流系统	极速送达，30分钟内	亚马逊
高效（盘点检视）	货栈堆场	快捷、节省人力	
可达性（送货）	偏远地区、特殊地点	弥补地面交通的不足；比有人飞机更灵活	DHL、顺丰、京东等

10.4.2 无人机物流典型案例

1. 无人化运输

（1）案例描述

在新冠肺炎疫情暴发初期，最大的需求便是口罩。此外，医护人员所需的防护服、眼罩等医疗物资数量也十分巨大。如何及时有效地在全国调动医疗物资运输到重疫区是当时面临的主要问题。考虑到新冠病毒的传染性强，传播速度快，采用无人机进行物资运输，一方面可以不受地形和疫区封闭管理的限制；另一方面，减少人员之间的接触，降低新冠病毒感染的风险。

由于新冠病毒的人传人特性，在控制疾病的过程中，要尽量减少人类接触，而无人机运输则是最好的选择。在非接触式的情况下，有大量的无人装备研发企业加入了抗疫，疫情期间无人机运输设备可以24小时值班，没有任何的工作时间限制，运输效率远远超过人类，可以避免交叉感染。武汉疫情中无人机运输填补了疫区医疗物资的重大缺口，当时在全国召集了10千克~1.5吨载重无人机数百架，解了燃眉之急。这场新冠肺炎中，无人机运输是不可或缺的一环。

（2）无人化运输目标

在应急物流中，无人化运输以建立天地空一体化应急保障系统为目标（图10-4）。天地空一体化应急物流保障系统，应用无人机进行应急救援物资运输，搭建了卫星和地面设备之间的信息交互通道，联动地面应急物流系统，地面设备信息交互通道，实现了凭借一张图指挥应急物资调度，一张网实现信息交互，一体化应急物资的输送。无人机通过卫星通信系统获取地面信息。在无人机指挥控制平台，提前规划好线路、速度和降落地点，凭借机器视觉和各种高精度传感器，按照规定的航路进行全自动飞行，最终实现物资需求中心的精准降落。当物资需求中心接收到应急物资后，结合具体情况，将物资运输到医院及疫区。

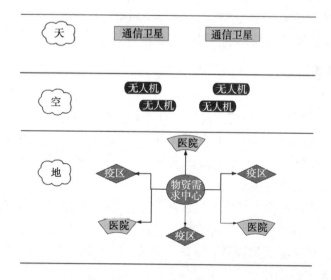

图10-4 天地空一体化应急保障系统

3）无人机运输流程

在装载防疫物资、配备相关设备之后，无人机指挥控制平台将会规划好无人机的行驶路线、速度和降落点。无人机起飞后，依靠高精度传感器和机器视觉进行全自动飞行，在提前规划好的降落点降落，卸下防疫物资，根据语音提示，按照指定的路线返航。无人机的运输流程，如图10-5所示。

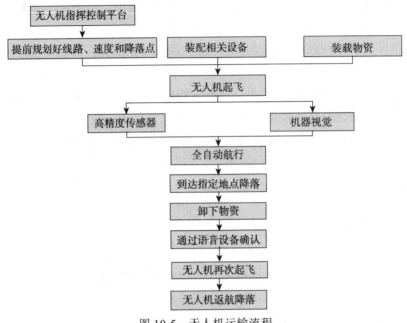

图10-5　无人机运输流程

（4）总结

基于无人机的无人化运输方式为疫区及时有效的运输医疗物资。无人化运输具有多方面的优势，无人化运输采取无人机处理急需的医疗物资的运输，十分灵活，不受地面交通的限制，飞行速度快，可以解决疫区的燃眉之急。最重要的是无人化运输减少了配送人员和接收人员的接触，降低新冠病毒的感染风险，有利于进一步控制疫情蔓延。无人化运输与疫情防控工作保持高度一致，为抗疫事业做出了重要贡献。

2. 无接触配送

（1）案例描述

2022年3月末新冠肺炎疫情期间，上海每天新增确诊病例和新增无症状感染者数量众多。面对严重的疫情考验，上海市政府和上海人民万众一心，积极落实疫情防控政策。为更好地支持疫情防控工作，上海华东无人机基地及时组建无人机抗疫突击队。为解决人民群众对生活物资的需求问题，抗疫突击队结合自身优势，为人民群众进行"最后一公里"生活物资的配送，解决人民群众生活物资的需求问题。无人机配送的同时，降低了配送过程中的感染风险，提高了配送的时效性。无接触配送使疫情防控工作更加安全，更加有效，同时也更加智慧。

（2）无接触配送的必要性

①降低配送成本。无人机无接触的配送方式，不需要人力进行生活物资、紧急药物

的配送，一定程度上降低了配送的成本。无人机不受地形和地面交通限制，飞行速度快，不会出现堵车情况，节省大量人力成本和时间成本。

②有效控制疫情。无人机进行无接触配送，减少了配送过程中配送人员与接收人员之间的接触，降低了新冠病毒的感染风险，使新冠疫情得到了有效控制。

③提升配送的时效性。无人机配送不受地形和地面交通的限制，配送速度快，配送的时效性很强，可以及时、有效地解决人们的需求，特别是应急药品，可以使病人的病情得到缓解，及时拯救病人的生命。

（3）无接触配送模式

①防疫物资末端配送——"无人机+无人站"配送方式。当防疫物资运输到应急物资需求中心时，应急物资指挥中心会根据周边医院和疫区对各种物资的需求程度进行合理配送。在大型物资运输无人机抵达物资需求中心后，进行小型无人机的二次配送，实现"无人机+无人站"配送方式（图10-6），充分体现了无人机配送在特殊环境中能够发挥其替代人工的作用。

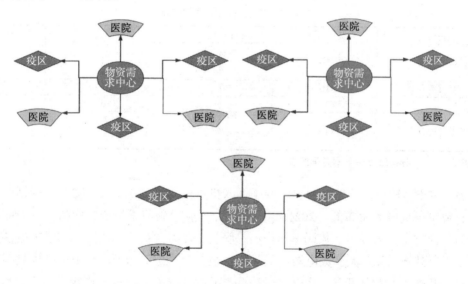

图10-6　防疫物资末端配送

②生活物资配送。无人机无接触配送解决了生活物资配送难题（图10-7）。以社区为单位，需求者通过电话、短信、社区微信群等方式向物资配送中心发出需求信息，配送中心在收到信息后，将相应生活物资装配到无人机，无人机指挥控制中心规划航路，生成最佳飞行路线，载货飞行，送至用户所在地，原路返回。无人机在进行生活物资的配送过程中实现了零接触，有效地减少人员之间的接触，避免了新冠病毒感染及新冠疫情的蔓延，为防疫事业做出了贡献。

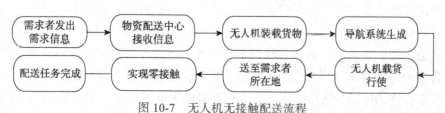

图10-7　无人机无接触配送流程

10.4.3　无人机物流存在的问题

虽然无人机物流配送在城市、农村快递运输配送中的运用具备显著优势，不过其目前应用情况还存在着很多问题。

1. 物流无人机续航能力不强

一方面，无人机的续航问题严重制约着其物流配送范围。目前顺丰、京东和邮政是我国实验无人机物流配送技术的三大物流巨头。从表 10-2 相关数据可以看出，三家使用无人机配送的可一次性飞行里程大致为 10～25 千米，部分企业截至目前还未公开相关的一些信息，但是按照最大水平时速来看，承重飞行时长基本不会超过半小时。总体来看，包括顺丰在内的主流无人机物流配送航程在 25 千米之内，在考虑往返的情况下，其无人机的航程只能维持在 12 千米以内，从而严重限制无人机物流配送的距离和范围，特别是限制了其在一些偏远农村和山区物流配送的运用。

表 10-2　物流无人机续航情况

公司	航程/千米	飞行时间/分钟	承载重量/千克	用途
顺丰（极侠）	20	空载：31 承重：16	1	物流
京东	10	空载：45	5～30	物流
邮政	25	—	5	物流
智航（凌云）	40	45	标准：3 最大：5	物流

数据来源：根据网上公开资料整理所得。

另一方面，较弱的续航能力也限制了无人机可配送商品的种类和数量。根据产业信息网、智研咨询网等发布的《2021 年中国电商行业发展前景报告》中指出：当前电商消费商品种类主要为家电、数码电子产品、服装、食品饮料等。依照目前顺丰极侠无人机的 1 千克载重水平，大多数电器产品是无法被其运送的，电子产品中手机也只能一次送一台，服装及小零食可以一次性多运输些，不过其体积大小也会影响其运载数量。基于此，由于续航问题，导致无人机配送的实际能力存在很大不足。

2. 无人机物流配送存在安全隐患

一方面，存在空中碰撞风险。当前包括顺丰、京东在内所使用的物流无人机主要依靠智能避障技术来识别阻碍物体并以此降低运输风险，从而保证商品顺利到达目的地。具体的手段主要包括超声波探测、TOF 探测障碍物、结构光测距及双目立体视觉等。目前来看，任何单一的检测技术都无法满足全部场景功能的使用。而当下有一种应对途径就是依据实际的业务需求将各种手段融合在一起，使得配送商品的无人机可以适应大多数环境的变化并尽可能的躲避障碍物，包括飞行动物、细小枝叶、风筝、电线等。只有在其运输过程中展现出优秀的自动识别能力才可以发挥出自身真正的价值，所以现在这种混合避障方法尚未达到相关物流企业、监管部门及消费者的满意度。另外，除了识别检测方面存在的问题，机器的反应速度和躲避效率也需要进一步提升。特别是对于一些偏远山区来说，存在着很多高大的树木及鸟类，无人机在配送过程中很有可能突然遭到四面八方的飞鸟碰撞，假若此时不能及时做出闪避行为，那么就会发生货物丢失或直接坠毁的情况。

另一方面，物流无人机可能存在被人为操控的风险。无人机在运输货物时可能会遭受到一些黑客组织或个人的入侵，并破坏其中的一些系统指令，使其脱离所属调度中心的控制。某些主体会出于自身私利而通过一些技术手段在无人机飞行过程中使其关机休眠，导致运输任务中止，并被取走相关物品。此外，除了这种明目张胆的行为之外，无人机还可能被黑客进行秘密操纵，以此达到某些不可告人的目的。早前在亚马逊公布开始使用无人配送服务之后，就有部分群体扬言可以侵入机器的芯片系统，改变它们原定的飞行路径，以达到抢夺设备和货物的目的。

3. 无人机物流配送政策体系建设不完善

除了军事用途以外，其他包括货物配送无人机在内的民用航空器需要遵守统一的法律法规，如《民用航空法》《通用航空飞行管制条例》等。如今随着产业需求的增长及技术的进步，国家相关部门已经认识到过去出台的一些法律文件已经落后于无人机的发展步伐，所以开始稳步探索设立新的规范要求，争取建立全面完善的法规体系，以此来促进该领域的健康发展。

为了确保无人机配送行业的稳定有序发展，则需要针对机器生产标准、航线规划、允许飞行条件、驾驶员管理等各个方面提出科学完善的约束和规定。当前出台的一些规范文件主要集中在无人机的运用上，在航行标准等方面还处于不完善的情况下，在设计研发、营销、售后服务等环节的法规制定也存在不足之处，完善的法规体系尚未形成。同时也可以看出，目前的这些文件条例出台的时间较晚，有些还是试行、暂定的性质，也可以得知其在该方面的建设尚处于起步阶段。

顺丰速运的无人机业务

顺丰速运是一家在香港上市的物流企业，主要开展国内外的货物运输及其他有关业务。公司在 1993 年成立，至今拥有将近 30 年的发展历史，发展规模越加壮大，在国内已经拥有了 38 家分公司，在美国、日本等地也设立了多家下属公司，在国内、国际市场上已经占据了一定的地位。成立初期，公司仅有 5 名工作人员，经过多年时间，已经从在深圳从事货物运输的小公司成长为年收入超过 200 亿元的大规模企业。现在，公司的员工数量大约为 34 万人，货运车辆、货运飞机等数量充足，配送业务的承担能力越来越强。

实际上，顺丰公司在 2012 年就已经开始了对无人机物流配送的探索。此时不要说这种先进的快递技术，哪怕只是地面的快递运输也才刚刚兴起，在全国很多地区还没有快递体系的覆盖，但是顺丰在这时就已经意识到了无人机与快递行业相结合的发展前景，因此便早早地进行了无人机快递配送技术的研究。经过一年多的努力，顺丰于 2014

年初拥有了自己的第一架配送无人机；2015 年公司又在飞行控制系统设计研究上取得新突破，正式使其拥有了配送能力。2017年顺丰成立了自己的无人机公司——丰鸟科技，同年，自主研究的垂直升降无人机正式面世。

2018 年 11 月，顺丰在广州航空展览会上展示了自家的多种无人机，同时向来自世界各地的参会人员介绍其配送过程及未来快递空运的发展方向，通过虚拟现实技术来展示自身打造的无人机物流配送场景。首先就需要在应用地区建设信息通信网络体系，这是确保无人机可以正常运行的根本基础，通过网络信号才可以让地面人员实现对物流无人机的远程控制，从而真正实现了无人配送、智能运输的目的。

无人机配送运输的最大优势就在于有利于快递在乡村县城及偏远地区的发展。由于一二线发达城市交通运输基础设施比较完善，且快递数量庞大、网购需求旺盛，因此物流快递产业的发展比较迅速，也容易依靠规模效应而取得最大效益。不过在广泛的农村、偏远山区等地，其交通设施建设落后，地面运输能力不足。不过拥有无人机之后就可以在很大程度上解决这些问题，它既不需要完善的地面配送体系，也不需要机场、火车站等大型设施，只需要一个小小的无人机停机坪就能够实现物流配送。

虽然无人机配送拥有诸多优势，但是也需要进行规制管理。因此如果想要真正的发展无人机配送业务，就需要得到航空部门的许可证，而这也是限制无人机发展的一大因素。2021 年 12 月，顺丰取得了无人机运营牌照，意味着顺丰无人机物流配送正式进入了规范化的发展阶段，为公司以后的快递运输体系建设及业务发展提供了进一步的支持。

案例思考题：

（1）顺丰速运发展无人机业务的原因是什么？

（2）结合案例谈谈无人机配送的应用前景。

作为民用航空的"两翼"之一，通用航空的发展对我国意义重大。相较于美国、英国等发达国家，我国通用航空仍处于起步阶段，发展空间巨大。2022 年 6 月，民航局印发了《"十四五"通用航空发展专项规划》，明确了通用航空在短途运输、无人机应用等领域的重点任务。通用航空物流是新生事物，其主要活动以客货运输与配送为主，通用航空短途运输是通航物流的典型代表。无人机物流由于其灵活、低成本等特点，已经在偏远地区的小件货物配送中得到应用，并且在应急管理中体现出巨大的价值。

复习思考题

1. 分析我国通用航空的发展趋势。
2. 简述通用航空物流的概念与特点。
3. 分析我国发展通用航空短途运输的意义。
4. 简述无人机物流的概念与分类。
5. 分析无人机物流的特点与应用前景。

自学自测 扫描此码

参 考 文 献

[1] 赵忠义, 袁琦, 樊春雷. 航空货物运输服务[M]. 北京：中国民航出版社, 2018.
[2] 刘元洪. 航空物流管理[M]. 北京：北京大学出版社, 2012.
[3] 王春. 民航货物运输[M]. 北京：国防工业出版社, 2011.
[4] 张卓远. 民航货物运输[M]. 北京：航空工业出版社, 2016.
[5] 赵影等. 民航客货运输实务[M]. 2版. 北京：中国民航出版社, 2022.
[6] 周叶, 刘元洪, 彭国平. 航空物流管理[M]. 北京：北京大学出版社, 2019.
[7] 钟波兰. 民航运输管理[M]. 北京：清华大学出版社, 2020.
[8] 文军, 唐慧敏. 特种货物航空运输[M]. 成都：西南财经大学出版社, 2019.
[9] 李芙蓉, 等. 民航危险品运输[M]. 北京：清华大学出版社, 2017.
[10] 吴薇薇, 等. 民航运输概论[M]. 北京：科学出版社, 2017.
[11] 于彪. 我国航空物流未来发展趋势探讨[J]. 民航管理, 2020.
[12] 风起之地看美国航空货运如何崛起[EB/OL]. https://baijiahao.baidu.com/s?id=1717358475472472988&wfr= spider&for=pc.
[13] 邹建军. 论航空物流定义及其基本特征[J]. 民航管理, 2022.
[14] 白杨. 航空物流系统分析及其优化[D]. 南京：南京航空航天大学, 2010.
[15] 文晗. 2020年中国航空物流行业概览[R]. 头豹研究院, 2020
[16] "十四五"航空物流发展专项规划（民航发〔2022〕7号）, 2022.
[17] 2020中国通用航空短途运输行业发展报告[R]. 中国航空运输协会通航分会, 2020.
[18] 刘昱辰. 区域协调发展背景下通用航空短途运输网络构建研究：以内蒙古东部地区为例[D]. 天津：中国民航航空学院, 2020.
[19] 姜静. 通用航空物流网络中节点的用地规模研究：以SS为例[D]. 北京：北京交通大学, 2021.
[20] 邵文武, 荆浩, 黄涛. 辽宁省通用航空产业发展的探索与实践[M]. 沈阳：东北大学出版社, 2022.
[21] 郭永辉. 航空物流理论与实践[M]. 北京：经济科学出版社, 2015.
[22] 孙继湖. 航空运输概论[M]. 北京：中国民航出版社, 2018.
[23] 刘岩松. 民航概论[M]. 北京：清华大学出版社, 2018.
[24] 刘武君, 寇怡军. 航空货运物流规划[M]. 上海：同济大学出版社, 2020.
[25] 何锋, 赵晓硕. 航空运输导论[M]. 北京：国防工业出版社, 2017.
[26] 杨长进. 民航概论[M]. 北京：航空工业出版社, 2018.
[27] 李昂, 降邵华等. 民航概论[M]. 4版. 北京：中国民航出版社, 2021.
[28] 程永生. 物流系统分析[M]. 北京：清华大学出版社, 2015.
[29] 白杨. 航空物流系统分析及优化[D]. 南京：南京航空航天大学, 2010.
[30] 杨超, 霍连才等. 民航概论[M]. 北京：清华大学出版社, 2022.
[31] 庆锋, 王艳红, 高杨. 飞机机体与系统[M]. 北京：中国民航出版社, 2016.
[32] 王景霞, 代少勇. 以价值为导向的机场战略规划与管控[M]. 北京：中国民航出版社, 2015.
[33] 宁红, 李超主. 航空运输地理[M]. 北京：国防工业出版社, 2013.
[34] 陈卓. 航站楼旅客服务[M]. 北京：国防工业出版社, 2014.

[35] 赵加平. 国际货运及代理实务[M]. 北京：中国海关出版社，2014.

[36] 刘旭颖，刘慧. 航空运输地理[M]. 北京：航空工业出版社，2016.

[37] 张辉. 航空货物运输实务[M]. 北京：中国民航出版社，2018.

[38] 李欣. 航空投送转运物流系统集成应用研究[M]. 北京：中国财富出版社，2018.

[39] 周偲. 面向智能化的天津机场航空物流系统优化[D]. 天津：中国民航大学，2020.

[40] 朱溪亭. 快递业务与运营实务[M]. 北京：北京理工大学出版社，2018.

[41] 宋光，穆东. 国际物流[M]. 北京：北京交通大学出版社，2019.

[42] 向吉英. 国际货运代理[M]. 2版. 西安：西安交通大学出版社，2017.

[43] 苑春林. 航空运输管理[M]. 北京：中国经济出版社，2018.

[44] 魏钢. 中国航空邮政的起源及发展[J]. 航空知识，2010(6)：46-53.

[45] 王艺舒. 航空快递业的发展和对策研究[J]. 现代商贸工业，2019，40(2)：33-34.

[46] 钟依然. 国际航空快递运输纠纷中承运人责任问题研究[D]. 上海：华东政法大学，2020.

[47] 肖旭. 航空快递进出港业务[M]. 北京：中国民航出版社，2011.

教师服务

感谢您选用清华大学出版社的教材！为了更好地服务教学，我们为授课教师提供本书的教学辅助资源，以及本学科重点教材信息。请您扫码获取。

》教辅获取

本书教辅资源，授课教师扫码获取

》样书赠送

物流与供应链管理类重点教材，教师扫码获取样书

 清华大学出版社

E-mail: tupfuwu@163.com
电话：010-83470332 / 83470142
地址：北京市海淀区双清路学研大厦B座509

网址：http://www.tup.com.cn/
传真：8610-83470107
邮编：100084